الهجرة غير القانونية عبر البحر المتوسط في ربع القرن الأخير

بطاقة الكتاب

اسم الكتاب: الهجرة غير القانونية عبر البحر المتوسط في ربع القرن الأخير (دراسة في الجغرافيا السياسية)
المؤلف: د/ عطية سليم عطية
التنسيق والإخراج الفني: سليل الفراعنة
تصميم الغلاف: أماني عز
المقاس: 17×24
الطبعة الأولى: 2024
رقم الإيداع: 10214/ 2024
الناشر: دار صيد الخاطر للنشر والتوزيع

المدير العام: أحمد فؤاد
للتواصل: 0109 076 7919
العنوان: ميدان الساحة - الدقي - الجيزة

الهجرة غير القانونية عبر البحر المتوسط في ربع القرن الأخير

(دراسة في الجغرافيا السياسية)

للدكتور

عطية سليم عطية

جامعة قناة السويس

1445هـ - 2024م

صيد الخواطر

للنشر والتوزيع

While every precaution has been taken in the preparation of this book, the publisher assumes no responsibility for errors or omissions, or for damages resulting from the use of the information contained herein.

الهجرة غير القانونية عبر البحر المتوسط في ربع القرن الأخير

First edition. August 11, 2024.

الهجرة غير القانونية عبر البحر المتوسط في ربع القرن الأخير

إهداء

إلي روح والدي العزيز

* * *

بسم الله الرحمن الرحيم

سمح إِنَّمَا يَخْشَى ٱللَّهَ مِنْ عِبَادِهِ ٱلْعُلَمَٰٓؤُا۟ ٢٨ سجى

سجدفاطر : جمح تحج سحج

* * *

أولا: فهرس الموضوعات

* * *

ثانياً: فهرس الجداول

* * *

ثالثًا: فهرس الأشكال

* * *

رابعاً: فهرس الصور

(ص)	الصورة	م
302	أ،ب، ج،د،هـ، و- الكثافات الكبيرة للمهاجرين مستخدمين قوارب غير قانونية	1
303	أ،ب، ج،د،هـ، و، ز: مظاهر الفقر للمهاجرين غير القانونيين	2
304	أ،ب، ج،د ـ حالات الغرق والوفيات التي تحدث للمهاجرين غير القانونيين	3
304	أ،ب، ج،د ـ أنماط من المركب غير القانوني المستخدمة في الهجرة	4
305	أ،ب ـ المهاجرين غير القانونيين من الأطفال	5
305	أ،ب ـ اللاجئون فى أوربا الهروب الكبير	6
305	المساعدات والاعانات المقدمة للمهاجرين وانتشالهم من الغرق	7

* * *

المقدمة

الهيكل:

لقد أصبحت الهجرة غير القانونية موضوع إهتمام كبير للمجتمع الدولي لكثرة المخاطر التي ارتبطت بها وأدت إلى الوفاة أو الغرق أو الرجوع، وباعتبارها أيضا من القضايا الشائكة سواءً بالنسبة للدول التي تعتبر مصدرًا للمهاجرين، أو الدول التي تعتبر محطة انتقالية، أو الدول المستقبلة لهؤلاء المهاجرين.

عُرفت الهجرة على أنها حركة انتقال فردي أو جماعي من موقع لآخر على مستويين: داخلي، أي هجرة داخلية لا تتجاوز حدود الدولة، وخارجي ويعني بها الانتقال إلى موطن آخر يتجاوز الحدود وهذا بالخضوع لقوانين دُولية معروفة. أما إذا تمّ اختراق القانون فتصنّف ضمن الهجرات غير القانونية[1].

ويعتبر البحر المتوسط بإمتداده العام من الشرق إلى الغرب وتفرعاته منطقة نموذجية تنشط بها الظاهرة نظرًا لموقعه البيني بين يابس ثلاث قارات هي آسيا وأفريقيا وأوروبا، وتعد الأخيرة قارة الجذب بينما تسود القارتان الأوليتان ظروف طاردة، ومن ثم عبور المهاجرين للبحر المتوسط مطلب وهدف لحركة العابرين فيما بين الجنوب والشمال، وفيما بين الشرق والغرب.

وتلعب الجزر وأشباه الجزر مع المضايق والأرخبيلات والموانئ دورًا حيويًا في تحديد المسالك ومواضع العبور، فضلا عن دول ومدن المقاصد داخل القارة، بالإضافة لذلك تسهم التسهيلات المقدمة بالموانئ والمعابر ونقاط خفر السواحل وجنسية المهربين في تحديد المحطات فيما بين مواطن الهجرات ومقاصدها على جانبي البحر المتوسط.

الإشكالية:

يتعلق الأمر بتقييم ظاهرة الهجرة غير القانونية عبر البحر المتوسط فيما بين مواطن قدومها بقارات العالم النامي ومقاصدها بالقارة الأوروبية في القرن الحادي والعشرين، **وتنبثق من تلك الإشكالية مجموعة من الأهداف لعل أهمها:**

- إبراز تطور ظاهرة الهجرة غير القانونية فيما بين جنوب وشرق البحر المتوسط قارة أوروبا.
- الوقوف على حجم ظاهرة الهجرة غير القانونية من دول شمال افريقيا وجنوب غرب اسيا ومن العمق الأفريقي.
- تقسيم دوافع الهجرة غير القانونية.
- الوقوف على أنماط قرارات الهجرة غير القانونية فيما بين القرار الفردي أو الأهلي او الجماعي.

---

1 محمد غربي(تنسيق)، الهجرة غير الشرعية في منطقة البحر الأبيض المتوسط...متاح:
https://journals.openedition.org/insaniyat/1532

- فحص اسباب ودوافع الهجرة من مناطق وفودها وعوامل الجذب بين الدول الأوروبية.
- الإجابة عن المؤسسات والتنظيمات التي تقف وراء تنظيم وتسيير الهجرة غير القانونية.
- الوقوف على تكلفات وفوائد الهجرة غير القانونية بالنسبة للمهاجرين من مناطق النزوح والجذب.
- تقييم الأبعاد التوزيعية للهجرة غير القانونية من منظورات مواقع مناطق توليد الهجرات ومقاصدها.
- الكشف عن طرق الهجرة غير القانونية إلى أوروبا ومسالكها ومعابرها والأهمية النسبية لكل منها عبر الزمن.
- الوقوف على العوامل المؤثرة في الهجرة غير القانونية؛ سواء في أحجامها النسبية وشدة تياراتها وتغير مسالكها.
- تحديد أسباب فشل الهجرات غير القانونية وعدم استكمال رحلاتهم إلى مقاصدها بدول القارة الأوروبية.
- معايشة ظروف رحلات المهاجرين على المعابر وتبين الخصائص النوعية والعمرية للمهاجرين، والتعامل مع المهربين وفرق المواجهة.
- معاينة حالات توطن واستقرار المهاجرين غير القانونيين في المهاجر ومدى تكيفهم وحالات الارهاب التي ترتبط بوجودهم، وأخيرًا استراتيجيات المواجهة.

المنهجية:

ولتحقيق تلك الأهداف والتساؤلات المطروحة كان ضروريًا الاتفاق على منهجية تنطلق من توجهات ومداخل منهجية راسخة نذكر منها:

المنهج التطوري Evolutional Approach:ويناسب تغير الظاهرة-الهجرة غير القانونية عبر الزمن، إما على افتراض ثبات عامل المكان أو تقليل الاختلافات المكانية إلى حدها الأدنى قدر الإمكان [1] ويعتمد عليه في تتبع حجم المهاجرين وتياراتهم وخصائصهم في الفترات التاريخية والسنوات المتتابعة، حيث يظهر أثر عامل الزمن في كل مرحلة زمنية، تتصف فيهاكل طريق أو معبر بسمات خاصة يصعب تحليلها من دون وضعها في سياق تطوري.

المنهج السببي- التأثيري Cause-Effect Approach: يبرز هذا المنهج العلاقة بين الإنسان والبيئة، ويهتم بدراسة الأسباب المباشرة وغير المباشرة للظاهرات،[2] ويمكن توظيف هذا المنهج في الكشف عن عمليات التفاعل بين عدد كبير من المتغيرات والعناصر بمنطقة حوض البحر المتوسط وظهيريها الأفريقي والأسيوي مما يؤدي إلى التقدير السليم للظاهرات وإرجاع خصائصها إلى عدد من العوامل والمؤثرات.

---

(1) صفوح خير، "البحث الجغرافي مناهجه وأساليبه"، دارالمريخ، الرياض، 1990، ص4.
(2) فتحي محمد مصيلحى، "مناهج البحث الجغرافي"، مركز معالجة الوثائق، شبين الكوم، 1994، ص64.

منهج التحليل المكاني Spatial Analysis Approach: وهو أحد المناهج الجغرافية التي تهدف إلى إبراز الاختلافات المكانية لتوزيع عناصر الهجرات غير القانونية، من خلال التباين في حجم المشكلات والأولويات المكانية في التعامل مع الظاهرة على المستوى الدولي والإقليمي [1].

المنهج السلوكي Behavioral Approach: يهتم المنهج السلوكي بسلوك المهاجرين في الرحلة وممارستهم فيمناطق العبور والاستقرار، وأثر المسافة الزمنية والمكانية على حركتهم، فالمنهج السلوكي يُعنى بتأثيرالسلوك البشرى على التباين المكاني في البيئة وأثره على نظامها الأصلي، ويركز على الشعور البشرى وقيم الإحساس بالمكان واستخلاص النماذج المجردة الممثلة للبيئة الواقعية [2]. وسُيستعان به لفهم السلوكيات السكانية وتقييم دوافع الحركة وعمليات التفاعل مع البيئة، حيث لا يختلف المنهج السلوكي كثيرًا في مضمونه عن المنهج التكيفي لما يقدمه من شروح وتفسيرات جديدة ومختلفة [3] وقد تم الاعتماد عليه عند دراسة ظاهرة رفض الهجرة.

المنهج الوضعي: Positive Approach : يبحث في التعميمات والقوانين كوسائل لتفسير الظاهرة محل الاهتمام وتنبؤاتها، كما انها تستشهد بالإحصاء والرياضيات لتساعد في تعيين وتمثيل هذه التعميمات، وتميل المناهج الوضعية في الجغرافية البشرية والعلوم الاجتماعية إلى تأكيد الأنماط المكانية للظاهرة محل الاهتمام، وهذه الأنماط يمكن تقسيمها إلى أربع مجموعات (نقطي وشبكي وسطوح وأقاليم)، كما يحدد المنهج الوضعي الأسلوب العلمي المتبع في البحث، وتتألف استراتيجية البحث العلمي من سلسلة من الخطوات هي: أ- تشخيص المشكلة وتعيينها، ب- صياغة الفروض، ج- جمع المعلومات، ءـ تحليلها، هـ- عرض الخلاصات [4]، وهو ما تم اتباعه في هذه الدراسة.

الأساليب:

تعددت الأدوات والأساليب المستخدمة على النحو التالى:-

الأسلوب الإحصائي: من خلال إنشاء قاعدة بيانات على الحاسب الآلى وبرامج معالجة الجداول الإلكترونية وبخاصة برنامج Excel الذى يتميز بقدرته على معالجة الجداول كبيرة الحجم وإدارتها كقاعدة بيانات فضلًا عن إمكاناته فى التحليل الإحصائى، متعدد المخرجات، والتي تتراوح بين النسب المئوية والمتوسطات والمعاملات والمعدلات وترتيبها تصاعديًا تنازليًا.

الأسلوب الكارتوجرافى: أظهرت نتائج التحليلات الرياضية من خلال مجموعة من الأشكال البيانية والخرائط من خلال الحاسب الآلي وذلك في محاولة لتطويعها

(1) **فتحي محمد مصيلحي**، المرجع السابق، ص ص 55-66.

(2) **محمد على بهجت الفاضلى**، "الفكر الجغرافي الفرنسي ودوره فى توجيه الدراسات الحضرية"، المجلةالعربية، العدد الثالث والعشرون، 1991، ص175.

(3)**Kornblum, W., Julian, J.,** Social problems Seventh Edition, Prentice Hall, New Jersey, 1992, p. 241

(4)فتحي محمد مصيلحي، المرجع السابق ص ص 78:76.

للتبسيط ولإمكانية عرض أكثر من متغير وبيان فى الشكل البيانى أو الخريطة، بغرض الوصول لحقائق أخرى تتعلق بنمط التوزيع.

الأسلوب الفوتوغرافى: وفيه تم الاعتماد على نماذج للصور الفوتوغرافية التي تظهر مدى حجم وضخامة ضحايا كارثة الهجرة غير القانونية.

أسلوب نظم المعلومات الجغرافية، وإنشاء قاعدة البيانات الرقمية.

تعد تقنية نظم المعلومات الجغرافية أحدث الأساليب لتنظيم ونشر المعرفة المكانية، من خلال ربطها بمواقعها الجغرافية، وقد أفادت هذه التقنية فى التغلب على تعدد مقاييس الخرائط المستخدمة فالدراسة، فقد مر إنتاج الخرائط بعدة مراحل بداية فى إدخال الخرائط الورقية بالماسح الضوئي (Scanner)، ثم ترقيمها باستخدام برنامج (ARC9.3GIS)، ويتم ذلك عن طريق: إنشاء قاعدة بيانات كاملةGeodatabase Personal Class Feature لكل نطاق،ثم إنشاء طبقات خرائطية Maps Layers، وتم تحديث هذة البيانات بانزالها على Googel Earth، وتم استكمال الامتدادات العمرانية على مستوى النطاقات ثم تصديرها Shapefile وتحويلهامن إحداثيات(Universal Transfer (U.T.M Mercato، إلى إحداثيات (Egyptian Transfer Mercator(E.T.M، وذلك لتوحيد المساحات والأطوال بين الخرائط المختلفة وعمل overlay لمطابقة المعالم والظاهرات الواضحة لكل النطاقات فى فترات زمنية مختلفة واستكمال قواعد البيانات وعمل Analysis للبيانات المختلفة على Feature Dataset ثم المرحلة الأخيرة وهى Layout

وتعتمد نظم المعلومات الجغرافية على نوعين من البيانات هما:

أ.البيانات المكانية (DataSpatial): والتي تشمل الخرائط والصور الجوية والمرئيات الفضائية.

ب.البيانات غير المكانية(DataSpatialNon): تشمل البيانات الوصفية كالجداول والبيانات الإحصائية.

مصادر البيانات:

تعددت المصادر لتشتمل على:

الكتابات السابقة: يتم الاعتماد فيها على الكتب والتقارير والأبحاث العلمية المنشورة وغير المنشورة، بالإضافة إلى الدوريات الصادرة عن المؤسسات والهيئات الحكومية وغير الحكومية والتى توضح واقع الكتلة السكنية.

الإحصاءات المنشورة وغير المنشورة: وهى مصادر وثائقية تصدرها هيئات عدة أهمها الجهاز المركزى للتعبئة العامة والإحصاء، والهيئة العامة للتخطيط العمرانى للتعرف على كيفية معالجة وتخطيط الهيئة لمشكلات البيئة السكنية.

الشبكة الدولية للمعلومات (الإنترنت): حيث وفرت شبكة الإنترنت بأكاديمية البحث العلمى والمكتبة المركزية العديد من الأبحاث العلمية ذات الصلة بموضوع الدراسة

حيث تم الإستعانة ببعضها والإستفادة منها وأخذ المعلومات المرجوة وتوظيفها بما يخدم الدراسة.

الخرائط المختلفة: حيث تم تصميم العديد من الخرائط التي توضح أبعاد ظاهرة الهجرة غير القانونية بين دول المنشأ والعبور والمقصد.

الصور الفضائية: تم الاستعانة بعدد من الصور الفضائية الحديثة والقديمة من خلال مجموعة من البرامج مثل EarthGoogel، وذلك للوقوف على مراحل تطور النمو العمرانى واتجاهاتها.

هيكل الدراسة:

تحتوي الدراسة على ستة فصول، تصدرتها مقدمة وتمهيد وذيلتها خاتمة، وجاءت محتوياتها **كالآتي:**

يتناول الفصل الأول **"الأبعاد التوزيعية للهجرة غير القانونية"**، وتصدر بالتقاليد الهجرية العالمية والوزن النسبي لمقاصد الهجرة في العقد الأخير، والمقاصد الهجرية بالتكتلات السياسية، والتوزيع النسبي للمهاجرين عام 2017، والكثافة المكانية للمهاجرين، وكثافة المهاجرين بالنسبة لطول الحدود، وكثافة المهاجرين بالنسبة لسكان المقاصد الهجرية، وكثافة المهاجرين بالنسبة لدخل المقاصد الهجرية، وأختتم الفصل بمستويات نطاقات الهجرة غير القانونية.

يعرض الفصل الثاني **لطرق الهجرة غير القانونية إلى أوروبا؛** وتضمن اتجاهات ومسارات الهجرات الدولية، والأهمية النسبية لطرق الهجرة، وتطور حركة الهجرة، والمركب النسبي لدول الإيفاد، ومراكز ودول العبور وتحولات لطرق جديدة.

وتحرى الفصل الثالث عن **العوامل المؤثرة في الهجرة غير** القانونية؛ تضمنت التغيرات الديموغرافية، والأبعاد الديموغرافية الإقليمية، والعلاقات السياسية والثقافية، والتباعد وإمكانية الوصول، والتقاليد الهجرية، وأخيرًا دوافع الهجرة.

اختص الفصل الرابعبتقييم **اتجاهات وأسباب فشل الهجرة غير القانونية؛** وتضمن تطور حالات فشل الهجرة غير القانونية في العقد الأخير(حجم من صدر في حقهم أمر مغادرة ورفض الدخول عند المداخل البرية وعلى الحدود الجوية والبحرية)، وتطور أسباب رفض الدخول بمداخل المقاصد في العقد الأخير(بسبب وثيقة سفر مزورة- لا يوجد وثيقة للسفر صالحة- لا يوجد تأشيرة صالحة أو تصريح الإقامة- تطوررفض الدخول بسبب تأشيره زائفة أو تصريح إقامة زائف)، وأسباب رفض المهاجرين وفقا لمصادرهم بين عامي 2018/2017(وثائق مزورة- العودة الاجبارية- العودة الطوعية- رفض دخول- العودة الفعالة- العودة الصادرة).

وجاء الفصل الخامس بعنوان**"المهاجرون غير القانونيين والرحلة" وتضمن الخصائص النوعية للمهاجرين،** والخصائص العمرية للمهاجرين، ومعاناة المهاجرين غير القانونيين في المخيمات، ووفيات المهاجرين غير القانونيين، والعبودية الحديثة، والتهريب.

وتنتهي الرسالة بالفصل السادس بفصل ثلاثي التوجهات تحت عنوان **"التوطن في المهاجر والارهاب واستراتيجيات المواجهة"،** أولها يتعلق بالتفضيل الهجري

وأقليات المهاجرين، والهجرة غير القانونية والارهاب وتهديدات الأمن الأوروبي، واستراتيجية المواجهة لدى الاتحاد الأوروبي، وتجريم الهجرة القانونية، والاتفاقيات والهجرات غير القانونية، وتقييم أثر المواجهة والاتفاقيات.

* * *

الفصل الأول

الأبعاد التوزيعية للهجرة غير القانونية

للهجرة غير القانونية

توطئة:

مع تدفقات المهاجرين غير القانونيين مع الهجرات القانونية من دول العالم القديم النامي في أفريقيا وآسيا يتزايد سكان القارة الأوربية، وتزداد الكثافة السكانية بمعدلات متسارعة بفعل الهجرات الخارجية سواء كانت قانونية أو غير قانونية.

لذا يدور هذا الفصل حول الأبعاد التوزيعية للمهاجرين غير القانونيين في القارة الأوروبية بالعقد الأخير، ويستهدف الوقوف على نصيب دول وأقاليم القارة الأوروبية من الهجرة غير القانونية، ونصيب الدول داخل الاتحاد الأوروبي وتلك الواقعة خارجه منهم، وتحديد نسبة تركز المهاجرين غير القانونيين من جملتهم من ناحية ومن سكان المجتمع المضيف من ناحية أخرى.

كما يتجه الفصل نحو تقييم النمط التوزيعي للهجرة غير القانونية في الحيز المكاني لدول القارة في الوحدة الكيلومترية، وكثافة المهاجرين بالمجتمع المضيف لكل ألف نسمة، وبالمقارنة بالحدود السياسية لتلك الدول، وبتقييم أثر الدخل والناتج المحلي للدول الأوروبية في تركز المهاجرين غير القانونيين بها، فالعلاقة تبدو طردية بين نصيب الفرد من الناتج المحلي ومعدلات الهجرة.

كما استهدف الفصل أيضا تحديد نطاقات التفاعل الهجري بين الدول المستضيفة للمهاجرين غير القانونيين من خلال المحددات الرئيسية –الحيز المساحي والحدود البرية والبحرية التي تحددها والحجم السكاني والقدرة الاقتصادية من خلال مصطلح الدخل والناتج القومي، وكلها عوامل تسهم في تحديد مستويات نطاقات الهجرة غير القانونية.

انعكست تلك الأهداف والاتجاهات على بنية البحث ليتكون من عدة مباحث فرعية مثل؛ الوزن النسبي لمقاصد الهجرة في العقد الأخير، المقاصد الهجرية بالتكتلات السياسية، التوزيع النسبي للمهاجرين عام 2017، الكثافة المكانية للمهاجرين، كثافة المهاجرين بالنسبة لطول الحدود، كثافة المهاجرين بالنسبة لسكان المقاصد الهجرية، كثافة المهاجرين بالنسبة لدخل المقاصد الهجرية، مستويات نطاقات الهجرة غير القانونية.

(1-1) التقاليد الهجرية العالمية

تتزايد الهجرة على مستوى العالم بالتأكيد، ولكنها ظلت مستقرة مقارنة بإجمالي عدد السكان. وحسب صندوق الأمم المتحدة للسكان، بلغ عدد المهاجرين الدوليين في جميع أنحاء العالم 244 مليون شخص في عام 2015، وهذا يمثل زيادة بنسبة 44 في المائة منذ عام 2000 وزيادة بخمسة في المئة منذ 2013. ورغم أن عدد المهاجرين الدوليين زاد بالتأكيد، فقد ظلت نسبة المهاجرين الدوليين من مجموع عدد سكان العالم تمثل نحو ثلاثة في المئة من سكان العالم[1].و ثمثل أفريقيا القارة ذات النسبة العالية من الهجرة المترتبة على انعدام الستقرار السياسي للحكومات وعلى

---

(1) عام 2014، المنظمة الدولية للهجرة، اتجاهات الهجرة العالمية: نظرة عامة

الهجــــرة غيـــر القانونيـــة عبـــر البحـــر المتوسـط فـــي ربـــع القـــرن الأخيـــر النزاعات المسلحة[1].

وفقا لدراسة أجريت أخيراً من قبل البنك البريطاني[2]، والتي بحثت في الفرص الاقتصادية والعدل الاجتماعي لمن يبحث عن الهجرة لتحسين نوعية حياته، من بين 34 بلداً.

---

[1] قبل أن تهاجر.. هذه خريطة أفضل وأسوأ دول العالم: متاح على https://www.hespress.com/societe/93428.html.

[2] باولا كورتي. تاريخ الهجرات الدولية، ترجمة: عدنان علي، مراجعة: عز الدين عناية، أبو ظبي: هيئة أبو ظبي للثقافة والتراث" كلمة"، الطبعة الأولى، 1432هـ-2011، ص207.

للهجرة غير القانونية

أنظر شكل رقم 1 الذي يوضح موقف السكان تجاه الزوار الأجانب.

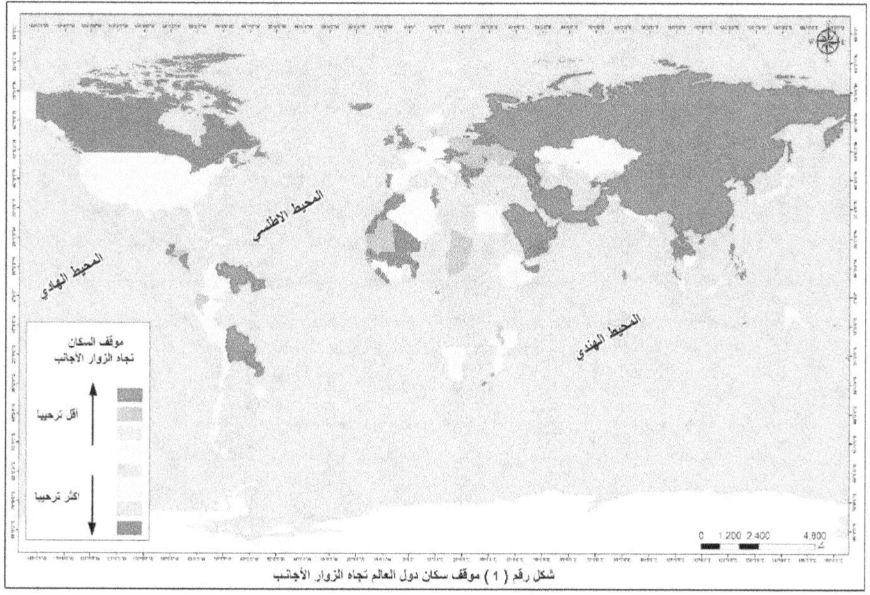

شكل رقم (1) موقف سكان دول العالم تجاه الزوار الأجانب

- تبين أن بلدان صغيرة وغنية، معروفة بعولمتها في مجال المال والأعمال، من قبيل: سويسرا، جزر كايمان، البحرين، وسنغافورة، تعتبر من أفضل البلدان بالنسبة للمهاجرين.

- ووفقا لمقاييس تربية الأطفال والشغل، ومدى ملاءمتهما للوافدين الجدد تحتل الصين المرتبة الأولى عموما، بعدها تأتي ألمانيا وسنغافورة.

- أن ألمانيا هي البلد الأفضل من حيث تربية الأطفال المغتربين، وأن تايلاند توفر أفضل تجربة للعمل والحياة للمهاجرين، وأن سويسرا لديها اقتصادا أكثر ملاءمة للوافدين.

- أن اقتصاد الدولة الأسيوية النامية مصدر حياة رغدة للمهاجرين، فالشركات في هذه الدول تدفع للعمال المهاجرين الـ 14 في المائة أكثر من رواتبهم في بلدان أخرى، إضافة إلى انخفاض تكاليف المعيشة، مما يسمح للمهاجرين بالاستمتاع بقدرة شرائية أعلى من أماكن أخرى.

- ويصرح العمال الوافدون إلى دول شرق وجنوب شرق آسيا أن حياتهم الاجتماعية تصبح أكثر نشاطا بكثير، ويصبحون دائمي الحركة، ويرجع هذا في أغلب الأحوال إلى ارتفاع الدخل، وكذا إلى الطقس، وقرب تلك الدول من الشواطئ. تقع الصين في رتبة متقدمة جدا، فالاقتصاد الصيني المتفوق والسائر في نمو سريع يغطي كل تلك السلبيات، ويجعل من الصين الوجهة المفضلة للمهاجرين الباحثين عن الشغل.

- تسجل ألمانيا وسويسرا ملجأً جيداً للمغتربين، فاقتصاد البلدين على حد السواء، في تحسن رغم ويلات الأزمات الأوروبية. إذ تعتبر رواتب العمال الوافدين مرتفعة بشكل غير اعتيادي، والمعيشة منخفضة التكاليف مقارنة مع باقي بلدان أوروبا، وذلك بسبب النمو الاقتصادي القائم على التصدير. أما باقي بلدان أوروبا الغربية رغم ثرواتها ومستويات معيشتها العالية، تعتبر من أسوأ البلدان في التعامل مع العمال المغتربين، بسبب ارتفاع الضرائب والخدمات الاجتماعية المكلِّفة، والرواتب الهزيلة مقارنة مع تكلفة المعيشة. وخلافاً لذلك، تبقى أوروبا الغربية في مرتبة متقدمة فيما يخص تربية الأطفال، مع تعليم ذي جودة عالية، وخدمات أطفال بأسعار مقبولة.

- تعتبر دول الشرق الأوسط من أسوء الأماكن للمهاجرين، وذلك بسبب التشريعات الصارمة التي تمنع الأجانب من امتلاك عقارات، وبسبب القيود الاجتماعية الرسمية وغير الرسمية، باستثناء البحرين وقطر.

- والخلاصة، إذا كنت تفكر في العيش بعيداً، وتجرب حياة المهاجرين، ولا تنوي إنجاب أطفال، عليك أن تفكر بالصين أو تايلاند، أو مكان آخر في آسيا، وإذا كنت تريد أطفالاً في الخارج، ينبغي أن تكون ألمانيا هي أول اختيار لك.

(1-2) الوزن النسبي لمقاصد الهجرة في العقد الأخير

بلغت جملة حجم الهجرة غير القانونية في أوروبا السنوات العشر الأخيرة ما يزيد عن سبعة ملايين مهاجر غير قانوني (7.2 مليون)، تمثل سبع (14%) جملة عدد سكان القارة الأوربية عام 2017، تتضح في الجدول رقم (1) والشكل رقم (2) اللذان يوضحان مستويات نصيب الدول الأوربية من المهاجرين غير القانونيين.

جدول 1 حجم ونسبة المهاجرين غير القانونيين في أوربا في الفترة 2018/2009

%	حجم الهجرة	الدولة	%	حجم الهجرة	الدولة
0.5	37,845	هولندا	23.4	1,685,890	اليونان
0.5	33,460	نرويج	18.6	1,339,260	ألمانيا
0.4	25,915	رومانيا	11.2	808,320	فرنسا
0.3	24,475	سلوفينيا	8.5	611,905	المجر
0.3	23,635	ايرلندا	7.4	534,565	إنجلترا
0.3	22,340	كرواتيا	6.9	500,730	اسبانيا
0.2	17,360	ليتوانيا	4.4	316,125	النمسا
0.2	17,120	سلوفاكيا	4.2	304,390	إيطاليا
0.2	10,900	مالطا	2.7	197,415	السويد
0.1	7,675	استونيا	2.0	144,795	بولندا
0.1	7,905	الدنمارك	1.9	138,955	بلجيكا

للهجرة غير القانونية

0.0	3,105	لاتفيا	1.7	124,665	سويسرا
0.0	2,740	لوكسمبرج	1.0	71,650	البرتغال
0.0	75	ايسلندا	0.9	63,540	بلغاريا
0.0	200	ليختنشتاين	0.9	61,895	قبرص
100.0	7,219,680	الإجمالي	0.6	42,285	فنلندا
			0.5	38,545	التشيك

المصدر: البيانات الرئيسية فرونتكس،2017، والنسب والمعدلات من عمل الباحث.

ومن الجدول يتضح توزع الهجرة غير القانونية في خمسة مستويات حجمية:

(1-2-1) المقاصد الهجرية الكبرى:

تجسدت المقاصد الكبرى للمهاجرين غير القانونيين في ثلاثة دول (اليونان-المانيا-فرنسا)، دولتان تقع جنوبي أوروبا في إقليم البحر المتوسط ودولة واحدة تتبع إقليم غرب أوروبا، وقد استقبلت الدول الثلاثة أكثر من نصف (53.2%) حجم المهاجرين غير القانونيين في السنوات العشر الأخيرة بحجم يقترب من أربعة ملايين مهاجر (3.83 مليون مهاجر). اختصت اليونان وحدها بحوالي ربع (23.4%) جملة المهاجرين غير القانونيين، ثم تلتها ألمانيا بنسبة تبلغ (18.6%)، ثم فرنسا (11.2%).

ولا تعكس نسبة المهاجرين غير القانونيين من جملتهم في السنوات العشر الأخيرة فقط، بل أن نسبتهم من جملة سكان دولة المقصد الهجري تكمل الصورة، فرغم أن المهاجرين غير القانونيين يمثلون نسبة بسيطة (2.4%) من جملة سكان الدول الثلاث، لكنها تتعاظم مكونها من جملة سكان اليونان لتبلغ ما يقرب من سدس جملة سكانها (15.7%)، بينما تنخفض مكونها النسبي من جملة السكان في ألمانيا (1.6%)، و1.2% في فرنسا.

(1-2-2) المقاصد الهجرية الكبيرة:

في الوقت التي ظفرت الدول الثلاثة السابقة بأكثر من ربع جملة المهاجرين غير القانونيين في العقد الأخير، نجد ثلاثة دول أخرى استحوذت على ما بين ربع وخمس (22.8%) حجم المهاجرين غير القانونيين بحجم مليوني مهاجر، وهي أسبانيا من إقليم البحر المتوسط وإنجلترا من غرب أوروبا والمجر من وسط أوروبا %).

ورغم المكون النسبي للمهاجرين غير القانونيين في تلك الدول الثلاث لكن ترتفع نسبتهم من جملة سكانها لتبلغ السدس (17.4%) من جملة سكان الدول الثلاث، بلغت 10.7% في أسبانيا، و9.6% في إنجلترا، و6.2% في المجر.

(1-2-3) المقاصد الهجرية المتوسطة الحجم:

يضم هذا المستوى من حجم الهجرة غير القانونية ست دول، تتمثل في إيطاليا والبرتغال من إقليم البحر المتوسط، والنمسا وسويسرا من أوروبا الوسطى، وبولندا والسويد من شرق وشمال أوروبا. وتسهم تلك المجموعة بأكثر من سدس أو أقل من الخمس (17.9%) من حجم المهاجرين غير القانونيين في السنوات العشر الأخيرة بحجم يتجاوز مليون وربع المليون (1297995 مهاجر).

رغم أن الهجرة غير القانونية في السنوات الخمس الأخيرة لهذه المجموعة تمثل نصف في المئة (0.55%) من جملة سكان الدول الست، لكنها ترتفع إلى 3.6 % من جملة سكان النمسا، 1.2% من سكان بلجيكا، و0.7% في البرتغال، وتتراجع في باقي دول المجموعة.

(1-2-4) المقاصد الهجرية الصغيرة الحجم:

تشتمل هذه المجموعة على ست دول أخرى؛ تتوزع بين فنلندا والنرويج من إقليم شمال أوربا، وبلغاريا والتشيك من شرق ووسط أوروبا، وهولندا في غربها، وقبرص المتوسطية جنوبها. واستقبلت الدول الست ما يزيد عن رُبع مليون مهاجر غير قانوني، تمثل 3.8% من حجم المهاجرين غير القانونيين في السنوات العشر الأخيرة.

وتمثل حجم الهجرة غير القانونية من جملة سكان الدول الست 0.6% من جملة سكانها، ترتفع أكثر في بلغاريا وفنلندا وقبرص بنسب 0.9-0.8-0.7% على التوالي، بينما تنخفض عن هذا المتوسط في باقي الدول (النرويج 0.6 - والتشيك 0.4 - وهولندا 0.2% لكل منها على التوالي).

للهجرة غير القانونية

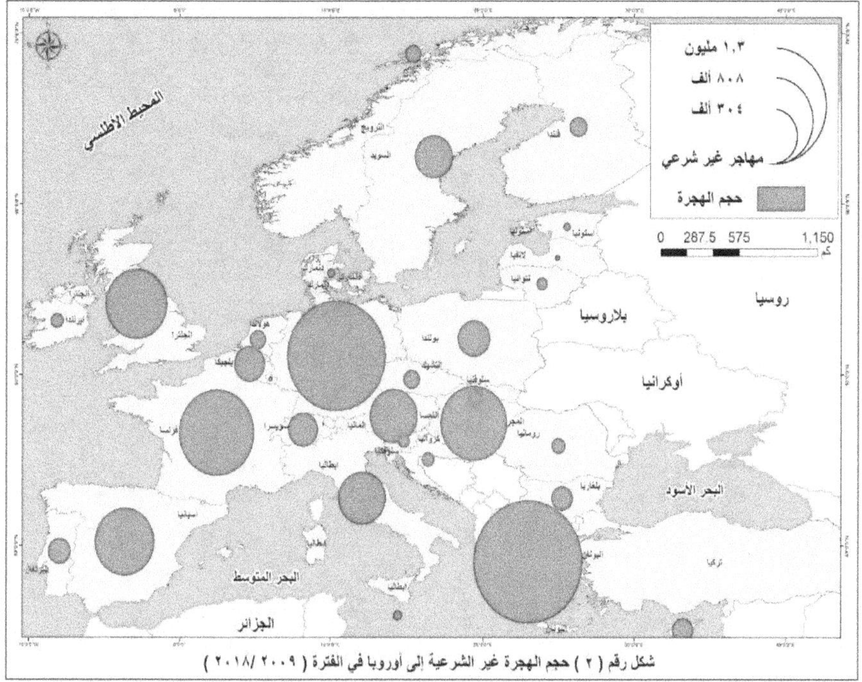

شكل رقم (٢) حجم الهجرة غير الشرعية إلى أوروبا في الفترة (٢٠٠٩ / ٢٠١٨)

شكل رقم 2 حجم الهجرة غير الشرعية إلى أوروبا في الفترة (2018/2009)

(1-2-5) المقاصد الهجرية الصغرى:

تشتمل تلك المجموعة الأخيرة على 13 دولة، استوعبت 136 ألف مهاجر غير قانوني، تمثل 0.2% من حجم المهاجرين غير القانونيين في السنوات العشر الأخيرة، أكبرها رومانيا

(0.4%)، يليها سلوفينيا وايرلندا وكرواتيا بنسبة 0.3% لكل منها، وليتوانيا وسلوفاكيا ومالطا بنسبة 0.2% لكل منها، استونيا والدنمارك بنسبة 0.1% لكل منها، وأخيراً نجد أربع دول تقل عن 0.1% من جملة حجم المهاجرين غير القانونيين في العقد الأخير؛ وهي لاتفيا ولوكسمبرج وايسلندا وليختنشتين.

وتمثل الهجرة غير القانونية 2.4% من جملة سكان مالطا، 1.2% في سلوفينيا، و0.6% في ليتوانيا وأستونيا، و0.5% في كل من أيرلندا وكرواتيا ولوكسمبرج، وتقل عن ذلك في باقي دول المجموعة (سلوفاكيا 0.3%-ولاتفيا (0.2%)، ورومانيا (0.13%)، وتتضاءل في أيسلندا وليختنشتاين.

(1-3) المقاصد الهجرية بالتكتلات السياسية:

ويتضح مما سبق أن الهجرة غير القانونية في السنوات العشر الأخيرة إلى أوروبا تتوزع على الكتل الرئيسية داخل قارة أوروبا على النحو التالي الذي يجسده

شكل رقم ()؛ فيستأثر الاتحاد الأوروبي علــى غـالبيتهم (95.2%)، بينمـا تختص خمس دول في القارة خـارج الاتحـاد الأوربـي بالبـاقي (4.8%)، وتشمـل سويسـرا والنرويج وأيسلندا وليختنشتاين.

(1-4) التوزيع النسبي للمهاجريين عام 2017

بلغت جملة حجم الهجرة غير القانونيـة في أوروبـا مـا يقرب مـن ثلثي مليون (636625 مهاجر) عام 2017، تمثل أقل من عشر (8.8%) جملة الهجـرة غير القانونية في السنوات العشر الأخيرة، وتتضح مستوياتها في الجدول رقم (2) والشكل رقم (3) اللـذان يوضحـان مستويات نصيـب الـدول الأوربيـة مـن المهـاجرين غيـر القانونيين.

استقبلت دولتان فقط عام 2017 أكثر من خمسي (42.6%) جملة الهجرة غير القانونيـة إلـى أوروبا عـام 2017 وهـي ألمانيا وفرنسا، يليهـا أربـع دول (اليونـان وانجلترا وأسبانيا وإيطاليا) ظفرت بما يقرب من ثلث (32.0%) حجم الهجـرة غير القانونية، وخمس دول (بولندا والنمسا والمجر وبلجيكا وسويسرا) استقبلت أكبـر مـن السُدس (17.8%)، ومثل عددها استقبلت مـا يقـرب مـن خمسـة (4.6%) فـي المئـة من مهاجري 2017 وهي البرتغال والتشيك وسلوفينيا وقبرص، وأخيراً تسـهم 15 دولة بنسبة محدودة (0.3%).

وبمقارنة نسبة الهجرة غير القانونيـة بالعقد الأخير ومثيلتها فـي عـام 2017 يتضح استمرار تدفق الهجرة بنسب كبيرة تزيد عن معدلها في العقد الأخير ككل، فقد زادت نسبة الهجرة غير القانونية في اليونان لتبلغ ما يقرب من رُبع (23.4%) جملة حجم الهجرة غير القانونيـة الكليـة بعد أن كانت تمثل العشـر (10.7%) فـي العقد الأخير. كما زادت أيضا في النمسا والمجر والبرتغـال وقبرص وبلغاريـا والسـويد وهولندا وفنلندا ومالطا.

" فالحقيقة أنه منذ انتهاء الحرب العالمية الثانية، لم تشهد أوروبا حركـة تنقلات واسعة من أوروبا الشرقية في إتجاه الغرب مثل هذه الموجه الأخيرة التـي بدات منـذ شهر سبتمير 1989"[1].

الفترة	النسبة	2017	الدولة	الفترة	النسبة	2017	الدولة
			جدول 2 حجم ونسبة المهاجرين غير القانونيين في أوروبا عام 2017				
0.3	0.55	3,495	كرواتيا	18.6	24.62	156,710	المانيا
0.4	0.52	3,340	رومانيا	11.2	18.08	115,085	فرنسا
0.3	0.44	2,775	ايرلندا	23.4	10.70	68,110	اليونان
0.9	0.41	2,595	بلغاريا	7.4	8. 63	54,910	انجلترا
0.3	0.41	2,590	سلوفاكيا	6.9	7.01	44,625	اسبانيا
0.2	0.35	2,210	ليتوانيا	4.2	5.69	36,230	ايطاليا

[1]) جاد طه. ألمانيا: إلى أين المصير؟، دار المعارف، القاهرة، 1990، ص 122..

للهجرة غير القانونية

بولندا	28,470	4.47	2.0	السويد	2,145	0.34	2.7
النمسا	26,660	4.19	4.4	هولندا	2,165	0.34	0.5
المجر	25,730	4.04	8.5	الدنمارك	1,105	0.17	0.1
بلجيكا	18,285	2.87	1.9	فنلندا	930	0.15	0.6
سويسرا	13,940	2.19	1.7	استونيا	755	0.12	0.1
البرتغال	6,005	0.94	1.0	مالطا	530	0.08	0.2
التشيك	4,360	0.68	0.5	لاتفيا	400	0.06	0.0
سلوفينيا	4,180	0.66	0.3	لوكسمبرج	300	0.05	0.0
قبرص	4,090	0.64	0.9	ليخنشتاين	35	0.01	0.0
النرويج	3,850	0.60	0.5	ايسلندا	15	0.00	0.0
					636,625	100.00	

المصدر: البيانات الرئيسية فرونتكس،2017، والنسب والمعدلات من عمل الباحث.

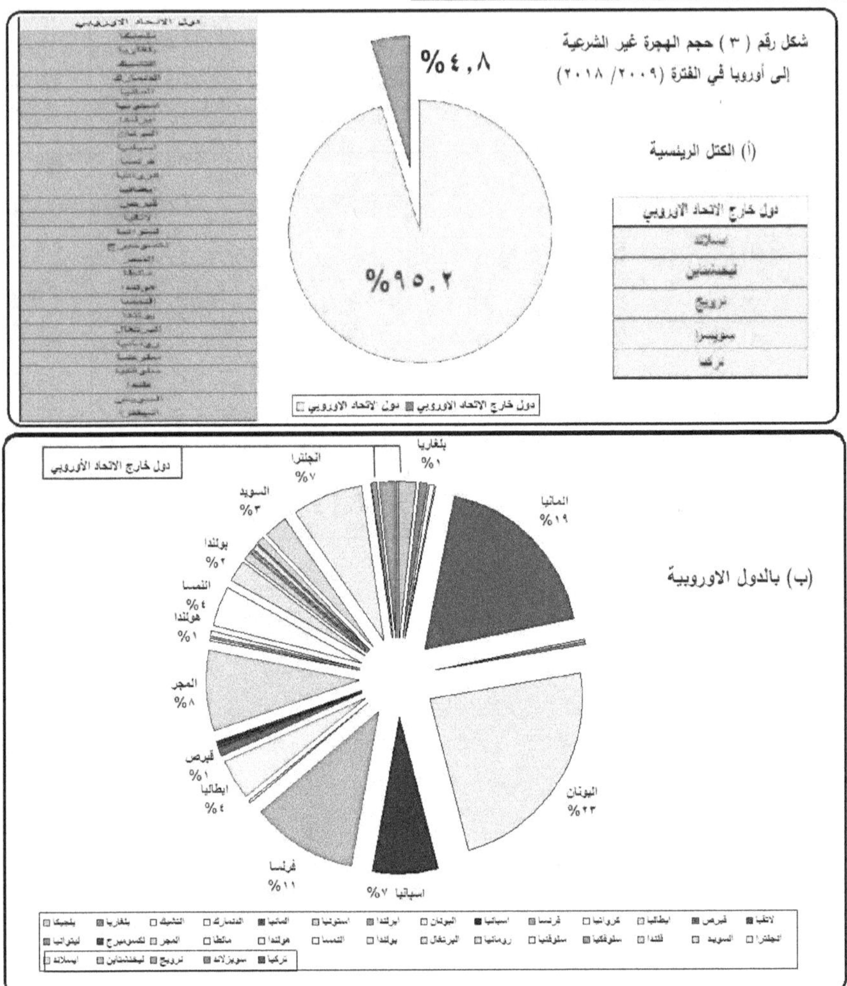

(1-5) الكثافة المكانية للمهاجرين

تعبر كثافة المهـاجرين غير القـانونيين في الحيز المكـاني للمقاصد الهجريـة صورتهم الانتشارية في وطنهم الجديد واللذين تحملوا مخاطر الهجرة إليه، كما تظهر نمط التبـاعد المكاني بينهم في نفس الوقت، والجدول التالي رقم (3) والشكل رقم (4) يوضحان رتب مستويات الكثافة المكانية للمهاجرين غير القانونيين في العقد الأخير بدول المقاصد الهجرية في القارة الأوربية وعام 2017.

جدول 3 رتب الكثافة المكانية للمهاجرين غير القانونيين في العقد الأخير بدول المقاصد الهجرية

للهجرة غير القانونية

الدولة	مهاجر/ كم2	الدولة	مهاجر/ كم2	الدولة	مهاجر/ كم2	الدولة	مهاجر/ كم2
المجر	25	بولندا	17	إيرلندا	9	فنلندا	1
النمسا	26	لوكسمبرج	18	ليتوانيا	10	السويد	2
سويسرا	27	ايطاليا	19	البرتغال	11	لاتفيا	3
المانيا	28	سلوفاكيا	20	التشيك	12	نرويج	4
قبرص	29	أيسلندا	21	هولندا	13	رومانيا	5
بلجيكا	31	فرنسا	22	كرواتيا	14	استونيا	6
مالطا	32	انجلترا	23	اسبانيا	15	بلغاريا	7
		ليخنشتاين	24	سلوفينيا	16	الدنمارك	8

في القارة الأوربية

المصدر: البيانات الرئيسية فرونتكس،2017، والنسب والمعدلات من عمل الباحث.

يتضح من الجدول والأشكال عدة مستويات كثافية:

كثافات مرتفعة: تراوحت بين مهاجر غير قانوني لكل كيلومترين في بلجيكا، وثلاثة مهاجرين لكل كيلومترين مربعين في مالطا.

كثافات متوسطة نسبيا: تراوحت بين مهاجر واحد لكل خمسة وثمانية كيلومترات مربعة، تبلغ أعلاها في قبرص (0.44/ كم2)، المانيا0.41/ كم2، وسويسرا0.31/ كـم2، والنمسـا0.30/ كـم2، والمجـر0.27/ كـم2، وليختنشـتاين0.24/ كـم2، وانجلتـرا0.20/ كـم2، وفرنسـا0.19/ كـم2، وأيسـلندا0.15/ كـم2، وسلوفاكيا0.12/كم2.

كثافات منخفضة: تراوحت بين ثلاثة وعشرة مهاجرين لكل ثلاثين كيلومتر مربع، تبلغ أعلاها في ايطاليا0.11/ كم2، ولوكسمبرج 0.11/ كم2، وبولندا0.09/ كم2، وسلوفينيا0.08/ كم2، واسبانيا0.07/ كم2، وكرواتيا0.06/ كـم2، وهولندا0.05/ كم2، والتشيك0.05/ كم2، والبرتغال0.05/ كم2، وليتوانيا0.03/ كم2.

كثافات منخفضة جداً: يقل فيها كثافة المهاجرين غير القانونيين عن مهاجر لكل 33 كيلومتر مربع، تبلغ أعلاها في إيرلندا0.03/ كم2، والدنمارك0.02/ كم2، وبلغاريا0.02/ كم2، واستونيا0.02/كم2، ورومانيا0.01/ كم2، والنرويج0.01/ كم2، ولاتفيا0.01/ كم2، وتقترب من الصفر في كل من السويد وفنلندا.

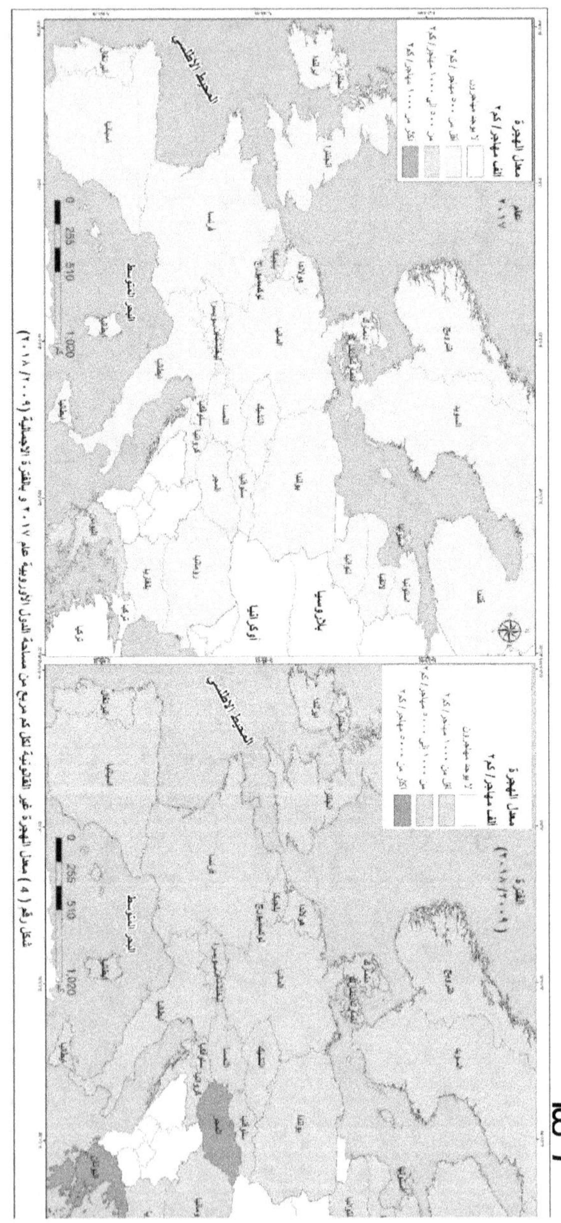

للهجرة غير القانونية

(6-1) كثافة المهاجرين بالنسبة لطول الحدود

يعبر المهاجرين غير القانونيين الحدود خلسة في رحلتهم بين دولة المنشأ والإرسال الهجري إلى دولة المقصد الهجري، ومن ثم يلعب طول الحدود المحيطة دوراً في كثافة الهجرة، فكلما كانت قصيرة كلما أمكن التحكم بها والحد من الهجرة غير القانونية، والعكس كلما طالت الحدود تطلبت عدداً كبيراً من نقاط الحراسة والحماية.

يوضح الجدول رقم (4) والشكلان رقما (5) (6) كثافة المهاجرين غير القانونيين في العقد الأخير وعام 2017 بالنسبة لطول حدود دول المقاصد الهجرية في القارة الأوربية، و**منهم يمكن أن نميز عدة مستويات كثافية:**

جدول 4 كثافة المهاجرين غير القانونيين في العقد الأخير نسبة لطول حدود دول المقاصد الهجرية في القارة الأوربية

مهاجر/كم	الدولة	مهاجر/كم	الدولة	مهاجر/كم	الدولة	مهاجر/كم	الدولة
7.1	اسبانيا	2.5	التشيك	0.7	إيرلندا	0.0	ايسلندا
9.0	سويسرا	2.7	سلوفاكيا	0.8	كرواتيا	0.6	ليختنشتاين
9.0	بولندا	3.3	سلوفينيا	1.1	لوكسمبرج	0.1	نرويج
12.5	النمسا	4.2	انجلترا	1.1	هولندا	0.2	فنلندا
15.2	المجر	4.6	ايطاليا	1.2	رومانيا	0.2	السويد
15.2	بلجيكا	4.7	مالطا	1.3	بلغاريا	0.2	الدنمارك
17.2	فرنسا	6.4	اليونان	1.6	ليتوانيا	0.3	لاتفيا
26.8	المانيا	6.4	قبرص	2.3	البرتغال	0.4	استونيا

المصدر: البيانات الرئيسية فرونتكس،2017، والنسب والمعدلات من عمل الباحث.

أولا: كثافة مرتفعة لكل كيلومتر طولي من الحدود: تراوحت كثافة الهجرة غير القانونية عبر حدود دول المقصد الهجري بين 12و27 مهاجر لكل كيلومتر طولي من الحدود، أي مهاجر واحد لكل 33-37 متر طولي من الحدود، وتضم تلك الفئة خمس دول تشغل نطاقاً عرضياً يمتد بين شرق وغرب أوروبا يخترق أقاليم أوربا الغربية والشرقية والألبية، وهي النمسا، والمجر، وبلجيكا، وفرنسا، وألمانيا.

ثانيا: كثافة متوسطة لكل كيلومتر طولي من الحدود: تراوحت كثافة الهجرة غير القانونية عبر حدود دول المقصد الهجري بين ستة وتسعة مهاجرين لكل كيلومتر طولي من الحدود، أي مهاجر واحد لكل 111-167 متر طولي من الحدود، وتضم تلك الفئة خمس دول أخرى هي اسبانيا، وسويسرا، وبولندا، واليونان، وقبرص على التوالي.

ثالثا: كثافة منخفضة لكل كيلومتر طولي من الحدود: تراوحت كثافة الهجرة غير القانونية عبر حدود دول المقصد الهجري بين مهاجر واحد وخمسة مهاجرين لكل كيلومتر طولي من الحدود، أي مهاجر واحد لكل 1000-200 متر طولي مـن الحـدود، وتضـم تلـك الفئـة إثنتـا عشـر دولـة هـي التشيك، وسلوفاكيا، ولوكسـمبرج، وسـلوفينيا، وهولنـدا، وانجلتـرا، ورومانيـا، وإيطاليـا، وبلغاريـا، ومالطا، وليتوانيا، البرتغال.

رابعا: كثافة منخفضة جدا لكل كيلومتر طولي من الحدود: تقل كثافة الهجرة غير القانونيـة عبـر حـدود دول المقصـد الهجـري مهـاجر واحد (0.8) مهـاجر لكل كيلومتر طولي من الحدود، أي مهاجر واحد لكل 12.5 متر طولي من الحدود، وتضـم تلـك الفئـة عشـرة دول هـي ايسـلندا، وإيرلنـدا، وليختنشتاين، وكرواتيـا، والنرويج، وفنلندا، والسويد، والدنمارك، ولاتفيا، واستونيا.

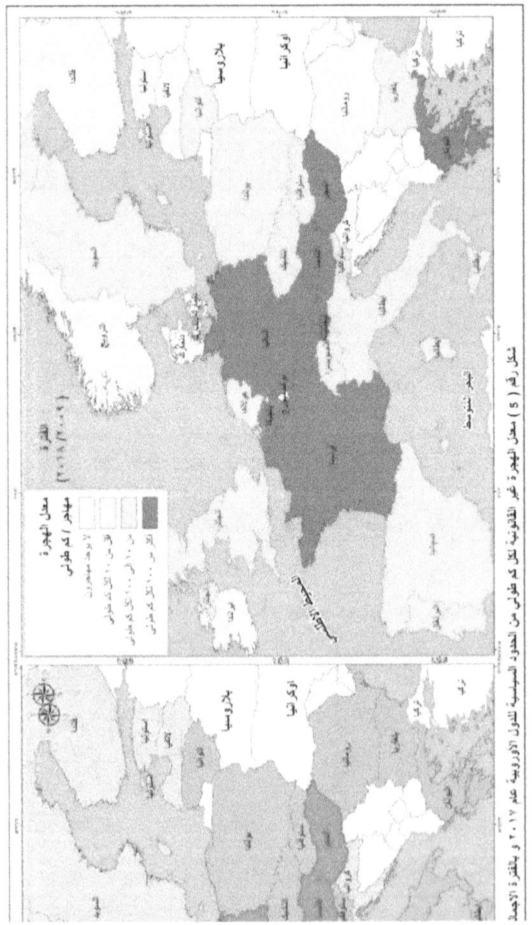

للهجرة غير القانونية

(7-1) كثافة المهاجرين بالنسبة لسكان المقاصد الهجرية

إذا كانت كثافة المهاجرين غيـر القانونيين في الحيز المكـاني لـدول المقاصد الهجرية تعبر عن الصـورة الانتشـارية علـى الأرض، فإن الكثافة بالنسبة للمجتمع المضيف له أهميته في مدى تفاعل المهاجرين غير القانونيين ومجتمع دولـة المقصد الهجري، أنظر الجدول التالي رقم [5] والشكل رقم (7) يوضـحان كلاهمـا مستويات كثافة المهاجرين غير القانونيين في العقد الأخير وعام 2017 نسبة لحجم سكان دول المقاصد الهجرية في القارة الأوربية.

جدول 5 كثافة المهاجرين غير القانونيين في العقد الأخير نسبة لحجم سكان دول المقاصد الهجرية في القارة الأوربية

الدولة	مهاجر/ 100 ألف نسمة	الدولة	مهاجر/ 100 ألف نسمة	الدولة	مهاجر/ 100 ألف نسمة	الدولة	مهاجر/ 100 ألف نسمة
اليونان	15653.6	سويسرا	1480.6	نرويج	636.4	التشيك	364.3
قبرص	7281.8	بلجيكا	1224.3	ليتوانيا	609.6	سلوفاكيا	315.0
النمسا	3603.4	سلوفينيا	1184.7	استونيا	583.2	هولندا	221.6
المجر	6245.2	اسبانيا	1071.8	كرواتيا	537.8	لاتفيا	159.2
مالطا	2369.6	انجلترا	961.1	ايطاليا	502.4	الدنمارك	137.5
السويد	1975.1	بلغاريا	894.7	إيرلندا	494.0	رومانيا	132.0
المانيا	1617.7	فنلندا	768.4	لوكسمبرج	464.4	ليختنشتاين	54.1
فرنسا	1206.6	البرتغال	695.0	بولندا	376.8	ايسلندا	22.2

المصدر: البيانات الرئيسية فرونتكس، 2017، والنسب والمعدلات من عمل الباحث.

أولا: كثافة مرتفعة: تراوحت كثافة الهجرة غير القانونية بالنسبة لسكان دول المقصد الهجري بين 16-7 ألف مهاجر لكل مائة ألف نسمة مـن سكان دولـة المقصد الهجري، وتضم تلك الفئة دولتان من إقليم البحر المتوسط هما اليونان وقبـرص؛ فقد بلغ كثافة المهاجرين غير القانونيين 15.6 ألف مهاجر في الأولـى أي 156 مهاجر غيـر قانوني لكل ألف نسمة مـن سكانها، تنخفض فـي قبـرص إلـى 73 مهاجر لكل ألف نسمة من سكانها.

ثانيا: كثافة مرتفعة نسبيا: تراوحت كثافة الهجرة غير القانونية بالنسبة لدول المقصد الهجري بين 1.6-1.0 ألف مهاجر لكل مائة ألف نسمة، أو عشرة إلـى ستة وثلاثين من سكان دولة المقصد الهجري، وتضـم تلك الفئة عشرة دول؛ مالطا واسبانيا وفرنسا من إقليم البحر المتوسط، وسويسرا والنمسا من أوروبا الألبيـة، وسلوفينيا والمجر من شرق أوربا، وبلجيكا والمانيا من غرب أوروبـا، والسـويد من شمالها.

ثالثا: كثافة منخفضة: تراوحت كثافة الهجرة غير القانونية بالنسبة لدول المقصد الهجري بين 500-ألف مهاجر لكل مائة ألف نسمة، أو 5-10 من سكان دولة المقصد الهجري، وتضم تلك الفئة تسع دول؛ ايطاليا البرتغال كرواتيا من إقليم البحر المتوسط، وسويسرا، وبلغاريا وانجلترا من غرب أوروبا، وفنلندا والنــرويج وليتوانيــا واستونيا من شمالها.

رابعا: كثافة منخفضة جدا: تراوحت كثافة الهجرة غير القانونية بالنسبة لدول المقصد الهجري بيـن 200-500 مهاجر لكل مائة ألـف نسـمة، أو 2-5 مــن سـكان دولـة المقصـد الهجـري، وتضم تلك الفئة ست دول؛ التشـــيك، وسلوفاكيا، وهولنـدا، وإيرلندا، ولوكسمبرج، وبولندا.

خامســـا: كثافـة محـدودة: تقـل فيهـا كثافـة الهجـرة غيـر القانونية بالنسبة لدول المقصد الهجري عن 160 مهاجر لكل مائة ألف نسمة من سكان دولة المقصد الهجري، وتضم تلك الفئة خمس دول؛ لاتفيــــا، والدنمارك، ورومانيا، وليختنشتاين، وأيسلندا.

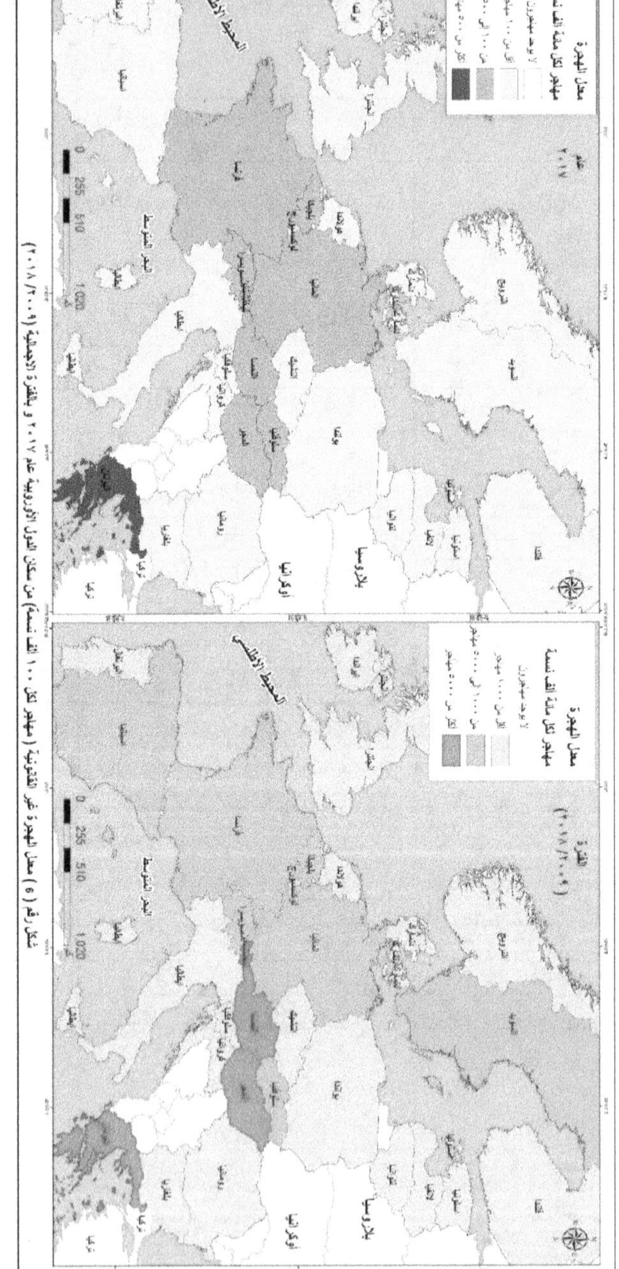

(1-8) كثافة المهاجرين بالنسبة لدخل المقاصد الهجرية

يعتبر العامل الاقتصادي الدافع الأول نحو الهجرة عموماً والهجرة غير القانونية خصوصاً، وحتى نتعرف علــى تـأثيره نعـرض فيمـا يلـي لكثافة المهـاجريين غير القانونيين منسوبة للدخل أو الناتج المحلي، والذي يبـين الجدول رقم (6) والشـكلان رقم (8) يوضحان كثافة المهاجرين غير القانونيين في العقد الأخير نسبة لـدخل دول المقاصد الهجرية في القارة الأوربية.

مهاجر/ مليار دولار	الدولة	مهاجر/ مليار دولار	الدولة	مهاجر/ مليار دولار	الدولة	مهاجر/ مليار دولار	الدولة
7.5	لاتفيا	18.5	البرتغال	33.5	بلجيكا	227.5	اليونان
6.9	لوكسمبرج	17.9	بلغاريا	31.0	مالطا	141.8	قبرص
6.8	رومانيا	15.2	سلوفاكيا	26.6	بولندا	96.7	المجر

جدول 6 كثافة المهاجرين غير القانونيين في العقد الأخير نسبة لـدخل دول المقاصد الهجرية في القارة الأوربية

4.2	السويد	14.9	ايطاليا	25.2	ليتوانيا	59.6	سلوفينيا
3.7	فنلندا	11.8	التشيك	25.2	اسبانيا	57.5	النمسا
3.7	الدنمارك	11.5	نرويج	25.0	سويسرا	39.2	فرنسا
2.4	هولندا	10.3	ليختنشتاين	19.3	انجلترا	36.6	المانيا
0.8	ايسلندا	9.2	أيرلندا	18.5	استونيا	34.3	كرواتيا

المصدر: البيانات الرئيسية فرونتكس،2017، والنسب والمعدلات من عمل الباحث.

أولا: كثافة مرتفعة: تراوحت كثافة الهجرة غير القانونية بالنسبة لدخل دول المقصـد الهجري بين 57-58 مهاجر لكل مليار دولار من الناتج المحلي بدولـة المقصد الهجري، وتضم تلك الفئة دولتان من إقليم البحر المتوسط هما اليونان وقبرص.

ثانيا: كثافة مرتفعة نسبياً: تراوحت كثافة الهجرة غير القانونيـة بالنسبة لـدخل دول المقصد الهجري بين 57-58 مهاجر لكل مليار دولار من النـاتج المحلـي بدولـة المقصد الهجري، وتضم تلك الفئة المجر، وسلوفينيا، والنمسا.

ثالثا: كثافة منخفضة: تراوحت كثافة الهجرة غير القانونيـة بالنسبة لـدخل دول المقصد الهجري بين 25-39 مهاجر لكل مليار دولار من النـاتج المحلـي بدولـة المقصد الهجري، وتضم تلك الفئة تسع دول؛ هـي بولنـدا، وليتوانيـا، وأسبانيا، وفرنسا، وسويسرا، وألمانيا، وكرواتيا.

رابعا: كثافة منخفضة جداً: تراوحت كثافة الهجرة غير القانونيـة بالنسبة لـدخل دول المقصد الهجري بين 25-39 مهاجر لكل مليار دولار من النـاتج المحلـي بدولـة المقصد الهجري، وتضم تلك الفئة تسع دول؛ البرتغـال، وبلغاريـا، وسلوفاكيا، وإيطاليا، والتشيك، ونرويج، وانجلترا، وليختنشتاين، واستونيا.

خامسا: كثافة محدودة: تقل كثافة الهجرة غير القانونيـة بالنسبة لـدخل دول المقصـد الهجري عن عشرة مهاجرين لكل مليار دولار من الناتج المحلـي بدولـة المقصد الهجري، وتضم تلك الفئة تسع دول؛ لاتفيا، ولوكسمبرج، ورومانيـا، والسـويد، وفنلندا، والدنمارك، وهولندا، وإيرلندا، وايسلندا.

للهجرة غير القانونية

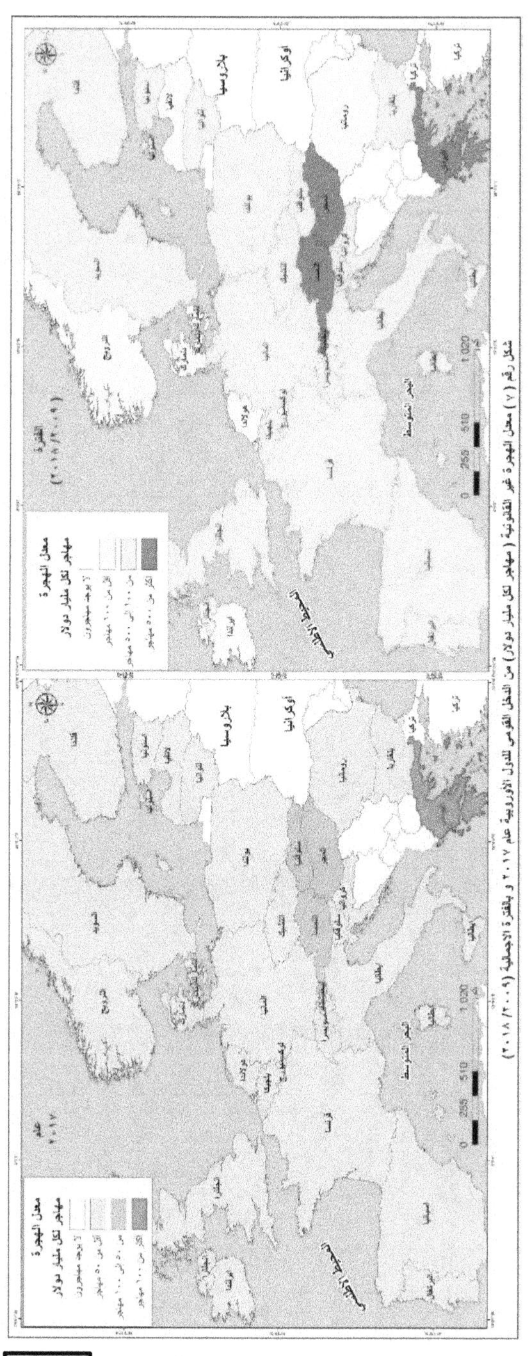

شكل رقم (٧) محطل الهجرة غير القانونية (مهاجر لكل مليار دولار) من الدخل القومي للدول الأوروبية عام ٢٠١٧ و بالفترة الإجمالية (٢٠١٨/٢٠٠٩)

(1-9) مستويات نطاقات الهجرة غير القانونية

بعد معاينة التوزيع الجغرافي للمهاجرين غير القانونين على الدول الأوربية في العقد الأخير وعام 2017، حاولنا الوقوف على مستويات الهجرة من خلال عدة مؤشرات مثل:

- التوزيع النسبي للمهاجريين.
- الكثافة المكانية للمهاجرين.
- كثافة المهاجرين بالنسبة لطول الحدود.
- كثافة المهاجرين بالنسبة لسكان المقاصد الهجرية.
- كثافة المهاجرين بالنسبة لدخل المقاصد الهجرية.

وتم رصد رتب المؤشرات الخمسة في الجدول التالي رقم (7) الذي يبرز مستويات نطاقات الهجرة غير القانونية في أوروبا في العقد الأخير والعوامل المؤثرة فيها، وقد تم تمييز خمسة نطاقات هجرية غير قانونية توضحها الخريطة شكل رقم (9)؛ وهي نطاق الهجرة الأكثر قوة، ونطاق الهجرة الكبير، ونطاق الهجرة المتوسط، ونطاق الهجرة الأقل قوة، ونطاق الهجرة الأضعف.

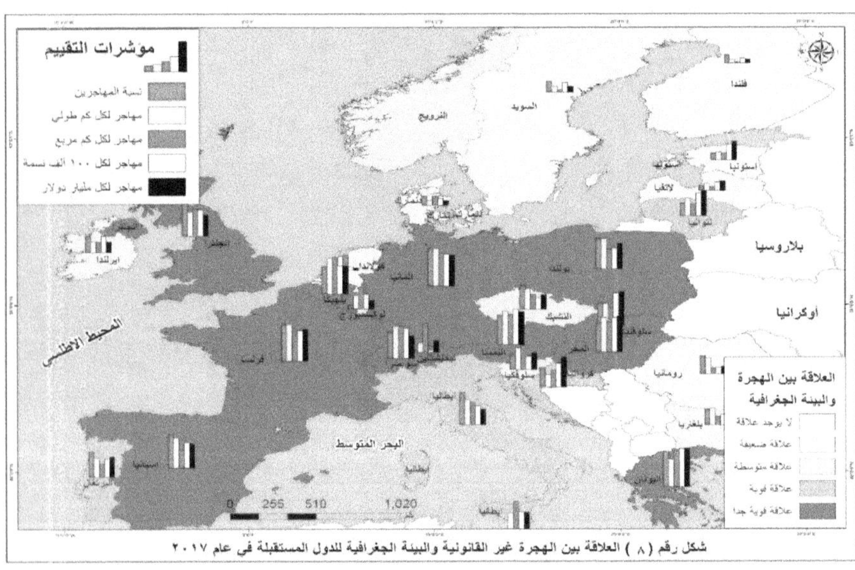

شكل رقم (٨) العلاقة بين الهجرة غير القانونية والبيئة الجغرافية للدول المستقبلة في عام ٢٠١٧

النطاق	الدولة	المكون النسبي	مهاجر/ كم حدود	مهاجر/ كم2 مساحة	مهاجر/ 100 ألف نسمة	مهاجر/ مليار دولار	متوسط الرتب
نطاق الهجرة	اليونان	30	23	30	32	32	29.4
	المانيا	32	32	28	27	26	29

للهجرة غير القانونية

						الدولة	
27.4	28	30	26	28	25	النمسا	الأكثر قوة
27.4	30	29	25	29	24	المجر	
27.4	27	26	22	31	31	فرنسا	
26.6	31	31	29	24	18	قبرص	
26.4	24	24	31	30	23	بلجيكا	
24	19	25	27	27	22	سويسرا	نطاق الهجرة الكبير
22.4	18	22	23	20	29	انجلترا	
22.2	29	28	16	19	19	سلوفينيا	
21.8	20	21	15	25	28	اسبانيا	
21.8	22	18	17	26	26	بولندا	
21	23	23	32	22	5	مالطا	
19.2	13	16	19	21	27	ايطاليا	
17	25	20	14	10	16	كرواتيا	نطاق الهجرة المتوسط
16	17	15	11	16	21	البرتغال	
15.2	21	19	10	15	11	ليتوانيا	
15	14	11	20	18	12	سلوفاكيا	
14.2	12	10	12	17	20	التشيك	
11.6	15	9	7	14	13	بلغاريا	نطاق الهجرة الأقل قوة
11	9	14	9	9	14	إيرلندا	
10.2	7	12	18	11	3	لوكسمبرج	
10.2	11	17	4	2	17	نرويج	
9.6	16	13	6	7	6	استونيا	
9.2	10	2	24	8	2	ليخنشتاين	
8.8	6	5	5	13	15	رومانيا	
8	2	3	13	12	10	هولندا	
6	4	6	8	4	8	الدنمارك	نطاق الهجرة الأضعف
5.8	5	8	2	5	9	السويد	
5.6	8	7	3	6	4	لاتفيا	
5	1	1	21	1	1	أيسلندا	
3.6	3	4	1	3	7	فنلندا	

المصدر: تأسيسا على البيانات الخام المستخرجة من الكتب الإحصائية للأمم المتحدة، والنسب والرتب من

47

حساب الباحث.

للهجرة غير القانونية

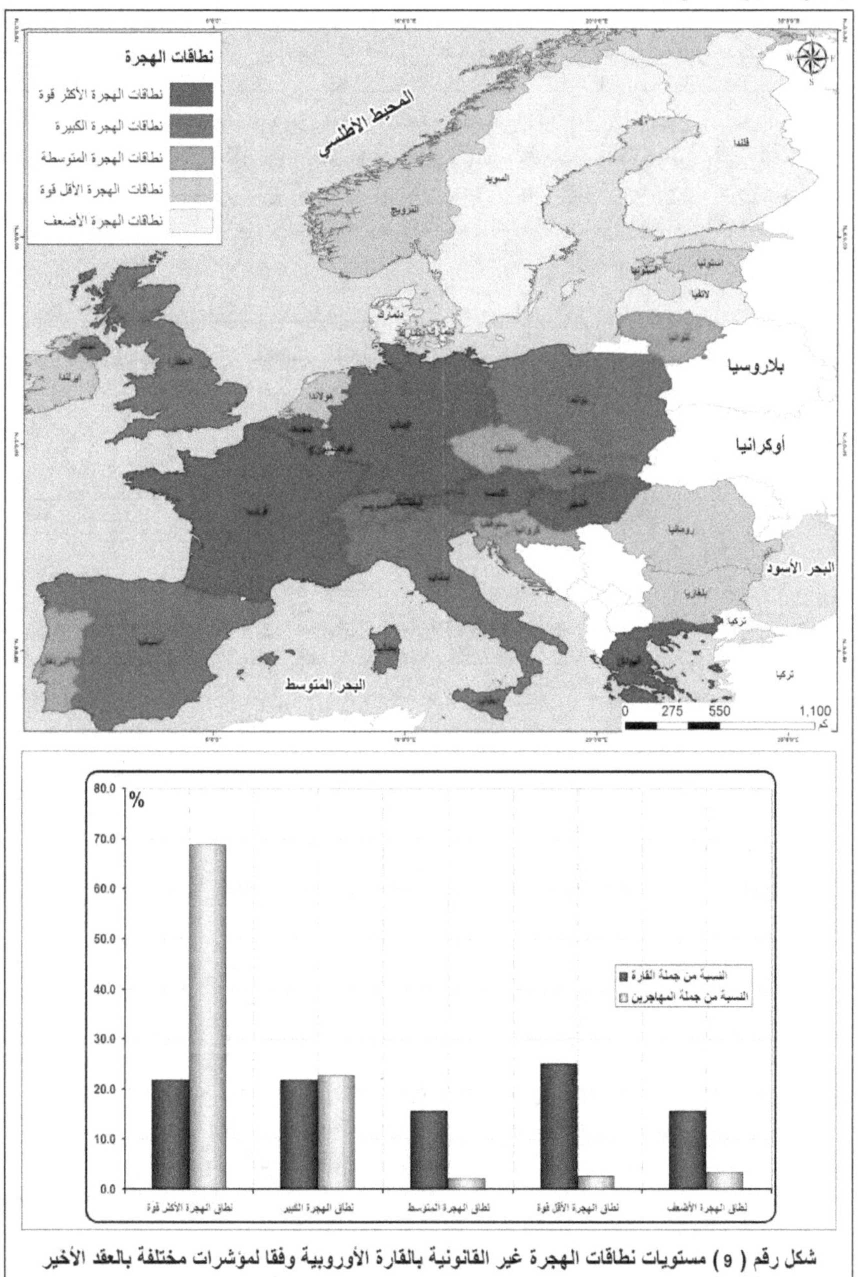

شكل رقم (9) مستويات نطاقات الهجرة غير القانونية بالقارة الأوروبية وفقا لمؤشرات مختلفة بالعقد الأخير

(1-9-1) نطاق الهجرة الأكثر قوة:

يمتد هذا النطاق في محور عرضي شرقي- غربي من المجر حتى فرنسا، وتنفصل عنه اليونان جنوباً. ورغم صغر عدد دوله لكنه أكثر استقطاباً للهجرة غير القانونية؛ فهو يضم سبع دول تمثل فقط الخُمس (21.9%) من جملة عدد دول القارة، ولكنه استقبل أكثر من ثلثي (68.9%) جملة عدد المهاجرين غير القانونيين الذين نجحوا في الدخول إلى أوروبا. ويتكون من اليونان وفرنسا وقبرص من إقليم البحر المتوسط الأوروبي، وألمانيا، وبلجيكا من إقليم غرب أوروبا، والنمسا، والمجر من شرق ووسط أوروبا.

(1-9-2) نطاق الهجرة الكبير:

ويتمثل في النطاق المحيط بالنطاق الأول الأكثر قوة، ويضم أيضا سبع دول مثل النطاق الأكثر قوة ولكنها تمثل أيضا 21.9% من جملة دول القارة، ولكن نصيبه من المهاجرين غير القانونيين يبلغ ثلث نصيب النطاق الأول، فقد استقبل أكثر من خُمس (22.7%) جملة عدد المهاجرين غير القانونيين إلى أوروبا. ويتألف هذا النطاق من مالطا وإيطاليا واسبانيا من إقليم البحر المتوسط، وسويسرا وسلوفينيا وبولندا من وسط وشرق أوروبا، وأخيراً انجلترا من غرب القارة.

(1-9-3) نطاق الهجرة المتوسط:

تتخلل دول هذا النطاق النطاقين السابقين وهوامشهما، ويضم من الدول خمس دول، تمثل سبع (15.6%) جملة عدد دول القارة، ولكنه استقبل نسبة محدودة من المهاجرين غير القانونيين إلى أوروبا تبلغ (2.2%) من جملتهم. ويتألف من البرتغال وكرواتيا من إقليم البحر المتوسط، وسلوفاكيا والتشيك في شرق أوروبا، وليتوانيا من شمال أوروبا.

(1-9-4) نطاق الهجرة الأقل قوة:

يضم ثمانية دول، تمثل ربع (25.0%) جملة عدد دول القارة، تتركز في الهوامش الشرقية والشمالية من القارة الأوروبية واستقبل نسبة محدودة لم تتجاوز الخمسة في المئة (4.9%) من جملة المهاجرين غير القانونيين إلى أوروبا، ويتألف من بلغاريا، وإيرلندا، ولوكسمبرج، والنرويج، واستونيا، وليختنشتاين، ورومانيا، وهولندا.

(1-9-5) نطاق الهجرة الأضعف:

يضم هذا النطاق خمس دول، تمثل 15.6% من جملة عدد دول القارة، واستقبل هذا النطاق بدوله الخمس نسبة محدودة تبلغ (3.4%) جملة المهاجرين غير القانونيين إلى أوروبا، ويتألف من الدنمارك، والسويد، ولاتفيا، وأيسلندا، وفنلندا، وهي تقع جميعا شمال القارة الأوروبية في شبه جزيرة اسكندنافيا وحوض البحر البلطي.

أنظر الشكل رقم (10) الذي يوضح الامتداد الجغرافي لنطاقات الهجرة غير القانونية الخمسة، ونصيبها من دول القارة ومحتواها من المهاجرين غير القانونيين.

للهجرة غير القانونية

و الملاحظ أن" أوروبا بصورة خاصة، تفضل المهاجرين المؤقتين على المهاجرين الدائمين[1].

خلاصة الفصل الأول:

بلغ جملة حجم الهجرة غير القانونية في أوروبا السنوات العشر الأخيرة ما يزيد عن سبعة ملايين مهاجر غير قانوني (7.2 مليون)، تمثل سبع (14%) جملة عدد سكان القارة الأوربية عام 2017.

تجسدت المقاصد الكبرى للمهاجرين غير القانونيين في ثلاثة دول (اليونان-المانيا-فرنسا)، وقد استقبلت أكثر من نصف (53.2%) حجم المهاجرين بحجم يقترب من أربعة ملايين مهاجر (3.83 مليون مهاجر). كما نجد ثلاثة دول أخرى استحوذت على ما بين ربع وخمس (22.8%) حجم المهاجرين، وهي أسبانيا وإنجلترا والمجر.

وعلى مستوى الكتل الرئيسية داخل قارة أوروبا، يستأثر الاتحاد الأوروبي على غالبيتهم (95.2%)، بينما تختص خمس دول خارجه بالباقي (4.8%)، وتشمل سويسرا والنرويج وأيسلندا وليختنشتاين.

وبمقارنة نسبة الهجرة غير القانونية بالعقد الأخير ومثيلتها في عام 2017 يتضح استمرار تدفق الهجرة بنسب كبيرة تزيد عن معدلها في العقد الأخير ككل.

تعبر كثافة المهاجرين غير القانونيين في الحيز المكاني للمقاصد الهجرية صورتهم الانتشارية في وطنهم الجديد، وترتفع كثافاتهم بين مهاجر غير قانوني لكل كيلومترين في بلجيكا، وثلاثة مهاجرين لكل كيلومترين مربعين في مالطا، وتتفاوت حتى تصل أدناها لتقترب من الصفر في كل من السويد وفنلندا.

يعبر المهاجرين غير القانونيين الحدود خلسة في رحلتهم بين دولة المنشأ والارسال الهجري إلى دولة المقصد الهجري، ومن ثم بلعب طول الحدود المحيطة دوراً في كثافة الهجرة، فكلما كانت قصيرة كلما أمكن التحكم بها والحد من الهجرة غير القانونية، والعكس كلما طالت الحدود تطلبت عدداً كبيراً من نقاط الحراسة والحماية. ترتفع لتبلغ مهاجر واحد لكل 37-33 متر طولي من الحدود، وتتمثل لتشغل نطاقاً عرضياً يمتد بين شرق وغرب أوروبا **وتصل أدناها** مهاجراً واحداً لكل 12.5 متر طولي من الحدود بدول الشمال.

إذا كانت كثافة المهاجرين غير القانونيين في الحيز المكاني لدول المقاصد الهجرية تعبر عن الصورة الانتشارية على الأرض، فإن الكثافة بالنسبة للمجتمع المضيف له أهميته في مدى تفاعل المهاجرين غير القانونيين ومجتمع دولة المقصد الهجري، فنجدها مرتفعة باليونان وقبرص؛ فقد بلغ كثافة المهاجريين غير القانونيين 15.6 ألف مهاجر في الأولى أي 156 مهاجر غير قانوني لكل ألف نسمة من

---

[1] بيار جورج. جغرافية السكان، ترجمة: سموحي فوق العادة، منشورات عويدات، بيروت-باريس،الطبعة الثالثة،1985، ص106.

سكانها، تنخفض في قبرص إلى 73 مهاجر لكل ألف نسمة من سكانها. تنخفض لتقل عن 160 مهاجر لكل مائة ألف نسمة في لاتفيا، والدنمارك، ورومانيا، وليختنشتاين، وأيسلندا.

يعتبر العامل الاقتصادي الدافع الأول نحو الهجرة عموماً والهجرة غير القانونية خصوصاً، وحتى نتعرف على تأثيره نعرض فيما يلي لكثافة المهاجرين غير القانونيين منسوبة للدخل أو الناتج المحلي، تصل أقصاها عندما تراوحت كثافة الهجرة غير القانونية بالنسبة لدخل دول المقصد الهجري بين 57-58 مهاجر لكل مليار دولار من الناتج المحلي بدولة المقصد الهجري، وتضم اليونان وقبرص، وتتدرج في الانخفاض حتى تصل أدناها عندما تقل عن عشرة مهاجرين لكل مليار دولار من الناتج المحلي بدولة المقصد الهجري، وتضم تلك الفئة تسع دول؛ لاتفيا، ولوكسمبرج، ورومانيا، والسويد، وفنلندا، والدنمارك، وهولندا، وإيرلندا، وايسلندا.

أمكن تحديد مستويات نطاقات الهجرة غير القانونية وفقا لخمسة مؤشرات هي التوزيع النسبي والكثافة المكانية للمهاجرين وكثافة المهاجرين بالنسبة لطول الحدود وسكان ودخل المقاصد الهجرية، **وقد تم تمييز خمسة نطاقات هجرية غير قانونية:**

نطاق الهجرة الأكثر قوة: يمتد هذا النطاق في محور عرضي شرقي-غربي من المجر حتى فرنسا، وتنفصل عنه اليونان جنوباً. يضم سبع دول تمثل فقط خمس (21.9%) جملة عدد دول القارة، ولكنه استقبل أكثر من ثلثي (68.9%) جملة عدد المهاجرين غير القانونيين الذين نجحوا في الدخول إلى أوروبا. ويتكون من اليونان وفرنسا وقبرص من إقليم البحر المتوسط الأوروبي، وألمانيا، وبلجيكا من إقليم غرب أوروبا، والنمسا، والمجر من شرق ووسط أوروبا.

نطاق الهجرة الكبير: ويتمثل في النطاق المحيط بالنطاق الأول الأكثر قوة، يضم أيضا سبع دول مثل النطاق الأكثر قوة ولكنها تمثل أيضا 21.9% من جملة دول القارة، ولكن نصيبه من المهاجرين غير القانونيين يبلغ ثُلث نصيب النطاق الأول، فقد استقبل أكثر من خمس (22.7%) جملة عدد المهاجرين غير القانونيين إلى أوروبا. ويتألف هذا النطاق من مالطا وإيطاليا واسبانيا من إقليم البحر المتوسط، وسويسرا وسلوفينيا وبولندا من وسط وشرق أوروبا، وأخيرا انجلترا من غربها.

نطاق الهجرة المتوسط: تتخلل دول هذا النطاق النطاقين السابقين وهوامشهما، ويضم من الدول خمس دول، تمثل السُبع (15.6%) من جملة عدد دول القارة، ولكنه استقبل نسبة محدودة من المهاجرين غير القانونيين إلى أوروبا، تبلغ (2.2%) من جملتهم. ويتألف من البرتغال وكرواتيا من إقليم البحر المتوسط، وسلوفاكيا والتشيك في شرق أوروبا، وليتوانيا من شمال أوروبا.

نطاق الهجرة الأقل قوة: يضم ثمانية دول، تمثل الرُبع (25.0%) من جملة عدد دول القارة، تتركز في الهوامش الشرقية والشمالية من القارة الأوروبية، واستقبل نسبة محدودة لم تتجاوز الخمسة في المئة (4.9%) من جملة المهاجرين غير القانونيين إلى أوروبا، ويتألف من بلغاريا، وإيرلندا، ولوكسمبرج، والنرويج، واستونيا، وليختنشتاين، ورومانيا، وهولندا.

للهجرة غير القانونية

نطاق الهجرة الأضعف: يضم هذا النطاق خمس دول، تمثل 15.6% من جملة عدد دول القارة، واستقبل هذا النطاق بدوله الخمس نسبة محدودة تبلغ (3.4%) جملة المهاجرين غير القانونيين إلى أوروبا، ويتألف من الدنمارك، والسويد، ولاتفيا، وأيسلندا، وفنلندا، وهي تقع جميعاً شمال القارة الأوروبية في شبه جزيرة اسكندنافيا وحوض البحر البلطي.

" أصبحت الهجرة غير الشرعية تهدد أمن الدول المستقبلة والدول العابرة لها، نظراً لما يحمله المهاجرون غير الشرعيون من عنف محاولة تحقيق أهدافهم بكل الطرق إضافة إلى اختلاف عاداتهم وطرق عيشهم عن الدول المنظمة التي تقتات من هذه الظاهرة"[1].

---

[1] محمد غربي وآخرون. الهجرة غير الشرعية في منطقة البحر الأبيض المتوسط" المخاطر واستراتيجية المواجهة"،ابن النديم للنشر والتوزيع، الجزائر، الطبع.

الفصل الثاني

...انونية إلى أوروبا

غير القانونية إلى أوروبا

توطئة:

اخترق المهاجرون البحر المتوسط للوصول إلى أوروبا من جبهاته الشرقية والشمالية الشرقية، ومن الجنوب والجنوب الغربي. وتعددت الطرق والمسالك عبر المعابر البحرية والبرية، ساعد عليها تداخل اليابس والماء التي جزأت الامتداد الكبير للبحر المتوسط إلى بحار إقليمية وفرعية تربطها المضايق، كما تعددت الجزر والأرخبيلات التي كانت بمثابة مواطئ أقدام المهاجرين في عبورهم(1)

وينتشر نطاق إيفاد المهاجرين غير القانونيين في إمتداد كبير يشمل النصف الشمالي للكرة الأضية في قارتي آسيا وأفريقيا، وينتظم في إمتدادات فرعية طولية وفقا للطرق والمسالك البرية قبل وصولها للجبهات البحرية للبحر المتوسط وبحاره الفرعية في الشرق والجنوب، كما تلعب الحدود البرية فيما بين البحر الأسود والمحيط المتجمد الشمالي نطاقا مكملا للكيان البحري للبحر المتوسط فيما بين قارة المقصد الهجري في أوروبا وأقاليم الايفاد في آسيا وأفريقيا.

(2-1) إتجاهات ومسارات الهجرات الدولية

ورغم أن معظم بلدان المقصد تقع في الجزء الشمالي من العالم، فإن الهجرة فيما بين بلدان الجنوب سائدة مثلها مثل الهجرة بين الجنوب والشمال. ومثّل المهاجرون فيما بين بلدان الجنوب 36 في المائة (82,3 مليون نسمة) من أعداد المهاجرين في عام 2013 في حين بلغت نسبة المهاجرين بين الجنوب الشمال 35 في المئة من مجموع المهاجرين (81,9 مليون نسمة)(1). وبلغ عدد المهاجرين بين بلدان الشمال 23% من إجمالي المهاجرين وكان عدد المهاجرين بين الشمال والجنوب ستة في المائة. وبلغ عدد المهاجرين إلى أستراليا وكندا، وفرنسا، وألمانيا، وروسيا، والمملكة العربية السعودية، وإسبانيا، المملكة المتحدة، والإمارات العربية المتحدة والولايات المتحدة الأمريكية ما يقرب من نصف جميع المهاجرين الدوليين(2)

هناك خمسة مسارات رئيسية للهجرة تمثل التدفقات العالمية الكبيرة. وهي:

(1) مسار شرق البحر الأبيض المتوسط.
(2) ومسار البحر الأبيض المتوسط.
(3) مسار أمريكا الوسطى
(4) مسار جنو ب شرق آسيا.
(5) مسار جنوب أفريقيا.

أنظر شكل رقم (11)(12). "كما أن طرق الاتصال والمواصلات الموجودة بالقارة

---

(1) المرجع نفسه. الولايات المتحدة هي بلد المقصد الأول (45,8 مليون في 2013) يليها الاتحاد الروسي (11 مليون)، وألمانيا (9,8 مليون)، المملكة العربية السعودية (9,1 مليون)، والإمارات العربية المتحدة والمملكة المتحدة (7,8 مليون لكل منهما)، وفرنسا (7,5 مليون)، كندا (7,3 مليون)، وأستراليا وإسبانيا (6,5 لكل منها)؛ إدارة الشؤون الاقتصادية والاجتماعية التابعة للأمم المتحدة، 2013

(1) ماثيو Chwastyk وريان وليامز، ناشيونال جيوغرافيك متاح على:
-http://news.nationalgeographic.com/2015/09/150919-data-points-refugees-
migrants-maps-human-migrations-syria-world

الهجـرة غيــر القانونيــة عبـر البحـر المتوسـط فـي ربـع القـرن الأخيـر الأفريقية، ساعدت على هذا الاتصال البشري"(1).

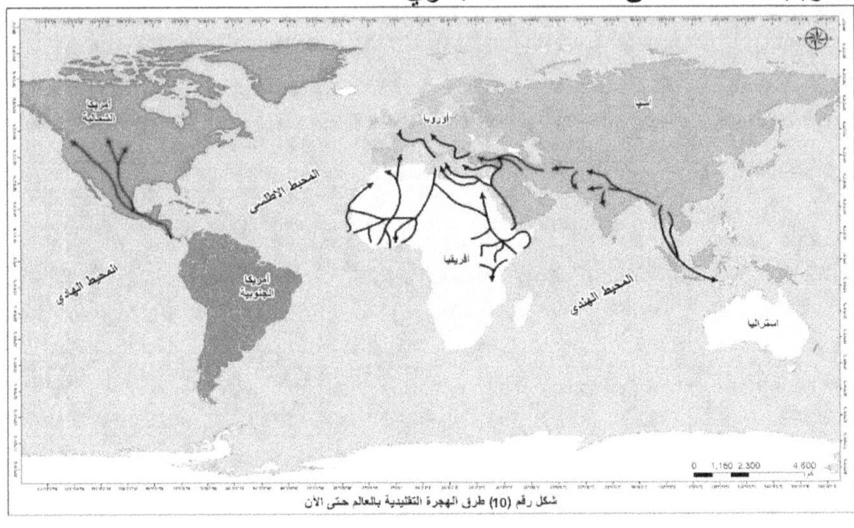

شكل رقم (10) طرق الهجرة التقليدية بالعالم حتى الآن

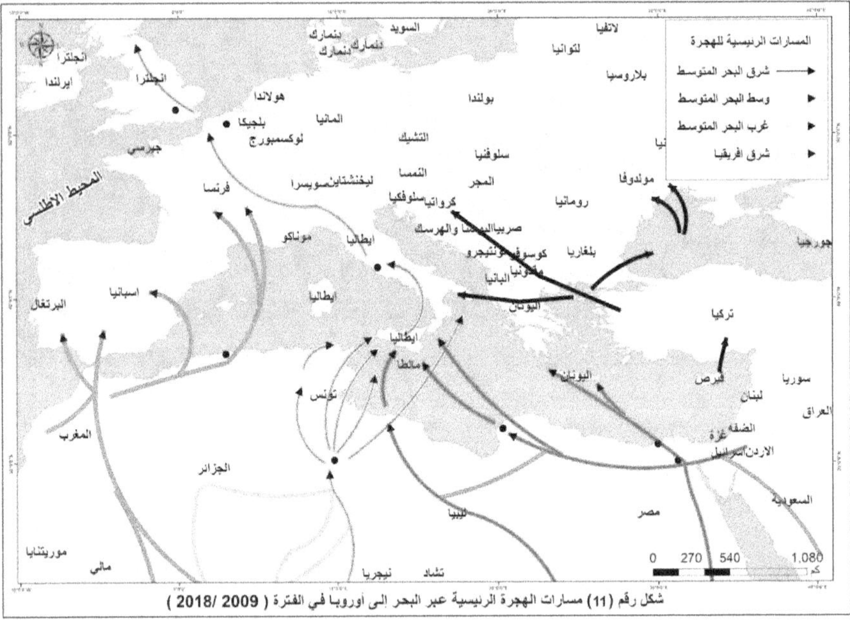

شكل رقم (11) مسارات الهجرة الرئيسية عبر البحر إلى أوروبا في الفترة (2009 /2018)

يصف مسار شرق المتوسط شبكة مسارات السفر التي يستخدمها المهاجرون

---

(1) جـلال يحـي. تـاريخ أفريقيـا الحـديث والمعاصـر، المكتـب الجـامعي الحـديث، الأزاريطـة- الإسكندرية، 1999، ص10.

غير القانونية إلى أوروبا

من الشرق الأوسط وشمال أفريقيا عبر أوروبا الشرقية وكذلك عبر اليونان وإيطاليا. ولطالما استخدمها المهاجرون للعبور من تركيا إلى الاتحاد الأوروبي وهو أكثر طريق يسلكه المهاجرون السوريون.

ويستخدم المهاجرون الطريق البحري نحو جزر بحر إيجه والطريق الجوي على حد سواء مباشرة من اسطنبول إلى المدن الأوروبية[1]. ولقد أصبح الدخول إلى اليونان عبر الحدود البرية مسارا يتزايد استخدامه بكثافة، في ظل وصول الغالبية العظمى من المهاجرين إلى العديد من الجزر اليونانية، ولا سيما جزيرة ليسبوس[2]. وفي عام 2015، وصل نحو 885.000 مهاجر إلى الاتحاد الأوروبي من طريق شرق المتوسط، وبلغت أعداد المهاجرين الواصلين ذروتها برقم 216.000 في أكتوبر عام 2015. وحدثت 278 حالة وفاة على الطريق في عام 2015[3].

يصف مسار البحر الأبيض المتوسط شبكة مسارات السفر التي يستخدمها المهاجرون عبر البحر الأبيض المتوسط من الجانب الغربي إلى إسبانيا ومن الوسط عبر إيطاليا، ولا سيما عبر لامبيدوزا. ولطالما كان هذا المسار المفضل للمهاجرين الأفارقة لدخول أوروبا. وقد ظل المسار عبر اسبانيا هو الطريق المفضل طيلة سنوات، ولكن التعاون بين إسبانيا والمغرب حافظ على أعداد منخفضة نسبيا في هذا المسار[4]. ومع ذلك، بدأ المهاجرون السوريون على نحو متزايد يسلكون هذا المسار بشكل أكثر تواترا ويمثلون أكبر نسبة من المهاجرين الموقوفين على هذا المسار في عام 2015. وظل المسار عبر إيطاليا، مع ذلك، يشهد ضغطا شديدا بسبب كثافة موجات الهجرة، إذ بلغ عدد المهاجرين الوافدين 154.000 مهاجر في 2015.

وشكل الإريتريون والنيجيريون والصوماليون أكبر عدد من المهاجرين على طول هذا الطريق. وجاء الربيع العربي في عام 2011 الذي تسبب في الإطاحة بنظام القذافي في ليبيا ليزيد من شدة ضغط الهجرة على هذا المسار.

و تتعدد طرق الهجرة غير القانونية إلى أوروبا عبر البحر المتوسط لتشمل سبعة طرق أو مسارات من الاتجاهات الجغرافية المختلفة، وتسلك كل منها مهاجرون من دول معينة اعتادت مداخلها، كما توضحها الخريطة شكل رقم (13)، **هي على النحو التالي:**

- طريق الحدود الشرقية.

- طريق شرق البحر الأبيض المتوسط.

- طريق غرب البلقان.

---

1 فرونتكس

2 www.iom.int/news/mediterranean-migrant-flows-iom-update.

3 ماثيو **Chwastyk** وريان وليامز، ناشيونال؛

4 جيوغرافيك-http://news.nationalgeographic.com/2015/09/150919-data-points-refugees-migrants-maps-human-migrations-syria-world

- الطريق الدائري من ألبانيا إلى اليونان.

- طريق بوليا وكالابريا.

- طريق غرب افريقيا.

- طريق غرب البحر الأبيض المتوسط.

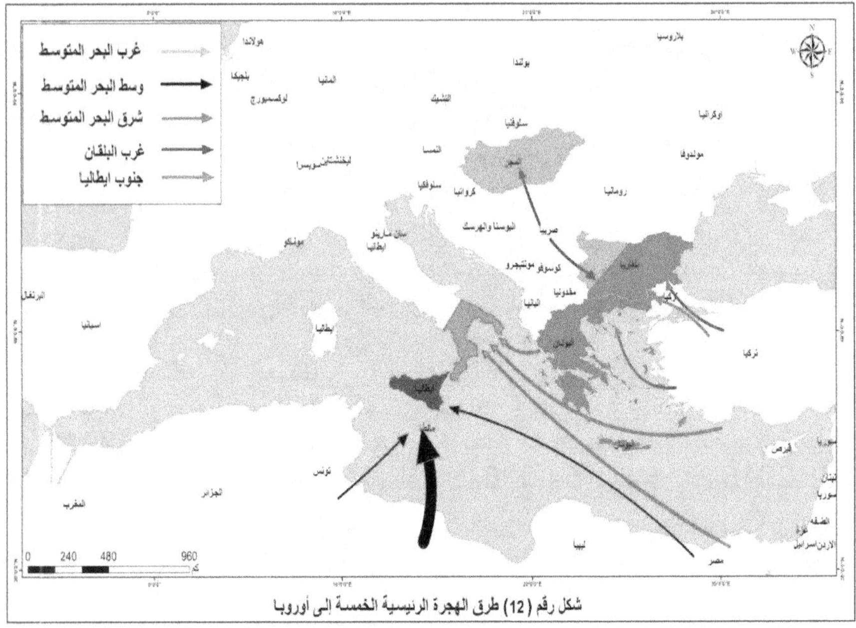

شكل رقم (12) طرق الهجرة الرئيسية الخمسة إلى أوروبا

"فالبحر المتوسط تستولي عليه- باضطراد- ظاهرة مرعبة: سفن الرحلات الطوافة التي تجوب بلا انقطاع من ميناء إلى آخر، ومن جزيرة إلى أخرى، لتلقي على كل منها بأعداد من البشر لم نعرف مثلها من قبل"(1). (1)

(2-2) الأهمية النسبية لطرق الهجرة غير القانونية

تجاوز حجم الهجرة غير القانونية إلى أوروبا عام 2017 م خمس المليون مهاجر (204.7 ألف) علي الطرق التي تخترق البحر المتوسط وحوله عام 2017، تراجعت في العام التالي 2018 بنسبة تزيد قليلاً عن الربع (27%) ليصل حجمها 150 ألف مهاجر.

استقطب طريقان فقط لأكثر من ثلاثة أرباع حجم الهجرة غير القانونية إلي أوروبا عام 2018 عبر البحر المتوسط، وهما طريقا شرق وغرب البح المتوسط بنسبة

---

(1) جون جوليوس نورويش. الأبيض المتوسط" تاريخ بحر ليس كمثله بحر"، ترجمة: طلعت الشايب، المركز القومي للترجمة،القاهرة،الطبعة الأولى،2015، ص729.

غير القانونية إلى أوروبا 38% لكل منهما، وبفارق بسيط جداً لصالح طريق غرب البحر المتوسط أنظر جدول رقم (8) والشكل رقم (13).

يليهما طريق وسط البحر المتوسط الذي سلكه أقل قليلا من سدس جملة الهجرة غير الشرعية العابرة للبحر المتوسط إلى أوروبا، أما بقية الطرق والمعابر الأربعة فلم تظفر بأكثر من خمسة في المئة من جملة المهاجرين غير القانونيين إلى أوروبا؛ وهي على الترتيب طريق البلقان (3.9%)، والطريق الدائري من ألبانيا إلى اليونان (3%)، والطريق الأفريقي الغربي (1%)، ومسار الحدود الشرقية (0.75%)، وسجل طريق البحر الأسود عدداً محدوداً.

وإذا نظرنا لموقف الهجرة غير القانونية إلى أوروبا عبر الطرق والمسارات في عامي 2018/2017 يتضح تناميها عبر طريقي غرب وشرق البحر المتوسط بنسب تبلغ 147-34% لكل منهما على الترتيب، وتعاظمت الهجرة غير القانونية عبر الطريق الأفريقي الغربي بنسبة 264% والحدود الشرقية (24%). في الوقت التي سجلت بقية الطرق تراجعاً بنسب مختلفة تراوحت بين 80-% في وسط البحر المتوسط، و29% على الطريق الدائري من ألبانيا إلى اليونان، و-52% على طريق البلقان.

جدول 8 الأهمية النسبية لطرق الهجرة غير القانونية إلى أوروبا عبر البحر المتوسط ونسبة التغير بين عامي 2017-2018.

نسبة التغير عن العام السابق	النسبة (%)	2018	2017	الطريق-البيان
147	38	57034	23063	غرب البحر المتوسط
34	38	56561	42319	شرق البحر المتوسط
80-	16	23485	118962	وسط البحر المتوسط
52-	3.9	5869	12179	طريق البلقان
29-	3	4550	6396	الطريق الدائري من ألبانيا إلى اليونان
264	1	1531	421	الطريق الأفريقي الغربي
24	0.7	1 084	872	مسار الحدود الشرقية
0	0	0	537	البحر الأسود
-27	100	150114	204750	الإجمالي

المصدر: البيانات الرئيسية فرونتكس FRONTEX 2017، والتجميع والنسب والمعدلات من عمل الباحث.

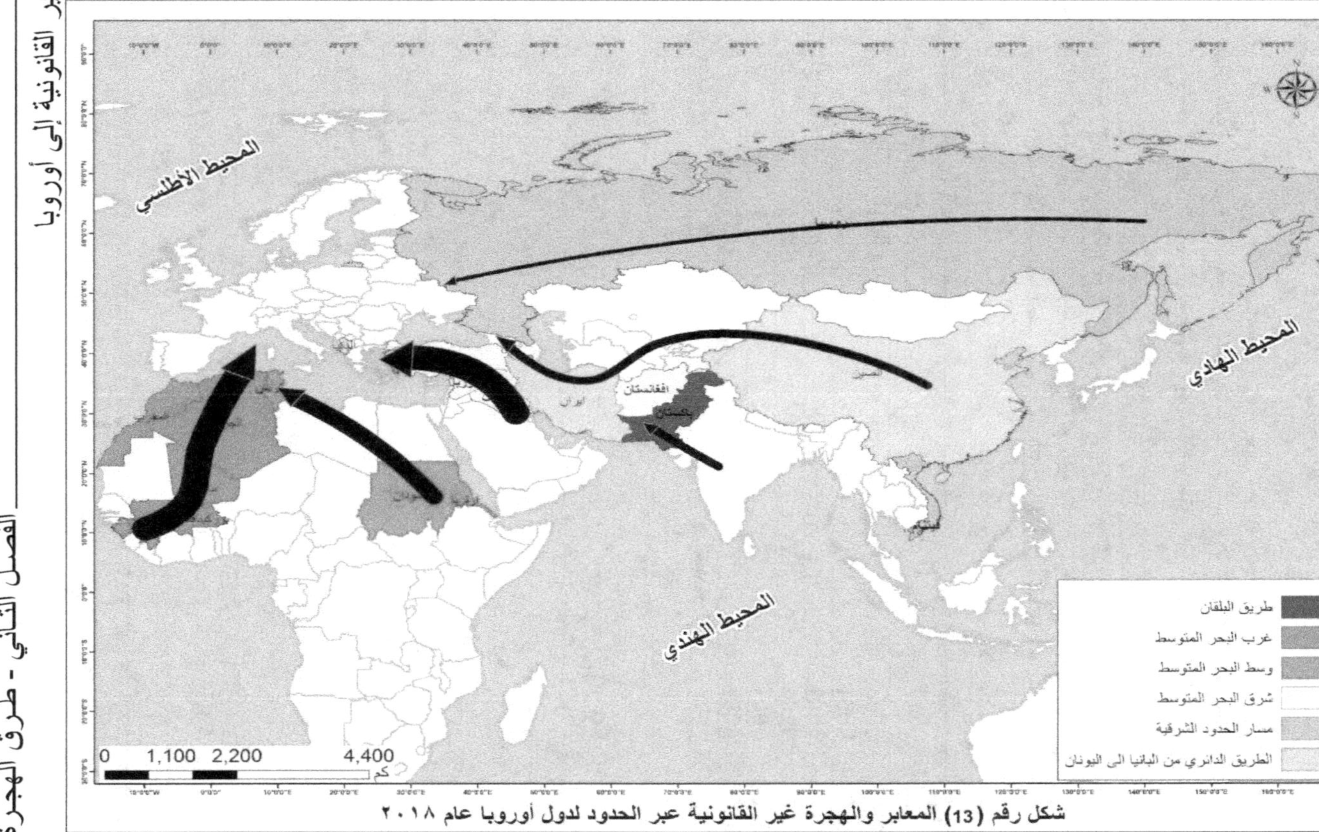

شكل رقم (13) المعابر والهجرة غير القانونية عبر الحدود لدول أوروبا عام ٢٠١٨

(2-3) تطور حركة الهجرة

(1-3-2) طريق الحدود الشرقية:

تمتد الحدود البرية للاتحاد الأوروبي بطول 6 000 كيلومتر بين بيلاروس ومولدوفا وأوكرانيا والاتحاد الروسي ودول إستونيا وفنلندا وهنغاريا ولاتفيا وليتوانيا والنرويج وبولندا وسلوفاكيا وبلغاريا ورومانيا، ويمثل هذا الامتداد الكبير تحديا متزايدا من أجل مراقبتها. ولكن يعتبر طريق الحدود الشرقية نطاقا أصغر بكثير من أي مسارات هجرية أخرى من حبث الأهمية النسبية.

بلغ جملة عدد المهاجرين غير القانونيين العابرين للحدود الشرقية للاتحاد الأوربي في السنوات العشر الأخيرة (2008-2017) 13612 مهاجرا، بمتوسط سنوي وقدره 1361 مهاجر. ويتسم المنحنى التطوري لهذا الطريق بالصعود والهبوط، كما يوضحها جدول رقم (9) الذي يوضح تطور أعداد المهاجرين غير القانونيين في السنوات المذكورة، ومنه يتضح تزايد أعداد المهاجرين غير القانونيين عن متوسطها السنوي في أعوام 2012 و2015 (16-19) مهاجر لكل عام منهما على التوالي)، واقتربت الهجرة غير القانونية من متوسطها السنوي في أعوام 2008 و2013 و2015، وتنخفض عنه لتصل أدناها في 2017 (776مهاجر).

جدول 9 تطور عدد المهاجرين غير القانونيين عبر الطريق الشرقي ونسبة الانحراف عن المتوسط الشهري في الفترة 2008-2017.

نسبة الانحراف	العدد	السنة	نسبة الانحراف	العدد	السنة
6-	1275	2014	2-	1335	2008
42	1927	2015	23-	1050	2009
1-	1349	2016	23-	1050	2010
43-	776	2017	23-	1050	2011
	13612	الجملة	18	1600	2012
	1361	المتوسط السنوي	4-	1300	2013

المصدر: البيانات الرئيسية فرونتكسFRONTEX 2017، والتجميع والنسب والمعدلات من عمل الباحث.

وحتى عام 2015، كانت أوكرانيا بلد العبور الرئيسي لمواطني رابطة الدول المستقلة (خاصة الجورجيون والروس)، ويغلب على المهاجرين غير القانونيين عبر الجبهة الشرقية للاتحاد الأوربي الصوماليون والأفغانيون، كما تعد أوكرانيا هي أيضاً طريق رئيسي للمهاجرين من منطقة القوقاز وبلدان آسيا الوسطى الذين يسافرون إلى الاتحاد الروسي (أو منه).

ويوجد طريق معبري جديد يسمى **طريق القطب الشمالي** عبر روسيا من خلال الحدود البرية مع النرويج وفنلند، عبره ما يقرب من 6000 من طالبي اللجوء بين أكتوبر وديسمبر، وكان معظمهم من أفغانستان وسوريا، وكانت نقطة العبور الرئيسية هي ستورسكوغ، وهو المعبر الحدودي البري الوحيد بين النرويج وروسيا، الذي شهد تقديم 2005 طلب لجوء في عام 2015، مقارنة بأقل من 10 في العام السابق، وقد اعتاد المهاجرون على استخدام الدراجات للتفاوض على المنطقة الحدودية لأن

غير القانونية إلى أوروبا

حركة مرور المشاة محظورة، ويتم فرض غرامات على السائقين إذا صاحبهم ركاب دون وثائق مناسبة.

وقد تخفف الوضع بالنرويج في ديسمبر عندما ارتدع المهاجرون بسبب سوء الأحوال الجوية ونقص الدراجات، كما بدأت السلطات الروسية في رفض السماح للمسافرين بعبور بلادهم دون تأشيرات شنغن، ورغم ذلك كان هناك نزوح واضح إلى الحدود الفنلندية بلغ حجمه بحلول منتصف يناير/ كانون الثاني 2016 عند الحدود الفنلندية الأكثر شماليًا في سالا ورجا-جوزيبي حوالي 1000 شخص.

بعد حظر العبور بالدراجات، أصبح المهاجرون يستخدمون الآن السيارات ويقودونها إلى الحدود بأنفسهم، ولقد عاش بعض المهاجرين بالاتحاد الروسي لفترة طويلة من الزمن، ولكن تنامى في الآونة الأخيرة نصيب العابرين عبر الاتحاد الروسي، ممايعطي مؤشراً على تزايد المعرفة بهذا الطريق عبر بلدان المنشأ.

(2-3-2) طريق شرق البحر الأبيض المتوسط:

تتعدد مداخل طريق شرق البحر المتوسط، فالطريق البحري عبر جزر بحر إيجة ليس الطريق الوحيد المستخدم، فلا يزال الطريق الجوي شائعًا لدى أولئك القادرين على تحمل تكاليفه، حيث يتنقل المهاجرون مباشرة إلى المدن الأوروبية من إسطنبول، بينما دخل آخرون إلى اليونان عبر الحدود البرية، أو خرجوا من تركيا مباشرة إلى جنوب بلغاريا،كماتوجد طرق بحرية أخرى أقل شأنا عبر قبرص

تعرض إقليم شرق المتوسط لضغوط الهجرة غير النظامية قبل عام 2015 وظل لسنوات عديدة، حتى في الفترة 2009-2008، دخل من هذا الطريق أكثر من 40000 شخص، يمثل حوالي 40 ٪ من جملة المهاجرين غير القانونيين الوافدين إلى الاتحاد الأوروبي.

بلغ جملة عدد المهاجرين غير القانونيين العابرين لطريق شرق البحر المتوسط إلى الاتحاد الأوربي في السنوات العشر الأخيرة (2008-2017) 1427802 مهاجراً، بمتوسط سنوي وقدره 142780 مهاجر. ويتسم المنحنى التطوري بوجود فترتين؛ فترة هبوط (2008-2014) كانت الأعداد أقل من المتوسط السنوي حتى وصلت أدناها في في عامي 2012-2013، تلتها قفزة عملاقة عام 2015 بلغ فيه عدد المهاجرين غير الشرعيين ثلاثة أخماس(62%) مهاجري هذا الطريق في السنوات العشر الأخيرة، انخفضت عام 2016 إلى خمس حجمها في العام السابق ولكنها ظلت أكبر من المتوسط السنوي، واستقرت حول 42.3 ألف مهاجر كما يوضحها جدول رقم (10) الذي يوضح تطور أعداد المهاجرين غير القانونيين إلى الإتحاد الأوربي عبر طريق شرق البحر المتوسط في السنوات المذكورة، ومنه يتضح تزايد أعداد المهاجريين غير الشرعيين عن المتوسط السنوي في أعوام 2012 و2015 (16-19 مهاجر لكل منهما على التوالي) واقترب من المتوسط السنوي في أعوام 2008 و2013 و2015، وتنخفض عنه لتصل أدناه في 2017 (776 مهاجر).

جدول 10 تطور عدد المهاجرين غير القانونيين عبر طريق شرق البحر المتوسط ونسبة الانحراف عن المتوسط الشهري في الفترة 2008-2017.

نسبة الانحراف	العدد	السنة	نسبة الانحراف	العدد	السنة
64-	50834	2014	63-	52300	2008
520	885386	2015	72-	40000	2009
28	182277	2016	61-	55700	2010
70-	42305	2017	60-	57000	2011
	1427802	الجملة	74-	37200	2012
	142780	المتوسط السنوي	83-	24800	2013

المصدر: البيانات الرئيسية فرونتكس FRONTEX 2017، والتجميع والنسب والمعدلات من عمل الباحث.

اختلفت الأهمية النسبية لمعابر الحدود غير القانونية على طريق شرق البحر الأبيض المتوسط:

- ففي عام القفزة العددية للمهاجرين (2015) والذي سجل 17 ضعف العدد في عام 2014، حيث كان في حد ذاته عاماً قياسياً، وصلت غالبيتهم العظمى إلى العديد من الجزر اليونانية، وتفاوتت تدفقاتهم الشهرية؛ فقد ازدادت الأرقام تدريجياً من يناير إلى مارس، لكنها بدأت في الصعود في أبريل، حيث بلغت ذروتها في أكتوبر (216000 مهاجر)، تراجعت قليلاً في نوفمبر وديسمبر مع بداية فصل الشتاء، لكنها كانت لا تزال أعلى بكثير من الأرقام في نفس الأشهر من عام 2014. ولقد نشرت فرونتكس في عام الذروة هذا عددا متزايدا من الضباط والسفن إلى الجزر اليونانية للمساعدة في القيام بدوريات في البحر وتسجيل آلاف المهاجرين الذين يصلون يوميا، وأطلقت الوكالة التدخل السريع Poseidon في ديسمبر بعد أن طلبت السلطات اليونانية مساعدة إضافية على حدودها. ولقد نشأ معظم المهاجرين في سوريا، تليها أفغانستان والصومال، فضلا عن أعداد متزايدة من المهاجرين القادمين من أفريقيا جنوب الصحراء.

- تحركت جبهة دخول المهاجرين غير القانونيين للاتحاد الأوربي باتجاه الشمال؛ فقد واصل معظم المهاجرين رحلاتهم شمالا تاركين اليونان عبر حدودها مع جمهورية مقدونيا اليوغوسلافية السابقة، مما استدعى فرونتكس بنشر ضباط في الحدود البرية الشمالية لليونان للمساعدة في تسجيل الخروج من المهاجرين، وشهد صيف عام 2010 زيادة مفاجئة في وصول المهاجرين غير القانونيين بإمتداد 12 كم من نهر إفروس الذي يمثل الحدود البرية بين اليونان وتركيا، وكان معظمهم من العراق وأفغانستان، بلغ عدد المهاجرين الذين تم رصدهم هنا ذروته في أكتوبر 2010 بمعدل 300 شخص/يوميا القرب من أورستيادا، أطلقت بعدها فرونتكس فريق التدخل السريع الأول (RABIT) في الشهر التالي بناء على طلب السلطات اليونانية، واستمرت

غير القانونية إلى أوروبا العملية حتى مارس 2011.

- رغم إتخاذ اليونان لتدابير أخرى بما فيها إقامة سياج بطول 12 كم في أورستيادا، لكن أرقام المهاجرين غير القانونيين قد ارتفعت مرة أخرى في عام 2011، لتبلغ 57000 من المعابر الحدودية غير النظامية على طول الحدود التركية.

- كانت استجابة اليونان للتدابير أثره في "تأثير النزوح" للحدود البرية البلغارية، كما أصبح اختيار الطرق البحرية مبتكرًا أيضًا، حتى أن بعض المهربين أخذوا من تركيا إلى إيطاليا، على مسافة حوالي 1500 كيلومتر.

أسهمت عديد من العوامل من الشعبية المتزايدة لطريق شرق المتوسط، سواء من خلال الضغط أو السحب، مثل تطور تهريب الأفراد إلى صناعة مهمة في تركيا، مع شبكات نشطة ليس فقط في اسطنبول ولكن أيضًا في أزمير وإدرني وأنقرة، كما إن تخفيف قواعد التأشيرة التركية تجاه العديد من البلدان الأفريقية قد خلق عامل جذب آخر للمهاجرين من هذه القارة، الذين وصلوا إلى تركيا بالطائرة قبل محاولة الدخول إلى الاتحاد الأوروبي.

(2-3-3) طريق غرب البلقان:

كان ارتفاع نسبة المهاجرين الوافدين إلى اليونان لرقم قياسي له تأثير مباشر على مسار غرب البلقان، فقد حاول المهاجرين غير القانونيين الذين دخلوا الاتحاد الأوروبي عبر اليونان شق طريقهم عبر جمهورية مقدونيا اليوغوسلافية السابقة وصربيا إلى المجر وكرواتيا نحو غرب أوروبا. وقد أدى ذلك إلى زيادة غير مسبوقة من المهاجرين غير القانونيين للعودة إلى الإتحاد الأوروبي عبر حدود المجر مع صربيا، فقد انتقل تدفق المهاجرين إلى كرواتيا بعد أن أكملت المجر بناء سياج على حدودها مع صربيا في سبتمبر.

و بلغت جملة عدد المهاجرين غير القانونيين العابرين لطريق غرب البلقان إلى الإتحاد الأوربي في السنوات التسع الأخيرة (2009-2017) مايقرب من مليون (986280 مهاجر)، بمتوسط سنوي وقدره 135292 مهاجر. ورغم التزايد المطرد في السنوات الأربع الأولى لكنها ظلت دون المتوسط السنوي، تجاوزته في العام التالي(2013)، ولكنها إنخفضت بعد ذلك، ثم قفزت بعدها مثل طرق الهجرة السابقة لتبلغ 764038 مهاجر، حيث بلغ فيه عدد المهاجرين غير القانونيين أكثر من ثلاثة أرباع، بنسبة(77.4%) مهاجر، انخفضت عام 2016 إلى خمس حجمها عن العام السابق ولكنها كانت من المتوسط السنوي، ثم انخفضت لأدناها في العام الأخير. أنظر الجدول رقم (11) الذي يوضح تطور عدد المهاجرين غير القانونيين عبر طريق غرب البلقان ونسبة الانحراف عن المتوسط الشهري في الفترة 2009-2017.

جدول 11 تطور عدد المهاجرين غير القانونيين عبر طريق غرب البلقان ونسبة الانحراف عن المتوسط الشهري في الفترة 2008-2017.

نسبة الانحراف	العدد	السنة	نسبة الانحراف	العدد	السنة
68-	43357	2014	100-		2008
465	764038	2015	98-	3090	2009
4-	130261	2016	98-	2370	2010
	12174	2017	97-	4650	2011
	986280	الجملة	95-	6390	2012
	135292	المتوسط السنوي	85-	19950	2013

المصدر: البيانات الرئيسية فرونتكس FRONTEX **2017، والتجميع والنسب والمعدلات من عمل الباحث.**

في عام 2012 أصبح هذا المسار ممرًا مشهورًا في الاتحاد الأوروبي عندما تم تخفيف قيود التأشيرة الخاصة بشنغن على خمس دول في البلقان – ألبانيا والبوسنة والهرسك والجبل الأسود وصربيا وجمهورية مقدونيا اليوغوسلافية السابقة. عبر بعدها في عام 2013 حوالي 20000 مهاجر الحدود المجرية بعد أن تقدموا جميعهم طلبات لجوء، وقد شجعهم التغيير في القانون الهنغاري الذي سمح بنقل طالبي اللجوء إلى مراكز احتجاز مفتوحة، والتي فروا عنها بعد فترة وجيزة، وعدلت السلطات الهنغارية في يوليو تشريعات اللجوء وعززت ضوابطها على الحدود، وانخفضت تدفقات المهاجرين من اليونان، ولكن الأرقام الإجمالية ارتفعت بشكل كبير مرة أخرى في عام 2014.

سجل عام 2015 أعدادا منزايدة من المهاجرين غير القانونيين بلغت764000 مهاجر، بزيادة 16 مرة عن عام 2014، وفي وقت سابق من هذا العام عبر عدد غير مسبوق من مواطني كوسوفو الحدود الصربية-المجرية، بعدها أصبح السوريون الغالبية العظمى، يليها العراقيون والأفغان، وكان جزء من سبب ارتفاع الهجرة غير القانونية من مواطني المنطقة، خاصة من كوسوفو، الذين انضموا إلى الشمال من المسيرة من قبل السوريين والصوماليين، ولدى وصولهم إلى هنغاريا، طلبوا أيضاً اللجوء، وتم إيواءهم في مراكز اللاجئين المفتوحة، حيث تركوا المراكز واتجهوا إلى دول أخرى في الإتحاد الأوروبي، ولا سيما النمسا وألمانيا، حيث تقدم كثيرون مرة أخرى للحصول على حق اللجوء.

(2-3-4) محطات في مسار اليونان:[1]

يتخذ العبور في هذا الطريق، مسارين للهجرة انطلاقاً من تركيا، الأول براً (إلى بلغاريا أو اليونان) والثاني بحراً نحو جزر اليونان (ومؤخراً نحو ايطاليا). وعن الطريق البري، قالت الوكالة الأوروبية "Frontex"، الموكلُ إليها تنسيق حماية

---

1) نسمع صراخهم... ولكن لا نعلم أين هم"... طريق الهجرة غير الشرعية الى أوروبا سبتمبر ١١, ٢٠١٥
https://www.irfaasawtak.com/a/immigration_map/327937.html

غير القانونية إلى أوروبا

حدود الاتحاد الأوروبي، إن هذا الطريق شهد زيادةً كبيرة ورقماً قياسياً في عدد المهاجرين خلال عام 2011 تزامناً مع بداية الثورة السورية، حيث تم رصد عبور أكثر من 57000 لاجئ أغلبهم من السوريين. ونتيجة تشديد الإجراءات الأمنية على هذا الطريق، تغير طريق الكثيرين إلى مسارٍ آخر وهو المسار البحري. ويعد المسار البحري الأكثر استخداماً وخطورةً بالمقارنة مع غيره. وقَدَّرَت سلطات الهجرة الدولية في اليونان عدد من يعبُر بحر إيجة متجها إلى اليونان بأكثر من 5000 مهاجر يومياً خلال الأسبوع الماضي. وفي هذا الطريق محطات كثيرة: رحلة الـ 3000 كيلو متر تبدأ من إزمير التركية.

أولا: المحطة الأولى إزمير التركية:

تقع غرب تركيا في منطقة بحر إيجة، يبلغ عدد سكان منطقة إزمير اكثر من 4 ملايين نسمة، ويتواجد فيها عشرات المهربين، والكثيرُ منهم يحاول استغلال الشباب وسرقة أموالهم، حسب شهادات كثيرين.

- بعد الاتفاق مع مهرب، يركبُ المسافرُ في سيارةٍ مغلقة مع آخرين، للانتقال إلى نقطة الانطلاق على شاطئ البحر. واعتماداً على موقع الجزيرة اليونانية التي يريد المهرب الوصول إليها، تسير السيارة لأوقات قد تصل لأربع ساعات.

- يتم العبور بواسطة قارب مطاطي، ويحاول المهربون زيادة حمولته فوق سعة تحمله، وذلك لكسب أكبرِ قدر من الأموال، وهو ما يؤدي إلى غرق العديد من هذه القوارب.

- هناك يستمعُ الشباب إلى نصائح مثل اشتري هاتفاً جوالاً مع اشتراك انترنت، واشتري سترة نجاة، بالإضافة إلى حمل ملابس قليلة لتحمل بدلها طعاماً وشراباً وأدوية دوار بحر، ومنشفة لإزالة أملاح ماء البحر عن الوجه، بالإضافة إلى ارتداء "الجينز" (حتى لا تتسبب ملابس المهاجر بغرقه)، ونصائح تتعلق بحفظ أمواله بكيس مطاطي لا يسمح للماء بالنفاد.

- ينزلُ المهاجرون من السيارة ليلاً، يسيرون في الماء مسافة ليست بالقصيرة، حيث يوجدُ القارب، ليقضوا فترة في محاولة إيجاد توازنٍ للقارب. بعض القوارب تكون مثقوبة وتغرق بعد دقائق معدودة أو بسبب هيجانٍ البحر.

- "نسمعُ صراخهم واستنجادهم ليلاً ولكن لا نعلم أين هم، نتصل بخفر السواحل لإنقاذهم فينجح بإنقاذ بعضهم والبعض الآخر نجد جثثهم في الصباح على الشاطئ"، بهذه الكلمات وصف أحد سكان مدينة بودروم التركية الوضع في مدينته.

- تبلغ مسافة الرحلة من أزمير إلى بودروم 240 كم.

ثانيا: الوصول إلى اليونان:

- ✔ تعبر القوارب نحو أحد الجزر اليونانية القريبة من الشاطئ، حيث تمتلك اليونان العديد من الجزر قرب السواحل التركية. يركز المهربون على الجزر المأهولة (33 جزيرة من أصل اكثر من 170 جزيرة) والتي تقع في مجموعتي بحر إيجة ودوديكانيس.

✓ تجابه الرحلة عدة مخاطر كالأمواج العاتية، ازدحام القوارب أو نوعيتها السيئة، وقد يوقفهم خفر سواحل أو دوريات الكوماندوز. ومن الأخطار المحدقة الوصول إلى جزيرة غير مأهولة بالسكان، حيث لا توجد حياة ولا تغطية هاتف، ويتركهم المهربون هناك لموتٍ شبه محقق إن لم يتم إيجادهم قبل نفاد ما يحملونه من طعام وشراب. وإذا وصلوا إلى جزيرة مأهولةٍ، يقومون بثقب القارب المطاطي باستخدام الصخور الموجودة على الشاطئ والسير نحو مركز الجزيرة. ومن ثم تسجيل أسمائهم والحصول على إذن مؤقت للتنقل في اليونان.وتواجه السلطات اليونانية على هذه الجزر تحدياً كبيراً بسبب العدد الكبير للمهاجرين الواصلين إليها، وتصل مسافة العبور من بعض النقاط من بودروم إلى جزيرة كوس اليونانية 20 كم.

✓ أما **المحطة الثالثة** فتكون العاصمة أثينا، فقد تمر أسابيع، قبل أن يتم نقل المهاجرين أو السماح لهم بالسفر إلى أثينا عن طريق عباراتٍ وبواخر. يمضي المهاجرون أيامهم في الجزيرة كلٌ حسب إمكانياته، وبعضهم يتم إعادته إلى تركيا إذا فشل في الحصول على أذونات السفر المؤقتة. وعند السفر إلى أثينا يختار القليل منهم الذهاب إلى مخيمات أو أبنية أعدت لاستقبال المهاجرين. ولكن يختار المضي قدماً في طريق السفر إلى الوجهة المفضلة "المانيا". فتبلغ مسافة السفر بالباخرة من جزيرة كوس إلى أثينا 427 كم.

✓ وتعتبر **مدينة سالونيك المحطة الرابعة؛ وهي** ثاني أكبر مدينة يونانية، تقع شمال شرق اليونان، يبلغ عدد سكان المنطقة أكثر من مليون شخص. ينتقل المهاجرون باستخدام اذوناتهم المؤقتة بواسطة القطار إلى مدينة سالونيك (ثيسالونيكي باليونانية).وتبلغ مسافة السفر بالقطار من أثينا إلى سالونيك 502كم.

✓ أما **المحطة الخامسة فتتمثل في مدينة إيفزونوي**، وهي منطقة حدودية وآخر مناطق اليونان وهي معبر رئيس إلى جمهورية مقدونيا المجاورة. مسافة السفر باستخدام سيارة أجرة أو باص من سالونيك إلى إيفزونوي هي 82 كم.

ثالثا: تعتبر قرية جيفجيليا محطة الوصول السادسة نحو مقدوني:

● **هي** أول قرى جمهورية مقدونيا على طريق المهاجرين، ويبلغ عدد سكانها حوالي 16 ألف. يعبر المهاجرون إليها سيراً على الأقدام، فيُلقى القبض على البعض وينجح البعض الآخر بالعبور. ينتظر الكثير منهم في أماكن زراعية او حظائر أو غيرها تجنباً للشرطة. وتقدر مسافة السير لعبور الحدود والوصول إلى جيفجيليا حوالي 9 كم.

● **كما تعد مدينة سكوبيا عاصمة جمهورية مقدونيا المحطة السابعة،** تقع شمال البلاد. يبلغ عدد سكانها نصف مليون شخص. يستخدم المهاجرون القطار للسفر من جيفجيليا، أو من مدن قريبة أخرى، والانتقال إلى سكوبيا عاصمة مقدونيا. وتبلغ مسافة السفر من جيفجيليا إلى سكوبيا 160 كم.

غير القانونية إلى أوروبا

- **المحطة الثامنة مدينة لويان؛** وهي مدينة صغيرة على الحدود بين مقدونيا وصربيا. يبلغ عدد سكانها حوالي 2500 شخص. وهناك يتعذر على العديد إكمال الرحلة بسبب صعوبة الطريق من جبال وغابات، بالإضافة إلى إلقاء القبض عليهم من قبل الشرطة الصربية وإعادتهم إلى اليونان وبالتالي خسارة كل هذه الأيام والجهد والمخاطر بالإضافة إلى الأموال. وتبلغ مسافة السفر من سكوبيا إلى لويان حوالي 53 كم.

رابعا: الوصول إلى صربيا:

☒ **كانت مدينة ميراتوفاك المحطة التاسعة؛ وهي** أول مدينة صغيرة على الحدود الصربية – المقدونية. عدد سكانها قرابة ثلاثة آلاف شخص. هناك يحصل اللاجئون على أوراق تسمح لهم بالتنقل.وتبلغ مسافة السير من لويان إلى ميراتوفاك تقريبا 10 كم أو أكثر، تمر عبر الجبال والغابات الوعرة والصعبة جداً، حيث يوجد احتمال سرقة ممتلكات وغيرها من المخاطر من قبل عصابات تريد الربح السريع وأخرى من قبل مهاجرين قادمين من بلدان مختلفة ويريدون استغلال القادمين الجدد.

☒ **تعد مدينة بلغراد** عاصمة صربيا **المحطة العاشرة؛ حيث** تقع شمال البلاد. يبلغ عدد سكانها 1.100.000 شخص. بعد النجاح في عبور الحدود، يسافر المهاجرون وحسب نقاط يحددها مهربون إلى مدينة بلغراد. يستخدم البعض قطارات والبعض يستخدم الباص وحتى سيارات أجرة. وتبلغ مسافة السفر إلى بلغراد هي 390 كم.

☒ **المحطة الحادية عشر قرية هوركوس؛** وهي مدينة صغيرة على الحدود الصربية الهنغارية. يبلغ عدد سكانها حوالي سبعة آلاف شخص. يسافر إليها المهاجرون للوصول إلى الحدود الهنغارية. وتبلغ مسافة السفر من بلغراد إلى هوركوس 230 كم.

خامسا: الوصول إلى هنغاريا:

أ- **المحطة الثانية عشر قرية آسوثالوم؛** وهي قرية صغيرة في هنغاريا. يعبر المسافرون إليها سيراً على الأقدام في طريقٍ صعب، يتخفون فيها من الشرطةِ ومن أي من يمكن أن يبلغ عنهم. وتبلغ مسافة السير على الاقدام تختلف باختلاف المسار فتبلغ حوالي 20 كم.

ب- **المحطة الثالثة عشر بودابست؛** وهي عاصمة هنغاريا. يبلغ عدد سكانها حوالي مليوني شخص. ينتقل المهاجرون إليها سعياً لمحطة قطارها للانتقال في رحلة مباشرة إلى ألمانيا.

سادسا: الوصول إلى النمسا:

وتأتي المحطة الرابعة عشر مدينة فيينا؛ وهي عاصمة النمسا، يبلغ عدد سكانها حوالي مليوني شخص. يعبر المهاجرون إليها باستخدام القطار، وأحياناً يضطرون لأخذ طريق آخر بعد تزايد الأعداد بشكل كبير على هذا الطريق وتوقف القطارات. فصارت هناك طرقاً برية، وسيارات أجرة وغيرها. ويفضل الكثير من اللاجئين البقاء في النمسا على المضي إلى ألمانيا. وتبلغ مسافة الطريق بين بودابست وفيينا

هي 243 كم.

سابعا: الوصول إلى ألمانيا:

وتعتبر المحطة الخامسة عشر والأخيرة مدينة ميونخ؛ وهي عاصمة إقليم بافاريا وثالث أكبر مدينة ألمانية. يبلغ عدد سكان منطقة ميونخ 2.600.000 شخص. يقصدها المهاجرون لمكانتها الصناعية وسهولة السفر منها إلى بقية الدول، إن رغب المهاجر بإكمال رحلته إلى مكان آخر مثل فنلندا. يستخدم المهاجرون القطار للوصول إليها، وقد يسلكون طرقاً أخرى إن لم يستطيعوا استخدام القطار. وتبلغ مسافة السفر بين فيينا وميونخ 435 كم.

(2-3-5)الطريق الدائري من ألبانيا إلى اليونان:

ظلت الهجرة الدورية بين اليونان وألبانيا عبر الحدود البرية لسنوات عديدة، واحدة من أهم تدفقات الهجرة غير القانونية عبر الحدود الخارجية للإتحاد الأوروبي، في حين استقرت الأرقام في السنوات الثلاث الأخيرة حول أقل قليل من 9000 مهاجر، وتراوحت بين عامي 2008 و2010 بين 42000-35003 مهاجر، من الملاحظ أن المواطنين الألبان الذين يعبرون الحدود بشكل غير قانوني عادوا على الفور إلى ألبانيا، ولكن سرعان ما حاولوا العودة إلى اليونان، مما يعني أن عدد عمليات الكشف كان أعلى من العدد الفعلي للمهاجرين الذين يحاولون عبور الحدود.

ويرجع السبب الرئيسي لتدفق المهاجرين للإعتبارات الاقتصادية، حيث يتولى معظم المهاجرين وظائف موسمية في الزراعة وأعمال البناء، وحقيقة أن المهاجرين الألبان يستطيعون بسهولة وبتكلفة زهيدة وبشكل متكرر عبور الحدود مع اليونان بطريقة غير قانونية وأن الشركات اليونانية التي تستخدم الألبان بصورة غير قانونية، نادراً ما تمت ملاحقتها قضائياً، ليشكل ذلك عوامل جذب قوية.

فمنذ حصول المهاجريين غير القانونيين على تأشيرة سفر إلى اليونان، بدون تأشيرة إلى الاتحاد الأوروبي في أواخر عام 2010، تبين من الكشف عن مواطنين ألبانيين يعبرون الحدود بشكل غير قانوني نجد أعدادهم أقل بكثير، مع أكثر من 5000 عملية كشف في عامي 2011 و2012.

(2-3-6) طريق بوليا وكالابريا:

رغم أنها ليست نقطة دخول رئيسية للمهاجرين غير القانونيين، إلا أن الطريق البحري المفتوح إلى جنوب إيطاليا لا يزال يشكل مصدر قلق خاص لسلطات الحدود، وتتسم تدفقات الهجرة على هذا الطريق عدة ملاحظات:

- يميل المهاجرون غير القانونيين الذين تم انتقاؤهم في أبوليا إلى أن يكونوا مسافرين سبق أن دخلوا الاتحاد الأوروبي عبر اليونان، يزعم عدد متزايد من المهاجرين - عادة من آسيا، أنهم كانوا يعيشون في اليونان لأشهر أو سنوات قبل أن يقرروا المغادرة إلى دول أخرى أعضاء في الاتحاد الأوروبي.

- أغلب المهاجرين غير القانونيين التي تم اكتشافهم في كالابريا، من تركيا أو

غير القانونية إلى أوروبا

مصر ومعظمهم سوريون، رغم وجود أعداد كبيرة من الباكستانيين والأفغان، بالإضافة إلى المصريين.

- كان عام الذروة لهذا الطريق في عام 2011 هو 5259 عملية كشف عن المعابر الحدودية غير القانونية، وهو عام الربيع العربي، ويُعزى انخفاض الأعداد منذ ذلك الحين إلى تفضيل متزايد للطريق البري عبر غرب البلقان.

- تختلف تقنيات التهريب المستخدمة في هذا الممر البحري المفتوح تماماً عن الزوارق المهلهلة التي تظهر عادة في المياه الهادئة لشرق بحر إيجة، فغالبا ما يحاول المهربون الدخول إلى أبوليا وغالباً ما يستخدمون اليخوت الترفيهية للمحيطات .يتم إخفاء المهاجرين تحت سطح السفينة، وغالبا في ظروف مزدحمة بشكل خطير مع تهوية غير كافية .في بعض الحالات، يتم تعديل القوارب بزخارف خشبية إضافية من أجل زيادة السعة .فقط طاقم صغير مرئي لدوريات خفر السواحل، يرافقه أحيانا النساء لتهدئة الشكوك.

استخدمت شبكات التهريب من مصر قوارب الصيد الصغيرة - ولكنها تحولت إلى "سفن أم" أكبر حجماً بدلاً من ذلك، مع سحب سلاسل من قوارب الصيد، وعند مغادرتهم من مصر، تم ترحيل المهاجرين في السفينة الأم، التي توقفت عندها في طريقها لجمع المزيد من الركاب، وبمجرد الوصول إلى الشاطئ الإيطالي، تم نقل المهاجرين إلى قوارب الصيد بينما تعود السفينة الأم إلى الميناء - وهي تقنية سمحت بشكل طبيعي للمهربين بالتهرب من الاعتقال.

في عام 2014، قام مهربو البشر في تركيا بنسخ هذا الاتجاه للقوارب الأكبر عن طريق استخدام سفن الشحن التي تم إيقاف تشغيلها، والتي يمكنها استيعاب ما يصل إلى 600 شخص، يغادر معظمهم ميناء مرسين التركي، ولم يكن الطريق من تركيا بدون مخاطر، فغالبا ماتكون محركات الشحن القديمة غير موثوقة، وزاد خطر غرق السفينة أيضا بسبب اعتياد المهربين على إبطال نظام التعرف الأوتوماتي (AIS)وهذا جعلها غير مرئية إلكترونيا للسلطات - ولكن أيضا إلى قوارب وسفن أخرى تبحر في البحر الأبيض المتوسط .وفي مناسبات عديدة، وضعت طواقم المهربين السفن على الطيار الآلي ومن ثم إما سفينة مهجورة، أو اختبأت بين الركاب الآخرين لتجنب الاعتقال .

وقد تراجع هذا الاتجاه في عام 2015 حيث استخدم المهاجرون بدلاً من ذلك طريق شرق البحر الأبيض المتوسط.

أنظر شكل رقم (15) الذي يوضح تقييماً مقارناً بين طريقي وسط البحر المتوسط وطريق بحر إيجة.

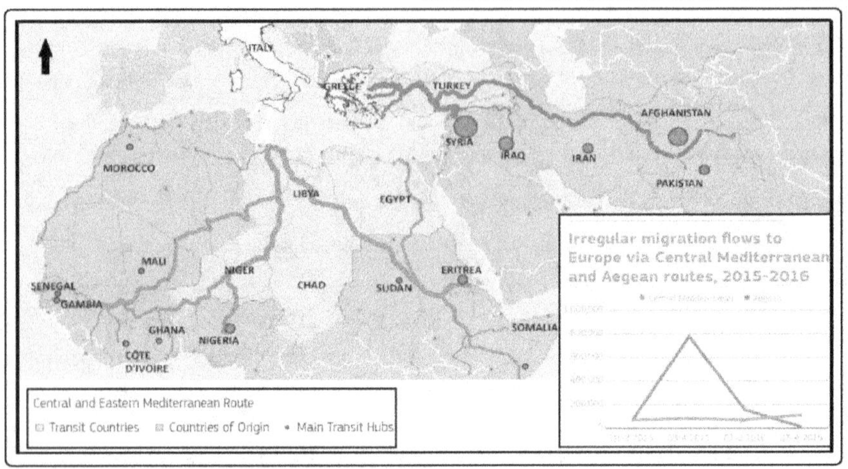

شكل رقم (15-ب) معابر الهجرة من وسط وشرق البحر المتوسط وبحر إيجا إلى دول الاتحاد الأوروبي

(7-3-2) طريق غرب افريقيا:

يسلك هذا الطريق بين موريتانيا والسنغال والمغرب وجزر الكناري الإسبانية، واستخدمه 58743 مهاجرًا غير قانونياً إلى أوروبا في الفترة (2006-2017) بمتوسط سنوي وقدره 4895 مهاجرا، وبلغت ذروة تدفق المهاجرين عام 2006 عندما وصل جزر الكناري مايقرب من 32 ألف مهاجر، تراجعت بنسبة 60% في العام التالي 2007 بعد الاتفاقات الثنائية بين إسبانيا والسنغال و موريتانيا بما في ذلك اتفاقات الإعادة إلى الوطن، كما ساعد على ذلك الجهود المبذولة من فرونتكس في تركيب نظام للمراقبة البحرية.استمر تراجع تدفق المهاجرين حتى وصل أدناه عام 2012، ولكنه بدأ في التزايد التدريجي الطفيف حتى بلغ عام 2016 حوالي 671 مهاجر، ولكنه لم يلبث أن انخفض في العام التالي.

أنظر الجدول رقم (12) الذي يوضح تطور عدد المهاجرين غير القانونيين عبر طريق غرب البلقان ونسبة الانحراف عن المتوسط الشهري في الفترة 2006-2017.

جدول 12 تطور عدد المهاجرين غير القانونيين عبر طريق غرب افريقيا ونسبة الانحراف عن المتوسط الشهري في الفترة 2006-2017.

نسبة الانحراف	العدد	السنة	نسبة الانحراف	العدد	السنة
-95	250	2013	546	31600	2006
-94	276	2014	155	12500	2007
-82	874	2015	88	9200	2008
-86	671	2016	-54	2250	2009
-91	421	2017	-96	200	2010

غير القانونية إلى أوروبا

-	58743	الجملة	93-	340	2011
-	4895	المتوسط السنوي	97-	170	2012

المصدر: البيانات الرئيسية فرونتكس FRONTEX 2017، والتجميع والنسب والمعدلات من عمل الطالب.

يغلب على المهاجرين أنهم من من المغرب والسنغال مع آخرين من النيجر ونيجيريا ومالي، وقد سلكوا هذا الطريق في قوارب الصيد الخشبية الطويلة المعروفة باسم ca yucos، بينما يستخدم المهاجرون من المغرب قوارب صيد أصغر تسمى Pateras، وتتسم تدفق المهاجرين غير القانونيين بعدم الانتظام وغير متطورة، ويقوم عليها مهربون مغاربة، وكان تهريب المخدرات هو الهدف الرئيسي لهذه الرحلات.

(2-3-8) طريق غرب البحر الأبيض المتوسط:

يتفق مسار هذا الطريق بين المغرب وأسبانيا من خلال تسلق السياج في جيب مليلية الإسبانية، يصل المهاجرين غير القانونيين من غرب أفريقيا إلى المغرب أو الجزائر عبر طريقين بريين؛ أواهما يتبع الساحل الغربي لأفريقيا، أما الطريق الثاني فهو الأقصر يعبر الصحراء. ولكن الطريق الساحلي الأول مفضل بشكل طبيعي من قبل من مواطني المهاجرين الذين يغادرون السنغال و موريتانيا والدول الأخرى مثل نيجيريا وكوت ديفوار وبنين، لكن معبر الصحراء يعتبر خطراً.

بلغ عدد المهاجرين اللذين سلكوا هذا الطريق في الفترة 2006-2017 مايقرب من مائة ألف نسمة(87180 مهاجر)، بمتوسط سنوي وقدره 87180 مهاجر، ولكن تطورأعداد المهاجرين غالبه التذبذب كما يوضحه الجدول رقم (13) الذي يوضح تطور عدد المهاجرين غير الشرعيين عبر طريق غرب البحر الأبيض المتوسط ونسبة الانحراف عن المتوسط الشهري في الفترة 2006-2017.

جدول 13 تطور عدد المهاجرين غير القانونيين عبر طريق غرب البحر الأبيض المتوسط ونسبة الانحراف عن المتوسط الشهري في الفترة 2006-2017.

نسبة الانحراف	العدد	السنة	نسبة الانحراف	العدد	السنة
	7243	2014		6500	2008
	7004	2015		6650	2009
	9990	2016		5000	2010
	23143	2017		8450	2011
	87180	الجملة		6400	2012
	8718	المتوسط السنوي		6800	2013

المصدر: البيانات الرئيسية فرونتكس FRONTEX 2017، والتجميع والنسب والمعدلات من عمل الباحث.

قبل عقد من الزمان، كان المهاجرون من المغرب إلى أسبانيا نموذجين

اقتصاديين من الجزائر والمغرب، آملين الحصول على وظائف في إسبانيا وفرنسا وإيطاليا.غير أنه منذ ذلك الحين انضم إليهم بصورة متزايدة أفارقة من دول جنوب الصحراء الكبرى مدفوعين شمالا بالصراعات في مالي والسودان وجنوب السودان والكاميرون ونيجيريا وتشاد وجمهورية أفريقيا الوسطى، استأثر السوريون بأكبر نصيب من التحريات على هذا الطريق في عام 2015

أبقى التعاون بين إسبانيا والمغرب على جانبي غرب البحر المتوسط على أعداد المهاجرين منخفضة نسبياً على هذا الطريق، فقد تراوحت أعدادهم بين خمسة وثمانية آلاف مهاجر في السنوات الستة الأولى، ارتفعت لأكثر قليلاً من سبعة آلاف مهاجر عامي 2014-2015، ولكنها قفزت بأكثر من ضعفين في العام الأخير ليبلغ 23.1 ألف مهاجر عام 2017.

هناك عدة أسباب أدت إلى تذبذب الأرقام الإجمالية على هذا الطريق؛ حيث عززت إسبانيا الدوريات الساحلية SIVE على طول حدودها الجنوبية وركبت نظام المراقبة البحرية، ووقعت اتفاقيات ثنائية مع موريتانيا والسنغال، كما عززت الرقابة على الحدود في الموانئ الرئيسية وهو رادع كبير للمهاجرين المحتملين الذين يفرون بأنفسهم على متن شاحنات وحاويات على العبارات المتجهة إلى الميريا والجزر الأسبانية،كطريقة تقليدية للدخول غير القانوني، حيث ساهم ارتفاع معدلات البطالة في إسبانيا، إلى تقليل فرص العمل للمهاجرين غير القانونيين.

ولا يمثل تحدي المهاجرين غير القانونيين، التحدي الأكبر، لسلطات الحدود الإسبانية فقط، فطالما كان طريق غرب البحر الأبيض المتوسط، طريقاً لتهريب الحشيش والكوكايين نحو الأسواق المربحة في الإتحاد الأوروبي وبمثابة قناة رئيسية لمهربي المخدرات، حيث القوارب السريعة التي ينشرها المهربون بشكل تقليدي، لسرعة عملية النقل وأحياناً يتم استبدالها بطائرات صغيرة أوطائرات هليكوبتر.

(2-4) المركب النسبي لدول الإيفاد

(2-4-1)المركب النسبي لدول إيفاد الهجرة غير القانونية:

بلغت جملة عدد المهاجرين غير القانونيين إلى أوروبا عبر طرق ومسالك البحر المتوسط عام 2017، أكثر قليلا من مائتي ألف مهاجر(204750 مهاجر)، تراجعت في العام التالي لتبلغ 150114 مهاجر، بنسبة تناقص تزبد قليلا عن الربع (27-%).

(2-4-1-1) معابر غرب البحر المتوسط:

استأثرت تلك المعابر الغربية ما بين ثلث وخمسي جملة عدد المهاجرين غير القانونيين على جميع طرق الهجرة غير القانونية إلى أوروبا، كما سجلت نمواً متزايداً بين عامي2017 و2018 بمقدار مثل ونصف المثل بنسبة (147%).

ويفضل أغلبهم السفر بحراً، بنسبة (98% من جملة المهاجرين)، مقابل أقلية من العابرين تسلك البر، ويبدو أن السفر جواً في تزايد بلغت نسبته 158% بين عامي 2017 و2018، بينما تراجعت أعداد المهاجرين غير القانونيين (11-%)

غير القانونية إلى أوروبا المسافرة براً.

و نسبة كبيرة (70%) من المهاجريين غير القانونيين والمسافرة بحراً، غير معلوم جنسياتهم (بين غير معروفة وأخرى)، وتتوزع بقيتهم بين المغرب(21%) والجزائر(8.4%). أما المسافرون براً فتتراوح نسبتهم، ما بين النصف(53%) من غينيا والسدس من بوركينافاسو ومالي(18% -16%). أنظر الجدول رقم (15) الذي يوضح دول إيفاد الهجرة غير القانونية عبر الحدود على معابر غرب البحر المتوسط بين عامي 2017و2018.

(2-1-4-2) معابر شرق البحر المتوسط:

مثلها مثل المعابر الغربية استأثرت المعابر الشرقية ما بين ثلث وخمسي(38.0%) جملة عدد المهاجرين غير القانونيين على جميع الطرق، كما سجلت نمواً متزايداً بين عامي2017 و2018 بمقدار الثلث(34%).

ورغم أن أغلبهم يسافرون بحراً بمقدار ثلاثة أخماس(98% من جملة المهاجرين) مقابل الخمسين منهم يسلكون البر، ويبدو أن السفر بحراً، قد تراجع قليلاً بنسبة 2.1% بين عامِي 2017 و2018، بينما تضاعفت أعداد المهاجرين غير القانونيين المسافرة براً (198%).

ظهرت ست جنسيات في قائمة المستخدمين لهذا الطريق، منهم جنسيتان سلكوا البحر والبر في هجرتهم (العراقيون 18-13% من جملة المهاجرين العابرين بحراً وبراً على التوالي) والسوريون(24-25% على التوالي)، بينما استخدم الأتراك البر بنسبة الثلث (33%) والأفغان سلكوا البحر بنسبة (28 %).

ولقد تزايد عدد المهاجرين الأفغان من استخدامهم للبحر فيما بين 2017 و2018 بمقدار مثل ونصف)، كما تزايد المهاجرين الأتراك بنسبة 23.6%، وفي الوقت التي تراجعت نسبة المهاجرين غير القانونيين المسافرة بحراً لدى العراقيين والسوريين حيث تزايدت تفضيلاتهم للبر في هجرتهم في العام الأخير عن العام السابق.أنظر الجدول رقم (14) الذي يوضح دول إيفاد الهجرة غير القانونية عبر الحدود على معابر غرب البحر المتوسط بين عامي 2017 و2018.

جدول 14 دول إيفاد الهجرة غير القانونية عبر الحدود شرق البحر المتوسط بين عامي 2017و2018

(%) التغيير عن العام السابق	(%) من الجملة	2018	2017	البيان
34	38	56561	42319	الجملة
-2.1	60	34014	34732	البحر
158	28	9597	3713	افغانستان
-41	24	8173	13957	سوريا
-6	18	6029	6417	العراق
-4	30	10215	10645	اخرى
197	40	22547	7587	البر
236	33	7468	2 220	تركيا
135	25	5733	2 438	سوريا
275	13	2941	785	العراق
199	28	6 405	2 144	اخري
المصدر: البيانات الرئيسية فرونتكس، والتجميع والنسب والمعدلات من عمل الباحث				

جدول 15 دول إيفاد الهجرة غير القانونية عبر الحدود على معابر غرب البحر المتوسط بين عامي 2017و2018.

التغيير عن العام السابق (%)	النسبة (%) من الجملة	2018	2017	البيان
147	38	57034	23063	الجملة
158	98	55695	21552	البحر
0	45	25293	899	غير معروف
149	21	11723	4704	المغرب
8.5	8.4	4652	4287	الجزائر
20	25	14027	11662	أخرى
-11	2.3	1339	1511	البر
12	53	715	636	غينيا
127	18	247	109	بوركينافاسو
0	16	214	6	مالي
-79	12	163	760	اخري
المصدر: البيانات الرئيسية فرونتكس، والتجميع والنسب والمعدلات من عمل الباحث.				

(2-4-1-3) معابر وسط البحر المتوسط:

عبر هذا الطريق ما يقرب من سدس(16%) جملة المهاجرين غير القانونيين

غير القانونية إلى أوروبا

على طرق ومعابر الهجرة غير القانونية إلى أوروبا، ولقد تراجعت مكانته في حجم الهجرة عبر هذا الطريق بنسبة تقارب من المثل (80.0%)فيما بين عامي 2017 و2018.

ويتألف العابرون من تونس واريتريا والسودان بنسب متفاوتة(22-15-8.7% لكل منهم على الترتيب)، والعلاقة طردية بين نسبة التراجع بين العامين الأخيرين والمسافة من المقصد الأوروبي. أنظر جدول رقم (16) الذي يوضح دول إيفاد الهجرة غير القانونية عبر الحدود على معابر وسط البحر المتوسط بين عامي 2017و2018.

(2-4-1-4) طريق البلقان:

عبر هذا الطريق (3.6%) من جملة المهاجرين غير القانونيين على طرق ومعابر الهجرة غير القانونية إلى أوروبا، ولقد تراجعت مكانته بمقدار النصف(52.0%) فيما بين عامي 2017 و2018.

ويتألف العابرون من أفغانستان وباكستان وإيران بنسب متفاوتة(28-17-17% لكل منهم على الترتيب)، وقد تراجعت نسبة إيفاد المهاجرين من الدولة الأولى والثانية بنسب 51-77% لكل منهما على التوالي. أنظر جدول رقم (17) الذي يوضح دول إيفاد الهجرة غير القانونية عبر الحدود على معابر طريق البلقان بين عامي 2017و2018.

جدول 16 دول إيفاد الهجرة غير القانونية عبر الحدود على معابر وسط البحر المتوسط بين عامي 2017و2018

التغيير عن العام السابق (%)	النسبة (%) من الجملة	2018	2017	البيان
-80	*16*	23485	118962	الجملة
-19	22	5182	6415	تونس
-50	15	3529	7055	أريتريا
-67	8.7	2037	6221	السودان
-87	54	12737	99271	اخرى

المصدر: البيانات الرئيسية فرونتكس، والتجميع والنسب والمعدلات من عمل الباحث

جدول 17دول إيفاد الهجرة غير القانونية عبر الحدود طريق البلقان بين عامي 2017و2018

التغيير عن العام السابق(%)	(%) من الجملة	2018	2017	البيان
-52	3.9	5869	12179	الجملة
-51	28	1669	3388	افغانستان
-77	17	1017	4355	باكستان

326	17	980	230	إيران
-48	38	2203	4206	اخرى
المصدر: البيانات الرئيسية فرونتكس، والتجميع والنسب والمعدلات من عمل الباحث				

(2-4-1-5)الطريق الدائري من ألبانيا إلى اليونان:

عبر الطريق الدائري من ألبانيا إلى اليونان (3.0%) من جملة المهاجرين غير القانونيين على طرق ومعابر الهجرة غير القانونية إلى أوروبا، ولقد تراجعت مكانته بنسبة تتراوح بين ربع وثلث (29.0%) فيما بين عامي 2017 و2018.

ويتألف العابرون من ألبانيا بدرجة رئيسية(95.0%.) وإيران والصين بنسب محدودة جدا(0.9-0.9% لكل منهما على الترتيب)، وقد تراجعت نسبة إيفاد المهاجرين من الدولة الأولى والثانية بنسب تتراوح بين النصف وثلاثة أرباع (51-77% لكل منهما على التوالي)، بينما تزايدت نسبة المهاجرين غير القانونيين من إيران عبر هذا الطريق بمقدار مثل ونصف عددهم بين العامين الأخيرين. أنظر جدول رقم (18) الذي يوضح دول إيفاد الهجرة غير القانونية عبر الحدود على الطريق الدائري من ألبانيا إلى اليونان بين عامي 2017و2018.

جدول 18 دول إيفاد الهجرة غير القانونية عبر الحدود على الطريق الدائري من ألبانيا إلى اليونان بين عامي 2017و2018

التغيير عن العام السابق (%)	النسبة (%) من الجملة	2018	2017	البيان
-29	3	4550	6396	الجملة
-31	95	4319	6220	البانيا
156	0.9	41	16	إيران
0	0.9	39	0	الصين
-5.6	3.3	151	160	أخرى
المصدر: البيانات الرئيسية فرونتكس، والتجميع والنسب والمعدلات من عمل الباحث.				

(2-4-1-6) الطريق الأفريقي الغربي:

عبر الطريق الأفريقي الغربي المهاجرين غير القانونيين من المغرب والجزائر نسبة محدودة (1.0%) من جملة المهاجرين غير القانونيين على طرق ومعابر الهجرة غير القانونية إلى أوروبا، ورغم ذلك فقد تزيدت مكانته بمقدار مثلين ونصف المثل(264%) فيما بين عامي 2017 و2018.

يتألف العابرون على الطريق الأفريقي الغربي من فيتنام بنسبة تزيد عن النصف (54%)، يليها الجزائريون بنسبة محدودة جدا (0.1%)، وقد تزايد تدفق المهاجرين غير القانونيين من المغرب على هذا الطريق بمقدار يزيد عن سبعة أمثال(684%)، بينما تراجع الجزائريون بنسبة تقترب من المثل (88.0%). أنظر جدول رقم (19) الذي يوضح دول إيفاد الهجرة غير القانونية عبر الحدود الشرقية

غير القانونية إلى أوروبا
بين عامي 2017و2018.

جدول 19 دول إيفاد الهجرة غير القانونية عبر الحدود على الطريق الأفريقي
الغربي بين عامي 2017و2018

(%)التغيير عن العام السابق	(%) من الجملة	2018	2017	البيان
264	1	1531	421	الجملة
684	54	831	106	المغرب
0	46	699	11	غير معروف
-88	0.1	1	8	الجزائر
المصدر: البيانات الرئيسية فرونتكس، والتجميع والنسب والمعدلات من عمل الباحث				

(2-4-1-7) طريق ومسار الحدود الشرقية:

عبر طريق الحدود الشرقية نسبة محدودة (0.7%) من جملة المهاجرين
غير القانونيين على طرق ومعابر الهجرة غير القانونية إلى أوروبا، ورغم ذلك فقد
تزيدت مكانته بنسبة الربع (24.0%) فيما بين عامي 2017 و2018.

يتألف العابرون لطريق الحدود الشرقية من فيتنام بنسبة تزيد عن الثلث
(34.0%)، يليها كل المهاجرين من العراق وروسيا بنسب قليلة ولكنها متقاربة
(8.3-7.7% لكل منهما على التوالي)، وقد تزايد تدفق المهاجرين غير القانونيين
العراقيين على هذا الطريق بمقدار يقترب من أربعة أمثال(374%)، بينما تزايدت
نسبة الفيتناميين(42%) والروس (22%) بنسب صغيرة. أنظر جدول رقم (20)
الذي يوضح دول إيفاد الهجرة غير القانونية عبر الحدود الشرقية بين عامي
2017و2018.

جدول 20 دول إيفاد الهجرة غير القانونية عبر الحدود على مسار الحدود الشرقية
بين عامي 2017و2018

التغيير عن العام السابق (%)	النسبة (%) من الجملة	2018	2017	البيان
24	0.7	1 084	872	الجملة
42	34	370	261	فيتنام
374	8.3	90	19	العراق
22	7.7	84	69	روسيا
3	50	540	523	أخرى
المصدر: البيانات الرئيسية فرونتكس، والتجميع والنسب والمعدلات من عمل الباحث				

(2-4-1-8) طريق البحر الأسود:

استوعب هذا الطريق عدد من المهاجرين غير القانونيين وقدره 537 مهاجر
عام 2017، تمثل 0.26 % من جملة حجم الهجرة الكلية، ولكن الهجرة اختفت في
العام التالي2018، نظراً للتقييدات التي تم تنفيذها.أنظر جدول رقم (21) الذي

يوضح دول إيفاد الهجرة غير القانونية عبر الحدود على مسار البحر الأسود بين عامي 2017و2018.

جدول 21 دول إيفاد الهجرة غير القانونية عبر الحدود على مسار البحر الأسود بين عامي 2017و 2018

(%)التغيير عن العام السابق	(%) من الجملة	2018	2017	البيان
0	0	0	537	البحر الاسود
0	0	0	1	أخرى
-27	100	150114	204750	الإجمالي
المصدر: البيانات الرئيسية فرونتكس، والتجميع والنسب والمعدلات من عمل الباحث			

غير القانونية إلى أوروبا

(2-4-2) التطور النسبي للمهاجرين غير القانونيين على الطرق الرئيسية:

جدول 22 نسبة انحراف المهاجرين غير القانونيين عن المتوسط السنوي في الفترة (2008 /2018) على الطرق المؤدية لأوروبا

نسبة الانحراف					العدد	السنة
25.4-	87.9	100.0-	63.4-	1.9-	1335	2008
23.7-	54.0-	97.7-	72.0-	22.9-	1050	2009
42.6-	95.9-	98.2-	61.0-	22.9-	1050	2010
3.1-	93.1-	96.6-	60.1-	22.9-	1050	2011
26.6-	96.5-	95.3-	73.9-	17.6	1600	2012
22.0-	94.9-	85.3-	82.6-	4.5-	1300	2013
16.9-	94.4-	68.0-	64.4-	6.3-	1275	2014
19.7-	82.1-	464.7	520.1	41.6	1927	2015
14.6	86.3-	3.7-	27.7	0.9-	1349	2016
165.5	91.4-	91.0-	70.4-	43.0-	776	2017

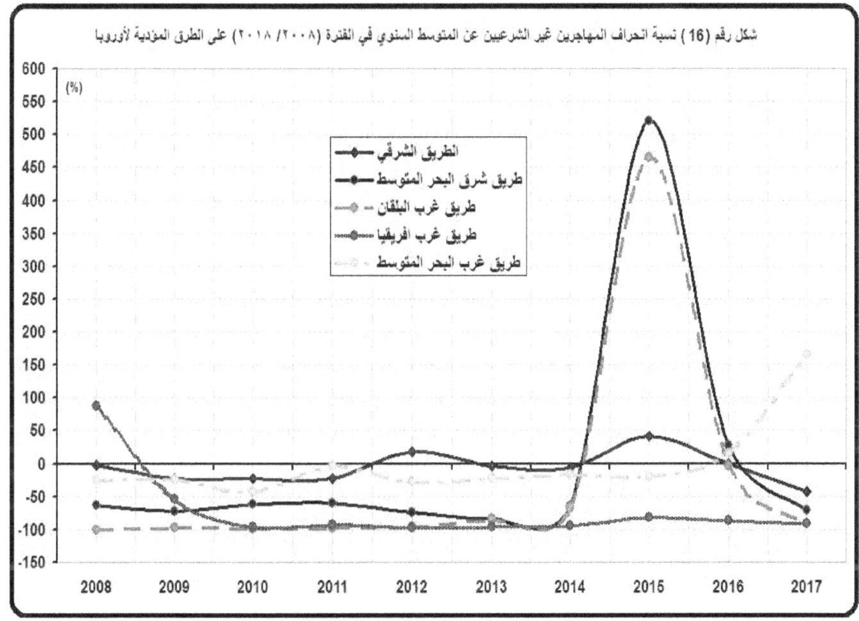

(2-5) مراكز ودول العبور وتحولات لطرق جديدة

(2-5-1) مراكز العبور:

(2-5-1-1) المغرب- أسبانيا:

أدى الإغلاق شبه الكلي لطريق الهجرة في المنطقة الوسطى من البحر المتوسط، بين ليبيا -وبشكل ثانوي تونس- وإيطاليا (حيث سجل انخفاض المهاجرين

بنسبة 6،87٪ مقارنـة بسنة 2017 إلـى زيـادة الضغـط علـى الجهـة الغربيـة مـن المتوسط. فقد صمدت الجزائر حيث تتحكم إلـى حد مـا فـي شـواطئها، علـى عكـس المغرب الذي يسجل ازديـاداً هائلاً فـي حركـة الهجـرة غيـر القانونية. وأصبحت إسبانيا البوابـة الرئيسيـة للهجـرة غيـر الشـرعية إلـى أوروبـا، متقدمـة بكثيـر علـى إيطاليـا واليونان[1].

❖ فقد أصبحت كل هياكل الاستقبال مكتظة إلى درجة أنه بسبب قلة الأماكن لـم يعد في الإمكان إخضاع الأفارقة من جنوب الصحراء للحبس لمدة شهرين في مراكز الاعتقال الخاصة بالأجانب كما ينص عليه القانون. وصاروا يُسَلَّمون مباشرة إلى المنظمات غير الحكوميـة أو حتـى يتركون فـي الشـوارع بعد أن يتم تسجيلهم وتسليمهم ألبسة ومعاينتهم من طرف طبيب. ولا يتم التكفل سـوى بالقُصَّر الـذين هم بدون مرافق وكان عددهم 11000 في نهاية أكتوبر/ تشرين الأول، أكثر من 80٪ منهم من المغرب.

❖ تأتي الغالبية العظمى (98٪) من المهاجرين غير القانونيين من المغرب، ويصل هؤلاء إلى شواطئ الأندلس. وقد زاد عددهم بـ 200,5٪ مقارنـة بسنة 2017 التي كانت أساساً سنة سيئة بالنسبة لإسبانيا في مجال الهجرة. كمـا ارتفع معدل وفيات المهاجرين فـي غرب المتوسـط مـن 0،7٪ فـي 2017 الـى 0،9٪ هذه السنة، وفقا للمنظمة العالمية للهجرة.

❖ يعد الأفارقـة مـن بلـدان جنوب الصحـراء الأكثر عـددا ضمـن العابرين ولكن المغاربة يمثلون الأغلبية. وكانوا يشكلون في ينـاير 2018، 17٪ مـن الوافدين وقد ازداد عـددهم إلـى أكثر مـن الضعـف فـي شـهر سبتمبر (36٪)، وترفض وزارة الداخليـة الإسبانية تحديد جنسيات المهـاجرين حتى لا تحرج السلطات المغربية.

يتجاوز عدد المغاربة بكثير ما تشير إليه الإحصائيات في اسبانيا. فعلى خـلاف الأفارقة من جنوب الصحراء الذين يتقبلون برضى اعتقالهم مـن طـرف قـوى الأمن حيث يعلمون أنه من المرجح ألا يتم طردهم، يعمل المغاربة والجزائريون كل ما في وسعهم لتجنب الاعتقال لاحتمال طردهم على الأرجح، حتى وإن كانت العملية تتم بوتيرة بطيئة ليس أكثر من 30 شخصا في اليوم من المغاربة حسب مدريد.

ويضـاف لأولئـك الـذين يدخلون إسبانيا خلسـة العمـال الموسميين المغاربـة، ومعظمهم من النساء، الذين يتم توظيفهم بانتظام في جني الفراولة في منطقة هويلفا (الجنوب الغربي). ورغم احتياطات عملية التوظيف بالمغرب لم تعد (16,5٪) من العاملات الـ 15134 إلى البلاد بعد انتهاء عقد عملهن في هذه السنة.

ترفض الشرطة الإسبانية تقديم تقدير لعدد المغاربة الذين يتمكنون مـن الإفلات عبر عيون الشبكة الأمنية. فقد أظهر تحقيق لوكالة الأنباء الإسبانية ''إيفي'' نشر فـي يونيو الماضي أنه يوجد حوالي 250 ألف مغربي في وضع غير قانوني في إسبانيا،

---

1 إسبانيا: أرض الميعاد الجديدة للشباب المغربي 18 نوفمبر 2018
https://orientxxi.info/magazine/article2763

غير القانونية إلى أوروبا

وبالمقابل هناك 750 ألف تمت تسوية وضعيتهم وأكثر من 200ألف حصلوا على الجنسية الإسبانية خلال السنوات الأخيرة[1].

كان المغاربة يلتحقون بأوروبا عبر ليبيا أو تركيا حيث كان بعضهم يستعمل فترة الانتظار للتدرب على التمكن من اللهجة السورية. أما اليوم فقد صاروا يسلكون الطريق الأقصر الموصل إلى إسبانيا، الذي لا يفصلها عن المغرب سوى 14 كلم عند مضيق جبل طارق. وصاروا يُعربون بشكل أكبر عن رغبتهم في الهجرة. فقد تجمع خلال نهاية الأسبوعين الأخيرين من شهر سبتمبر الآلاف من الشباب على شواطئ شمال المغرب بين الحسيمة ومضيق جبل طارق بسبب انتشار شائعات بوجود قوارب تنقلهم مجانا إلى إسبانيا، وقد جاء بعضهم من وجدة أو تازة، واكتظت بعض المدن الساحلية الصغرى لحد أن الشرطة منعت دخولها لغير المقيمين. فقد أصبحت أسبانيا أرض الميعاد.

لعب المغرب أمام تزايد ضغط الهجرة بمهارة على منوال، عدم تعزيز وسائل مكافحة الهجرة غير القانونية، مستهتراً أمنياً، بمرور المهاجرين غير القانونيين للضغط بشدة على إسبانيا وأوروبا.

تقوم الرباط بترتيبات (للمراقبة البحرية) والتي كانت قاصرة في البداية، على مشاركة 13 ألف رجل وتصل ميزانيتها إلى 200 مليون أورو في السنة". ولكنها طالبت بالتعاون مع جيران الشمال الشرقي بالحاجة نحو زيادة مواد ومعدات وموارد مالية، وقد تمت تلبية طلبات المغرب، وعملت الدبلوماسية الإسبانية في بروكسل، بدعم من باريس، على إفراج المفوضية الأوروبية عن 140 مليون يورو تستلمها الرباط جزئيا عبر مساعدات مالية مباشرة وأيضا في إطار برامج تعاون، وقد رد المغرب بفرض إجبارية الحصول على موافقة قنصلية إلكترونية على مواطني ثلاثة بلدان إفريقية (غينيا - كوناكري، ومالي والكونغو-برازافيل) ابتداء من أول نوفمبر. وهو ما وصفته الصحافة الإفريقية "بالتأشيرة المقنعة" حيث أصبحت شرطا ليتمكن مواطنوها من الوصول جوا إلى الدار البيضاء. لا يدخل بالضرورة كل الراغبين في الهجرة عبر الحدود البرية. والهدف من هذا هو الحد من عدد الوافدين القانونيين إلى المغرب من المواطنين الأفارقة من جنوب الصحراء، والذين سيحاولون بعد ذلك المغادرة بصفة غير قانونية نحو أوروبا. فبعد المغاربة يشكل الغينيون والماليون العدد الأكبر من الحراقة الذين ينزلون في إسبانيا. ونظرا للعلاقات المميزة التي ترغب الرباط في إقامتها مع إفريقيا جنوب الصحراء فإن اتخاذ هذا القرار لم يكن سهلا.

ويتمثل الجانب الآخر الذي تلعب عليه السلطات المغربية في فتح صمام الهجرة للتخفيف من الضغط الاجتماعي في الداخل. وعندما كان الحراك على أوجّه في ربيع 2017 في الريف أهملت الرباط نوعا ما مراقبة الساحل الشمالي، للتركيز على القمع. ورغم الاعتقالات التي تمت خصوصا في الريف، ولكن هناك عدد كبير من الشباب الريفيين وأحيانا عائلات بأكملها تمكنوا من مغادرة المملكة بحرا بدون

---

1 المرجع السابق مباشرة.

مضايقة .وهكذا تقوم الرباط بحل المشكلة على المدى القصير، وقد استفاد من الرقابة المتقطعة التي تشير إليها تقارير الشرطة الريفيون طبعاً كما استفاد شباب مغاربة آخرون وكذلك جزائريون تمكنوا من المغادرة .أما الأفارقة من جنوب الصحراء فإنهم يأخذون طريقهم نحو إسبانيا انطلاقا من السواحل المتوسطية للمغرب المتواجدة أكثر غربا، عندما لا يحاولون القفز عبر سياجات سبتة ومليلية. وقد نجح 5700 منهم في هذا الإنجاز.

إلى جانب الحراقة هناك هجرة أخرى أكثر سرية ولكنها تعمل بأقصى طاقة، إنها هجرة البرجوازية المغربية، وتشكل إسبانيا وعلى الخصوص الأندلس ملجأ للفئات العليا من المجتمع المغربي". ويقدر المتحدث وجود أكثر من 350 ألف عقاراً تعود للمغاربة في جنوب إسبانيا. ولا يمكن التحقق من هذا التقدير، غير أن الوكالات العقارية الإسبانية تعترف أن المشترين المغاربة ساهموا في تخفيف أزمة القطاع.[1]

(2-5-1-2) الجزائر: مقصد تلقائي جديد كمحطة عبور:

من خلال توثيق وصول المهاجرين الأفارقة إلى الجزائر منذ عدة سنوات، أكدت أن الكثيرين منهم لا يريدون البقاء. إنهم يظلون في الجزائر بما يكفي فقط لاسترداد قوتهم، وتوفير المال، والتحضير للمرحلة النهائية من رحلتهم إلى أوربا. ويمكن أن تستغرق شهوراً أو حتى سنواٍت. يسافر معظم المهاجرين شمالاً من النيجر، وفي نهاية المطاف، يتجهون غرباً إلى المغرب أو شرقاً إلى ليبيا عبر هذه المسارات، أنظر شكل رقم (17):

---

1 المرجع السابق مباشرة.

غير القانونية إلى أوروبا

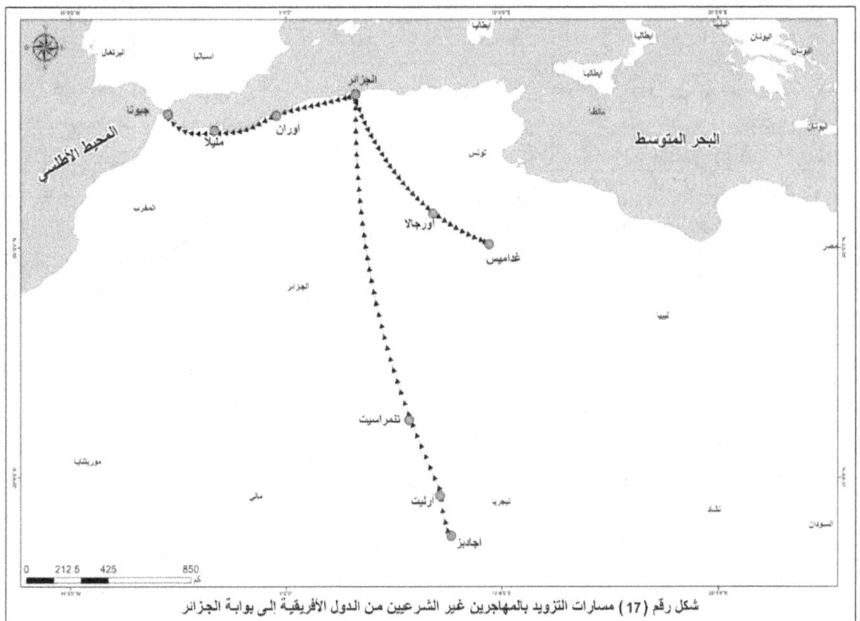

شكل رقم (17) مسارات التزويد بالمهاجرين غير الشرعيين من الدول الأفريقية إلى بوابة الجزائر

- فيتم التهريب من الكاميرون من خلال محور أغاديس في النيجر إلى تمنراست في الجزء الخلفي من شاحنة، واسقلال حافلة إلى وهران، ثاني أكبر المدن الجزائرية وهي **مركز** مهم آخر لمهربي المهاجرين، وفقاً لوكالة إنفاذ القانون في الاتحاد الأوروبي، يوروبول. والحصول على عمل مؤقت والنية الوصول إلى ألمانيا رغم مخاطر الاحتجاز إلى أجل غير مسمى في ليبيا أو حتى الغرق في البحر الأبيض المتوسط.

- ترصد السلطات الجزائرية عن كثب ساحل البلاد الممتد لأكثر من 600 ميل. وبين الحين والآخر، ينجح قارب في المغادرة، ولكن عادة ما يتم إيقافه قبل الوصول إلى المياه الدولية. وبهدف الوصول إلى أوروبا، يدفع معظم المهاجرين المال للمهربين لإدخالهم إلى **المغرب** المجاورة، حيث يحاولون العبور إلى الجيبين الأسبانيين مليلية أو سبتة، أو إلى ليبيا حيث يسافرون على متن سفن المهربين المتجهة الى إيطاليا.

- ورغم صعوبة المغادرة من الجزائر، فإنها تعتبر مكاناً يمكن التوقف فيه والبحث عن عمل غير رسمي بشكل أكثر أمناً من **ليبيا**، التي أصبح فيها العمل القسري والخطف بغرض الحصول على فدية شائعين على نحو متزايد في العامين الماضيين.

- لكن من المرجح أن يصبح التنقل بين دول شمال أفريقيا أكثر صعوبة مع سعي أوروبا إلى جعل مكافحة الهجرة عملية مركزية على نحو متزايد في

سياستها الخارجية في القارة الأفريقية. ولكن أصبح الانتقـال أكثر صـعوبة، ومن ثم فإنهم سيظلون عالقين هنا".

في اكتوبر 2016 زعمت الحكومة الجزائرية أن هناك 25,000 مهاجرا لديها، ولكن المنظمات غير الحكومية المحلية تقدرهم بـأكبر مـن أربـع مـرات علـى الأقـل. "واتضحَ في الآونـة الأخيـرة أن الهجـرة مـن جنـوب الصحـراء الكبـرى قـد ازدادت. وسجلت المنظمة الدولية للهجرة التي فتحت أول مكتب لهـا فـي العاصمة الجزائريـة مرور ما يقرب من 22,000 مهاجر عبر أرليت في شمال غرب النيجر في طريقهم إلى الجزائر خلال الفترة من فبراير وحتى نهايةٍ سبتمبر. ولا يـزال هـذا الرقم يمثل جزءاً صغيراً فقط من 269,533 مهاجراً تم تسجيلهم أثناء شق طريقهم مـن شمال النيجر إلى ليبيا خلال الفترة الزمنية نفسها، ومن المرجح أن يرتفع بينمـا تكـافح دول الجوار لمواجهة الاضطرابات السياسية[1].

وكان المهاجرون يجدون عملاً في ليبيا، ولكن الحـرب الأهليـة شلـت اقتصـادها وجعلتها احتمالاً محفوفاً بالمخاطر، حتى كنقطة انطلاق إلى أوروبـا. وإلى الجنـوب، يخلق استمرار الصراع والهجمات الإرهابية في مـالي موجـة جديـدة مـن اللاجئين. ولذلك أصبحت الجزائر بديلاً واعداً بالنسبة لأولئك الذين يبحثون عـن عمـل أو مـلاذ أو نقطة مرور إلى أوروبا.

وكانت المدينـة الصحـراوية تمنراست مركز نقل علـى طريق التجـارة عبـر الصحراء لعدة قرون، وربطت الجزائر بأمـاكن مثل مـالي وغانـا وشمال نيجيريـا، ولكن في الآونة الأخيرة، حدث تغيير حيـث أصبحت حركـة المرور الآن تتجه شمالاً إلى المدن الساحلية في الجزائر.

وفي إطار الشراكة مع بلدان ثالثة، الـذي تـم اعتمـاده فـي شـهر يونيـو مـن هذا العـام، تـم تحديـد الجزائـر كواحـدة مـن 16 دولـة "ذات أولويـة" تريـد المفوضية الأوروبية التوصل إلى صفقات معها. وفي مقابل "حوافز" مختلفة، مثـل مساعـدات التنمية والتجارة، يريد الاتحاد الأوروبي تعاونـاً لمنع المهـاجرين مـن الوصـول الـى شواطئ أوروبا وقبول عودة المبعدين منهم. وتخاطر الـدول التـي تـرفض المشاركة بمواجهة ما تسميه المفوضية "الحوافز السلبية". ويركز التقريـر المرحلي حول إطار الشراكة على خمسة بلدان حددها الاتحاد الأوروبي علـى أنها "أولى أولويـات العمـل" - وهي النيجر ونيجيريا والسنغال وإثيوبيا ومالي. وورد ذكر الجزائر علـى أنها دولـة تتطلب "اهتماماً خاصاً". وقد وصفت شركة التنبؤ الاستراتيجي ستراتفور البلاد بأنها "واحدة من أصعب دول شمال أفريقيا من حيث إمكانية زيادة التعاون معها".

(2-5-1-3) التهريب عبر ليبيا:

- يأتي المهاجرون إلى ليبيا مـن القرن الإفريقي (إثيوبيا، إرتيريا، الصومال، السودان)، عبر التجمع بدايةً في مدينة "كسلا" السودانية، ومن ثم يقوم مهربون

---

1 الجزائر... نقطة انطلاق المهاجرين الجديدة إلى أوروبا أكتوبر 2016
https://www.thenewhumanitarian.org/ar/thqyq/2016/10/25/ljzy-r-nqt-ntlq-lmhjryn-ljdyd-l-*wrwb*

غير القانونية إلى أوروبا

سودانيون بنقلهم إلى "دارفور" غربي السودان، بتكلفة لا تتجاوز الـ 80 – 30 دولاراً، ليصلوا منها إلى الحدود الليبية – السودانية عبر طرق ترابية غير ممهدة وفي شاحنات متهالكة، ويقدم المهربون رشاوى لحرس الحدود السوداني في حال تصادفوا معهم[1]. أنظر شكل رقم (18).

- بعدها يتم الانتقال من المنطقة الحدودية إلى "الكُفرة"، في شاحنات يتكدّس فيها المهاجرين بالعشرات، يشرف على نقلهم مهجِّرون من قبيلتي "التبو" و"الزوية"، بالعادة ما يكونون تابعين لمليشيات مسلحة أو تحت حماية ميليشيات معينة يدفعون لها إتاوات مقابل الحماية، بتكلفة بحدود الـ 150 دولاراً.

- أما المهاجرون القادمون من النيجر، ومالي، وبوركينا فاسو، فيتجمعون بدايةً في مدينة "أغاديس" شمال النيجر، ثم يقوم مهربون من الطوارق أو من تنظيم القاعدة في الغرب الإسلامي بنقلهم من مدن الجنوب الليبي (القطرون، أم الأرانب) إلى الشمال، وتكلّف رحلة العبور من الجنوب إلى الشمال المهاجر من 150إلى 300 دولار.

- في حين يدخل المهاجرون القادمون من نيجيريا، والكاميرون، إلى ليبيا عبر المرور بتشاد.

- أما التوانسة فيدخلون بشكل طبيعي من المنافذ الحدودية من تونس، بينما يتسلل القادمون من المغرب والجزائر عبر طرق التهريب الغربية والجنوبية.

- وبعد الدخول إلى ليبيا يتم اعتقال كل من لا يملك المال من قبل المليشيات، حيث يتم استغلالهم ويعملون تحت السُخرة، أما من يملك المال، فتقوم المليشيات بإيصالهم إلى مدن الساحل الليبي، وتضطر نسبة كبيرة من المهاجرين إلى العمل لمدة تتراوح بين أشهر إلى سنوات في ليبيا، بغية جني المال اللازم

- وفي الساحل الليبي، يتجمع المهاجرون في مزارع، واستراحات، في الأغلب كانت شاليهات وأماكن استجمام وممتلكات لرجال النظام السابق، في مدن: الخمس، القربوللي، طرابلس، صبراتة، زوارة.

- وبعد اكتمال العدد يصعدون إلى القوارب للوصول إلى جزيرة لامبيدوزا أو صقلية في إيطاليا في رحلة تستغرق من يوم إلى أربعة أيام حسب القارب والظروف الجوية ومسار الرحلة. وتبلغ تكلفة الرحلة الأخيرة من 700 – 3000 دولار (حسب المركب والجهة). وتتراوح تقديرات أرباح المليشيات في ليبيا سنوياً (خلال السنوات الأخيرة) بين 500 – 1000 مليون دولار أمريكي.

- وقد تضاعفت الأخطار والتهديدات الأمنية الناجمة عن الهجرة غير السريّة القادمة من ليبيا مع قيام عدد من الميليشيات الجهادية (كميليشيا أنصار الشريعة) بدسّ عناصر تابعة لها بين المهاجرين. وفي أيلول (سبتمبر) 2017، أعلنت وزارة الدفاع الإيطالية إنشاء قاعدة وإرسال بعثة عسكرية إلى ليبيا لمساعدة

---

1 الهجرة غير الشرعية.. جغرافيا سماسرة الموت
https://www.hafryat.com/ar/blog/%D8%A7%D9%84%D9%87%D8%AC%D8%B1%D8%A9-%D
8%B1%D8%A9-%D

حرس الحدود الليبي في فرض الرقابة والتصدي لمحاولات الهجرة[1].

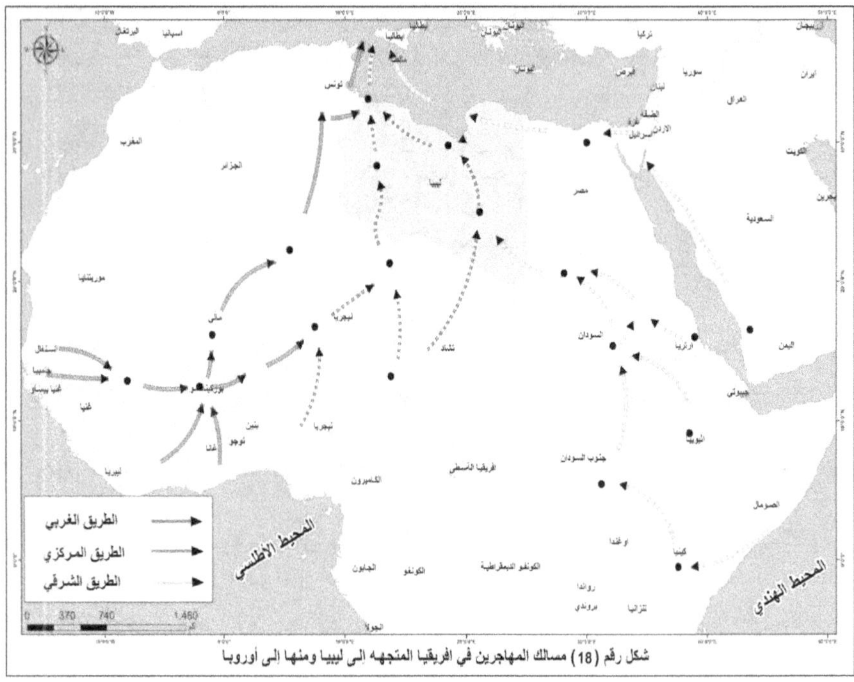

شكل رقم (18) مسالك المهاجرين في إفريقيا المتجهه إلى ليبيا ومنها إلى أوروبا

(2-5-1-4) مصر: بلد عبور يثير القلق:

تحولت في السنوات الأخيرة مصر إلى أحد بلدان العبور إلى أوروبا المثيرة للقلق. ولا توجد أرقام دقيقة من جانب السلطات المصرية عن أعداد اللاجئين والمهاجرين السريين، الذين انطلقوا من السواحل المصرية على متن قوارب الصيد. لكن بحسب الوكالة الأوروبية لمراقبة الحدود "فرونتكس"، فقد انطلقت عام 2016 نحو ألف سفينة تهريب بشر من مصر. كما شكلت مصر كابوساً للهجرة غير القانونية إلى أوروبا عام 2016[2]

(2-5-2) أيطاليا دولة العبور:

يخاطر عشرات الآلاف من إفريقيا والشرق الأوسط وآسيا بحياتهم سنويا في عبور البحر المتوسط، بحثا عن حياة أفضل في الاتحاد الأوروبي، حيث أن إيطاليا من دول المرور الرئيسية بالنسبة لهم.[3]

---

1 المرجع السابق مباشرة.

2 تراجع الهجرة غير الشرعية لأوروبا إلى أدنى مستوى منذ خمس سنوات | أخبار. ..
https://www.dw.com/ar/%D8%AA%D8%B1%D8%A7%D8%AC%D8%B9-
%D8%A7%D9%8

3 جدل الهجرة يشتعل مجددًا بعد غرق مركب أمام سواحل ليبيا | نون بوست
http://www.noonpost.com/content/6332

غير القانونية إلى أوروبا

تواجه إيطاليا، الدولة الأوروبية بحكم موقعها بجنوب أوروبا وتطل على البحر المتوسط، بمفردها تدفق المهاجرين غير القانونيين القادمين في أغلب الأحيان من بلدان إفريقية وعربية شرق أوسطية ومغاربية، في محاولة منهم للوصول عبر قوارب قديمة وهشة إلى السواحل الإيطالية، ومنها ينطلقون إلى بلدان الاتحاد الأوروبي .

وكانت إيطاليا قد أطلقت في تشرين الأول 2013، بعد أيام من مصرع أكثر من 360 مهاجر غرقاً، عملية «ماري نوستروم» (الاسم الذي أطلقه الرومان على البحر المتوسط) في محاولة لإنقاذ المهاجرين الذين يبحرون من سواحل ليبيا على مراكب بدائية، وخلال ثمانية أشهر ونيف، أنقذت البحرية الإيطالية 73 ألفاً و686 شخصاً، أي ما معدله 270 شخصاً يومياً. فقد قال رئيس أركان القوات الإيطالية أن تزايد تدفق المهاجرين واللاجئين إلى ساحل إيطاليا ليس ناجماً عن إخفاق عملية «ماري نوستروم»، بل عن تفاقم الأزمات في الشرق الأوسط، ففي سورية تفاقم الوضع، وفي العراق هناك تقدم للقوى الأصولية[1].

(2-5-3) تحولات لطرق جديدة:

أدى الإغلاق شبه الكلي لطريق الهجرة في المنطقة الوسطى من البحر المتوسط، بين ليبيا -وبشكل ثانوي تونس-وإيطاليا (حيث سجل انخفاض المهاجرين بنسبة 6،87٪ مقارنة بسنة 2017 إلى زيادة الضغط على الجهة الغربية من المتوسط .صمدت الجزائر حيث أنها تتحكم إلى حد ما في شواطئها، على عكس المغرب الذي يسجل ازدياداً هائلاً في حركة الهجرة غير القانونية. وأصبحت إسبانيا البوابة الرئيسية للهجرة غير القانونية إلى أوروبا، متقدمة بكثير على إيطاليا واليونان.[2]

ويعزو المراقبون هذا الارتفاع إلى إغلاق مسار شرق المتوسط بسبب حالة عدم الاستقرار السياسي والصراعات الدائرة في العديد من بلدان العبور (الترانزيت) مثل ليبيا، وكذلك إلى السياسة الأوروبية التي تجعل من المستحيل طرد القصر -رغم كونهم في وضع غير قانوني- من أراضي الاتحاد الأوروبي[3].

شكل السوريون في ذروة أزمة اللجوء النسبة الأكبر من بين الوافدين إلى أوروبا. والملفت أن عدد الوافدين السوريين تراجع رغم استمرار الحرب، ليصبح المهاجرون النيجيريون في المرتبة الأولى، وتحاول الأمم المتحدة ومنظمات الإغاثة

---

1 تجارة الموت في المتوسط ومسؤولية أوروبا
http://tanwair.com/2015/06/%D8%AA%D8%AC%D8%A7%D8%B1%D8%A9-%D8%A7%D9

2 المرجع السابق مباشرة

3 مسارات الهجرة غير النظامية في المتوسط تغرق المغرب بـ"الحراكين" 2018/2/20
https://www.hespress.com/societe/416688.html

لماذا يغير المهاجرون مسار هجرتهم إلى أوروبا؟ - مهاجر نيوز InfoMigrants -
https://www.infomigrants.net/ar/post/7586/%D9%84%D9%85%D8%A7%D8%B0%D8%A7-%

كشف أسباب ارتفاع أعداد المهاجرين الباكستانيين. وبحسب المسؤولين، فإن بعض المهاجرين يختارون طريق الهجرة إلى أوروبا عبر ليبيا، عوضا عن مسار الهجرة المعروف عبر تركيا واليونان. وتعود أسباب تغيير الطريق إلى سوء الأحوال الجوية في الشتاء فضلا عن تشديد المراقبة عبر الحدود. وبحسب مسؤول من المنظمة الدولية للهجرة (OIM) إنه من المحتمل أن يكون بعض المهاجرين الباكستانيين الذين عبروا إلى إيطاليا في مطلع عام 2018 طردوا من مخيمات اللاجئين في اليونان وأرسلوا إلى تركيا.

تختلف طرق الهجرة إلى أوروبا، وتظهر الأرقام أن اللاجئين يفضلون طريق الهجرة عبر الشواطئ الليبية إلى إيطاليا. إذ يقدر عدد اللاجئين الذين سلكوا هذا الطريق منذ بداية العام الحالي بـ 4733 وافد. بينما وصل 1732 مهاجر إلى اليونان عبر بحر إيجة. وبلغ عدد الوافدين إلى أوروبا عبر السواحل الإسبانية 20182 مهاجر. وبعد إغلاق طريق البلقان، توجه المهاجرون إلى طريق أكثر خطورة، وهو الهجرة عبر البحر المتوسط.

ليست أعداد المهاجرين هي وحدها تتغير، بل جنسياتهم أيضا. ففي عام 2015، أثناء ذروة أزمة اللجوء، كان السوريون هم الأكثر هجرة إلى أوروبا ورغم استمرار الحرب في سوريا، إلا أن نسبة المهاجرين السوريين إلى أوروبا بدأت تنخفض. وفي عام 2017 سجل المهاجرون النيجيريون أكبر حصة من اللاجئين الذين وصلوا إلى أوروبا عبر البحر. حيث بلغ عدد اللاجئين النيجيريين الوافدين إلى إيطاليا خلال هذه الفترة 18401 لاجىء، وهو ما يمثل حوالي 5 بالمئة من مجموع اللاجئين الذين وصلوا إلى أوروبا. واحتل السوريون المرتبة الثانية، حيث وصل عددهم إلى 18171 مهاجرا، بينما دخل 13847 لاجئا قادما من غينيا إلى أوروبا خلال هذه الفترة، ما يجعلهم ثالث أكبر مجموعة من اللاجئين الذين وصلوا إلى أوروبا.(1)

الخلاصة:

هناك خمسة مسارات رئيسية للهجرة تمثلت في التدفقات العالمية الكبيرة، وهي:

(1) مسار شرق البحر الأبيض المتوسط.
(2) ومسار البحر الأبيض المتوسط.
(3) مسار أمريكا الوسطى.
(4) مسار جنو ب شرق آسيا.
(5) مسار جنوب أفريقيا.

تتعدد طرق الهجرة غير القانونية إلى أوروبا عبر البحر المتوسط لتشمل سبعة طرق أو مسارات من الاتجاهات الجغرافية المختلفة، وهي؛ طريق الحدود الشرقية، وطريق شرق البحر الأبيض المتوسط، وطريق غرب البلقان، والطريق الدائري من ألبانيا إلى اليونان، وطريق بوليا وكالابريا، وطريق غرب افريقيا، وطريق غرب البحر الأبيض المتوسط.

---

1 - مرجع سبق ذكره

غير القانونية إلى أوروبا

استقطب طريقان فقط لأكثر من ثلاثة أرباع حجم الهجرة غير القانونية إلى أوربا عام 2018 عبر البحر المتوسط، وهما طريقا شرق وغرب البحر المتوسط، بنسبة 38% لكل منهما يليهما طريق وسط البحر المتوسط الذي سلكه أقل قليلا من سدس جملة الهجرة غير القانونية العابرة للبحر المتوسط إلى أوربا، أما بقية الطرق والمعابر الأربعة فلم تظفر بأكثر من خمسة في المئة

أدى الإغلاق شبه الكلي لطريق الهجرة في المنطقة الوسطى من البحر المتوسط، بين ليبيا وأوروبا -وبشكل ثانوي- تونس وإيطاليا إلى زيادة الضغط على الجهة الغربية من المتوسط. فقد تحكمت الجزائر شواطئها، إلى حد ما،على عكس المغرب الذي يسجل ازدياداً هائلاً في حركة الهجرة غير القانونية. وأصبحت إسبانيا البوابة الرئيسية للهجرة غير القانونية إلى أوروبا، متقدمة بكثير على إيطاليا واليونان، كما تمثل الجزائر مقصد تلقائي جديد كمحطة عبور. وكما ارتبطت الهجرة غير القانونية عبر ليبيا بالتهريب. وتعد مصر بلد عبور يثير القلق، وإيطاليا دولة تمثل دولة مقصد وعبور في نفس الوقت للداخل الأوروبي.

* * *

الفصل الثالث

الهجرة غير القانونية

توطئة:

تكمن قضية الهجرة إلى أوروبا بصفة عامة والهجرة غير القانونية خصوصًا في المسألة السكانية، بالقارة فتراجع النمو السكاني لدرجة تناقصه عبر نصف القرن الأخير يؤثر على عجلة التنمية الاقتصادية لحاجتها إلى عمالة تحل محل من أحيل للتقاعد أو من توفى، ومن ثم فإن الهجرة عامة ومنها الهجرة غير القانونية تلبي حاجة الشعوب الأوروبية للعمالة لكي تحافظ على تقدمها. ومن هذا المنطلق رصد الفصل مبحثًا عن التغيرات الديموغرافية بالقارة الأوروبية.

ولما كانت أوروبا تنقسم إلى ستة أقاليم جغرافية، ولكل منها خصوصيتها وملامحها المتميزة، ومنها الشخصية السكانية لكل إقليم، ومن المحتمل أن تؤثر الأبعاد الديموغرافية الإقليمية في ظاهرة الهجرات والتحركات السكانية، ومنها الهجرة غير القانونية إلى دول كل إقليم، لذا تم استهداف دراسته للوقوف على أثره في الهجرة غير القانونية.

وقد استهدف هذا الفصل أيضا إستكشاف أثر تفاوت ثقافات شعوب الدول والأقاليم الأوروبية على الهجرة غير القانونية، فقد تحفز تلك التشابهات والتفاوتات الحضارية على إجتذاب عناصر معينة من المهاجرين، وأبرز أمثلتها العلاقات التاريخية للقوى السياسية السابقة يأوروبا في الفترات التاريخية بمستعمراتها الأفريقية والأسيوية والمتوسطية والتي قد تؤثر في الهجرة غير القانونية إلى أوروبا.

كما تم التأكيد على أهمية التباعد وإمكانية الوصول في حركة الهجرة غير القانونية، فالمسافة تؤثر في حجم الهجرة، وتظهر العلاقة عكسية بين حجم الهجرة والمسافة، فتزداد إذا قلت المسافة بين مناطق الإرسال(الطرد) ومناطق الاستقبال(الجذب).

تختلف العوامل المؤثرة في الهجرة عن دوافعها، فالأخيرة ترتبط بالحدث(الهجرة) مباشرة، بينما تقف الأولى بمثابة الدوافع والمؤثرات في النسق الكلي وعلى المدى الطويل. وتتراوح دوافع الهجرة بين دوافع اقتصادية وسياسية والإعلام والدعاية. كما توجد دوافع ثانوية وفرعية.

(1-3) التغيرات الديموغرافية

تكمن قضية الهجرة إلى أوروبا بصفة عامة والهجرة غير القانونية خصوصا إلى المسألة السكانية، فانخفاضه معدلات النمو السكاني لدرجة تناقصها في كثير من الدول الأوروبية في نصف القرن الأخير لا تفي بحاجة التنمية الاقتصادية إلى عمالة أحدث تحل محل العمالة الأقدم.

ويناقش هذا المبحث التغيرات الديموغرافية بالقارة الأوروبية من خلال مباحث فرعية؛ نذكر منها تراجع الخصوبة والزيادة الطبيعية، والموقف من الدورة الديموغرافية، ومدى انتظام الأهرامات السكانية، وتيارات الهجرة بعد الحرب العالمية الثانية، وأخيرا مستقبل السكان.

(3-1-1) تراجع الخصوبة والزيادة الطبيعية:

انتهى القرن العشرين بمعدل خصوبة 2.9% في العالم، و1.6% للعالم المتقدم وبين 3.8-3.3% للعالم النامي، بينما يبلغ في قارة أوربا 1.4% مقابل 5.6% في قارة أفريقيا و2.8 % في قارة آسيا، و3% في أمريكا الوسطى.

وبلغ معدل الخصوبة الكلي لكل سيدة في أوروبا (1.4)، وتباين على مستوى أقاليم أوروبا؛ فبلغ 1.7 في أوروبا الشمالية، و1.5 في غرب أوربا، و1.3 في أوروبا الشرقية والجنوبية.

كما بلغ معدل الزيادة الطبيعية في العالم 1.4% سنويا، وتفاوت بين 1% في الدول المتقدمة مقابل (1.7-2%) في الدول النامية، وبلغ أدناه في أوربا (-0.1%) مقابل 2.5% في أفريقيا، 1.8 لكل من أمريكا الوسطى ومنطقة الكاريبي. وتظهر أوروبا الشرقية بمعدل سالب(-0.4) مقابل معدل متدني موجب (0.1%).

(3-1-2) الموقف من الدورة الديموغرافية:

وقد انعكست معدلات الخصوبة الحالية على الفترة التي تلزم لتضاعف السكان، ووفقا لموقفها من الدورة الديموغرافية؛ ففي المرحلة الثالثة من النظرية الديموغرافية انخفضت المواليد انخفاضاً شديداً من 48 في الألف الى 12 في الألف، بينما كان انخفاض الوفيات بطيئا من 12 إلى 7 في اللف، وبدأت الهوة تضيق بين المواليد والوفيات تدريجياً، وهذا ما يعرف بالمجتمع الصناعي المتطور. وتعيش هذه المرحلة حالياً كل من ألبانيا وايرلندا وبلجيكا وهولندا والنمسا رغم اختلاف مواقعها داخل المرحلة، أما المرحلة الأخيرة فتتسم بمعدلات مواليد ووفيات منخفضة، ونمو سكاني بطيء حيث إن معدل المواليد يتذبذب حول 10-5 في الألف مع ثبات بالنسبة لمعدل الوفيات حول 6 في الألف، وتعيش السويد في هذه المرحلة[1]

(3-1-3) مدى انتظام الأهرامات السكانية:

بتقييم أهرامات السكان لست دول أوربية في قرن من الزمن (1900-1992م) اتضحت فروقات رغم الملامح المشتركة، والتي تؤشر على المرحلة الديموغرافية التي وصلت اليها تلك الدول وهي؛ المانيا وسويسرا والدنمرك، اسبانيا، هولندا، رومانيا.

☞ لاحظ التأثيرات المرتبطة بنمو الأطفال في الفترة 1950-1964م وما تلاها من انخفاض، وتلاحظ تأثير الوضع الاجتماعي في العقد الأول من القرن العشرين على السكان الذكور الشيوخ.

☞ تضيق قاعدة الهرم بصفة عامة في أهرامات الدول الست بينما تصل لأدناها في المانيا وسويسرا (5%) اتسعت القاعدة الى 7% في الدنمارك ورومانيا وبولندا، واستقرار القاعدة في هرم المانيا وسويسرا على مدى فترة أطول

---

1) فتحي محمد مصبلحي، جغرافية السكان: الإطار النظري وتطبيقات عربية، دار الماجد للنشر والتوزيع، الطبعة الخامسة، 2007، ص ص 72-76.

الهجرة غير القانونية

بينما انخفضت الوفيات وضاقت قاعدة الهرم بباقي الدول في ثمانينيات القرن العشرين.

☞ يتصف هرم أسبانيا وسويسرا بالتضخم في وسطه بسبب ارتفاع نسبة السكان في الأعمار الوسيطة بسبب ارتفاع نسبة المهاجرين اليها.

☞ يمتد أمد الحياة في إلى تسعين عاماً، لكن تختلف كل من المانيا وسويسرا والدنمرك عن رومانيا وأسبانيا وبولندا بأنها قمم مستعرضة ترتفع فيها نسبة الشيوخ في الدول الثلاث الأولى عن مجموعة الدول الثانية.

☞ يلاحظ أن نسبة الذكور في قاعدة الهرم أقل من نسبة الإناث والعكس صحيح في قمة الهرم.

ونظرا لارتفاع نسبة المهاجرين الى المدن بين الذكور وفي الأعمار الوسيطة خاصة لذا يتأثر شكل الهرم السكاني للمدن بصفة عامة والمدن الكبرى خاصة، وفي هرم لندن الكبرى رغم أن الأطفال يشكلون 6% من جملة الذكور والإناث إلا أنهم يزيدون في الفئات الوسطى بدرجة ملحوظة بالنسبة للذكور في مدينة لندن الكبرى[1].

(3-1-4) تيارات الهجرة بعد الحرب العالمية الثانية:

شهدت قارة أوربا تيارات هجرة وافدة من خارجها وأخرى داخلية أسهمت في تشكيل النسيج السكاني لأقاليمها ودولها بعد الحرب العالمية الثانية:

(أ) التيارات الهجرية الخارجية الوافدة:

☞ تيار هجرة إلى هولندا من المغرب وتركيا.

☞ تيار هجرة إلى المانيا من تركيا.

☞ تيار هجرة إلى المملكة المتحدة من جنوب أوربا وشرق أفريقيا وغرب أفريقيا ومنطقة الكاريبي.

☞ تيار هجرة من الجزائر والمغرب إلى فرنسا.

(ب) تيارات هجرة داخل القارة؛ ومن أهمها: -

☞ تيار الهجرة من جنوب ايطاليا إلى النمسا، سويسرا، المانيا، فرنسا.

☞ تيار الهجرة من يوغوسلافيا واتخذت محورين الأول إلى سويسرا والثاني إلى أقصى الشمال إلى السويد.

☞ تيار الهجرة من اليونان إلى أقصى شمال القارة إلى السويد.

☞ تيار الهجرة من أسبانيا واتخذت محورين الأول إلى فرنسا والثاني إلى ألمانيا الغربية.

☞ تيار الهجرة من البرتغال إلى ألمانيا.

يلاحظ تزايد نسبة المهاجرين من دول العالم النامي الى الدول الأوربية وخاصة شمال غرب أفريقيا، كما ظفرت المملكة المتحدة البريطانية بنسبة كبيرة من المهاجرين من دول الكومنولث، واستقطاب فرنسا لنسبة كبيرة من المهاجرين من

---

1) فتحي محمد مصبلحي، جغرافية أوربا من منظور جغرافي وتنموي، مطابع جامعة المنوفية، دار الماجد للنشر والتوزيع، 2004، ص ص 131-136.

دول غرب أفريقيا الناطقة باللغة الفرنسية[1]

(3-1-5) مستقبل السكان:

يتوقف مستقبل السكان بالقارة على مقدار الزيادة الطبيعية التي تحددها المواليد، وقد سبق الإشارة إلى أن معدلات المواليد والزيادة الطبيعية منخفضة، وتكاد تقترب المواليد من الوفيات وبالتالي فإن الأوضاع الراهنة للزيادة السكانية محدودة، وبالتالي فإن حجم السكان اعتماداً على الأوضاع الراهنة في المستقبل لن يتغير كثيراً عن حالته حالياً. ولكن سيتناقص السكان عام 2025 في إيطاليا والمانيا واسبانيا والبرتغال وأوكرانيا وكثير من دول شرق أوروبا وأوروبا البلقانية لانخفاض معدلات الزيادة الطبيعية دون معدلات الوفيات، بينما يظل السكان في بقية القارة في أحجامها الحالية نظراً لتجمد الزيادة الطبيعية بها.

" فالمسلمون في أوروبا لا يمثلون ظاهرة عابرة تاريخياً، وليس هناك ما يشير إلى احتمال" اضمحلال" هذه الظاهرة. بل على النقيض من ذلك، إذ ان هناك الكثير من الدلائل التي تؤكد ان الوجود البشري الإسلامي في أوروبا سيتنامى، خصوصاً من حيث ارتفاع النسبة المئوية إلى السكان"[2].

(3-2) الأبعاد الديموغرافية الإقليمية

تنقسم أوروبا لستة أقاليم جغرافية، ولكل منها خصوصيتها وملامحها المتميزة، ومنها الشخصية السكانية للإقليم التي قد تؤثر في ظاهرة الهجرات والتحركات السكانية، ومنها الهجرة غير الشرعية إلى دول كل إقليم.

وسنعرض فيما يلي الأبعاد الديموغرافية الإقليمية في تلك الأقاليم الستة؛ أوروبا الغربية، وأوروبا المتوسطية، وأوروبا البلقانية، وأوروبا الشمالية، وإقليم أوروبا الألبية، وإقليم أوروبا الشرقية.

(3-2-1) إقليم أوروبا الغربية[3]:

ظلت دول أوروبا الغربية ذات أهمية في تطوير أوربا والحفاظ على مكانتها كقلب النظام الاقتصادي العالمي. وقد ضمت هذه الدول في عام 1998 45%من سكان أوروبا الذين يبلغون 516مليون نسمة، لكنها أنتجت 60% من الناتج الاقتصادي للمنطقة. وفى أواخر التسعينيات كان لألمانيا وفرنسا والمملكة المتحدة ثالث ورابع وخامس أكبر الاقتصاديات في العالم على التوالي. لا تزال أوربا الغربية القلب الاقتصادي للمنطقة ففيها60% من وظائف التصنيع بالمنطقة، و75% من أبحاث وتطوير التكنولوجيا الجديدة. وقد تغير اقتصادها منذ عام 1950.

تتمتع غرب أوربا بكثافات عالية من السكان باستثناء مرتفعاتها الهامشية، وتوجد أعلى المعدلات في الحزام الصناعي الحضري الذي يمتد من وسط بريطانيا الى شمال فرنسا وبلجيكا وهولندا وصولاً الى ألمانيا.

---

[1]() المرجع السابق: ص145-146.

[2]() مسعود الخوند.الاقليات الإسلامية في العالم" انتشار المسلمين في الدول والبلدان غير العربية وغير الإسلامية"،Universal Company، بيروت،طبعة ثانية منقحة، 2006، ص161.

3 المرجع السابق: صص 278-281.

الهجرة غير القانونية

تتميز هذه الدول بنمو سكاني وقدره(صفر)، ومن المتوقع أن يزداد السكان بها بقدر ضئيل من 230مليون نسمة عام 1998الى 235مليون نسمة عام 2025.

يتضمن التغير الكلى انخفاضاً في سكان ألمانيا وزيادات طفيفة في الدول الأخرى. فقد انخفضت معدلات الزيادة الطبيعية من 0.5% في السبعينيات الى حوالي 0.3% في التسعينيات. كما انخفضت معدلات الخصوبة من 3 لكل انثى عام 65 الى حوالي 1.7 في التسعينيات، وتعد هذه الدول في المرحلة الرابعة من التحول الديموغرافي حيث تكاد تتساوى معدلات المواليد مع الوفيات. وبعد توحيد ألمانيا الشرقية والغربية كان معدل الوفيات أعلى من معدل المواليد خلال التسعينيات.

وقد انخفض عدد الأطفال في كل أسرة بعدما شهدت هذه المنطقة الفرعية زيادة في عدد المواليد بين عامي 1950 و1964، ذلك بسبب انتشار وسائل تنظيم الأسرة والزواج المتأخر. كما أن عدد حالات الطلاق الكبرى والزيجات المتغيرة والأعداد المتزايدة من الأرامل بسبب متوسط العمر الأطول لدى النساء وهو حوالي 80سنة. أدى كل ذلك الى وجود أسر أصغر حجما وأكثر عدداً بما يتطلب وحدات اسكانية أكثر بالرغم من زيادة السكان بقدر قليل.

لقد أدى إبطاء معدل النمو السكاني وزيادة أعمار السكان في هذه الدول وقت النمو الاقتصادى بعد عام 1970الى وجود عجز في جماعات الشباب في سن العمل، والى الطلب على عمالة أكثر وأرخص، ففي بريطانيا جاءت القوى العاملة الاضافية من مستعمراتها السابقة في منطقة الكاريبي وباكستان والهند. أما في فرنسا فقد جاءت القوى العاملة من الجزائر والمستعمرات الفرنسية السابقة، وفي هولندا جاءت من إندونيسيا، وفي ألمانيا جاءت من جنوبي أوروبا وتركيا، وغالبا ما يتمتع هؤلاء العمال الوافدين بحقوق قليلة في بداية الأمر ثم بعد فترة قليلة من الاقامة والضغط السياسى يحصلون على جنسية كاملة، إلا أن اندماجهم في الجاليات المحلية كان بطيئا.

أفرزت التوترات الاجتماعية حالات مختلفة ومتزايدة من الحوادث العرقية في معظم دول غرب أوربا؛ ففي فرنسا يوجد حوالي 4 مليون من أصل أجنبي منهم مليون واحد يتمتعون بمواطنة فرنسية وهؤلاء لديهم ما يزيد عن 5 مليون طفل منهم 4.2 مليون طفل يتمتعون بالمواطنة وحوالي نصف العاملين الأجانب في فرنسا وفدوا من منطقة المغرب العربي، وجاءوا بثقافتهم الاسلامية التى تزعج الشعب الفرنسي عند اقحامها في التظاهرات السياسية.

تعتبر المملكة المتحدة دولة متعددة الأجناس والثقافات بشكل متزايد، وذلك بعد تدفق شعوب الكاريبى وشبه القارة الهندية منذ الخمسينيات. فهذه الجماعات تمثل الآن حوالي 6% من السكان معظمهم في انجلترا، كما أن هذه النسبة مرتفعة بمقدار ارتفاعها في فرنسا وألمانيا، الا أنها سببت مشاكل اجتماعية وسياسية أقل بهما، ومعظم الناس في هذه الجماعات مواطنين في المملكة المتحدة كاملي المواطنة، إلا أن المملكة المتحدة أخذت تفرض قيوداً شديدة على الهجرة.

سينخفض إجمالي سكان ألمانيا حتى 2025 حتى إذا شجعت الهجرة، إلا أنه ستكون هناك زيادة عمرية بين السكان، ففي التسعينيات كان 15 % من الألمان أعمارهم تزيد عن 60 سنة، وسوف تتضاعف هذه النسبة بحلول عام 2025. أما المجموعة النشطة اقتصاديا بين أعمار عشرين الى ستين فتمثل 60% من السكان، لكنها ستنخفض الى أقل من 50%، وذلك بزيادة الأعمار وسوف تمثل النسبة الأقل في عملية الانتاج. والنسبة الأكبر في دخول المعاش ستفرض أحمالا ثقيلة على ميزانية الدولة، ومن المحتمل أن تنال النساء أكثر الوظائف.

ويتأثر الهيكل السكاني الحالي لألمانيا في الوضع الذي ورثته عام 1990من ألمانيا الشرقية السابقة حيث جاء بعد الحكم الشيوعي سنوات عديدة من الانهيار السكاني، فبعد 1989وصلت معدلات المواليد الى النصف بينما زادت معدلات الوفيات خاصة بين المراهقين والبالغين من الشباب، وكانت معدلات المواليد بألمانيا الشرقية عام 1993نصف معدلات ألمانيا الشرقية المنخفضة. وانخفضت معدلات الزواج في ألمانيا الشرقية الى أدنى مستويات أي دولة، وبدأت الزيادة الحادة في معدل الوفيات بين مجموعات الشباب نتيجة لزيادة إدمان الكحوليات والانتحار وأمراض القلب.

(3-2-2) إقليم أوروبا المتوسطية[1]:

- يتساوى إجمالي الناتج القومي في إيطاليا - والتي تعتبر واحدة من6 أعضاء أصليين في المجموعة الأوربية- مع إجمالي الناتج القومي في المملكة المتحدة. وتتكون هذه الدولة من جزئين الشمال الأكثر ثراء، وهو امتداد لأوروبا الغربية الصناعية والجنوب الأفقر وهو الأقرب لباقي أورُبا المتوسطية.

- يعكس توزيع السكان في الدول الأوربية المتوسطية طبيعة الأرض ذات الجبال والتلال فيعيش معظم السكان في المناطق المنخفضة بالأودية الرئيسية الكبيرة للأنهار، وعلى السواحل ويعد وادى نهر البو شمال إيطاليا أكبر المناطق كثافة سكانية، أما جبال الألب والجبال اليونانية وجبال البرانس فكثافاتها السكانية منخفضة جداً.

- تغير السكان في الدول المتوسطية من فترة زيادة سريعة وفترة خصوبة نسبية، ومعدلات مواليد مرتفعة حتى منتصف القرن العشرين إلى أدنى وأبطأ المستويات العالمية للزيادة الطبيعية والخصوبة في التسعينيات. فانخفضت معدلات الخصوبة الإجمالية من حوالي 3 في عام 1965إلى صفر في أواخر التسعينيات، ويتوقع انخفاض جملة السكان من 117مليون بتعداد عام 1998 إلى 113مليون بحلول عام 2025.

- سيصبح التقدم في السن قضية كبرى وذلك بارتفاع متوسط العمر إلى 80سنة، ومن المتوقع أن يصل سكان اليونان والبرتغال 10مليون، بينما سينخفض سكان إيطاليا وإسبانيا من 58 مليون نسمة كأجمالي السكان في إيطاليا و40 مليون في

1- المرجع السابق صص 386-385

إسبانيا الى 55مليون في إيطاليا و39مليون في أسبانيا وذلك بحلول 2025، ورغم أن إيطاليا والبرتغال وإسبانيا تعتبر دينيا دول كاثوليكية رومانية في أغلبها، ومع هذا فان معارضة الكنيسة لعملية تنظيم النسل يبدو أن تأثيرها ضعيف، وقد كانت إيطاليا وإسبانيا أقل الدول في العالم من حيث إجمالي الخصوبة في عام 1998.

- وجاءت الزيادة السكانية من الهجرة فقط وفي إيطاليا يولد قليل من الاطفال خارج إطار الزوجية الا أن ذهاب المرأة إلى العمل واستمرار عيش الشباب مع آبائهم ونهاية الضغوط لإنجاب أطفال. جميع هذه العوامل تميل إلى تأجيل الزواج وتخفيض أعداد الاطفال.

- لا تزال إيطاليا تعاني من تقلب الحكومات وإن كان ذلك لم يمنع النمو الاقتصادي السريع الفعال في الشمال، كما توقفت هجرة الناس نحو الشمال للعمل بحلول التسعينيات وذلك بسبب ارتفاع المعيشة في الشمال وتوافر برامج المنح التي تدعم سكان الجنوب. وقد أدى نقص العمالة بالشمال والجنوب لزيادة الهجرة من الدول النامية بما أدى إلى وجود 2مليون عامل أجنبي قانوني وغير قانوني.

(3-2-3) إقليم أوربا البلقانية[1]:

- تشغل دول البلقان شبه جزيرة واسعة بجنوب شرق أوربا بين البحر الأدرياتيكي والبحر الأسود، دول البلقان هي ألبانيا وبلغاريا والمجر ورومانيا ومجموعه الدول التي كانت تشكل يوغوسلافيا السابقة وهي البوسنة والهرسك وكرواتيا وصربيا ومونتينجرو وكوسوفو.

- لم يتجاوز سكان أي من دول أوروبا البلقانية حاجز 11مليون نسمة في عام 1998، وذلك باستثناء رومانيا التي بلغ سكانها 23مليون نسمة، وكانت يوغوسلافيا السابقة تضم إجمالي سكان مثل رومانيا، لكنها تفككت عام 1991إلي خمس دول منفصلة تضم كلاً منها من 2: 5مليون نسمة، وتوجد بجميع دول البلقان أقليات كبيرة تتعرض لتوترات عرقية داخلية.

- أخذ سكان أوروبا البلقانية في الانخفاض، ومن المتوقع أن يصل إجمالي السكان في عام 2025 إلى 66 مليون نسمة بينما كان إجمالي السكان في عام1998- 67 مليون نسمة.

- هذا وقد بلغت التغيرات السكانية في أواخر التسعينيات بزيادات طفيفة بنسبة 1.2% لكل عام، مالت إلى الانخفاض في المجر ورومانيا وبلغاريا. ومعدلات المواليد وكذلك معدلات الوفيات منخفضة، وقد انعكست معدلات المواليد المنخفضة على تدني الخصوبة الإجمالية منذ عام 1970 من 2.0 الى حوالي 1.5 لكل امرأة، ومن حوالي 5 الى 2 في ألبانيا ومقدونيا.

1- المرجع السابق صص 441-442.

(3-2-4) أوربا الشمالية[1]:

- يعتبر تعداد سكان أوروبا الشمالية صغيراً، من المتوقع أن يزداد حجم سكان أوربا الشمالية من24 مليون نسمة عام 1998 حتى عام 2025 بما يقل عن مليون نسمة.

- وقد كانت زيادة معدلات السكان في عام 1998من صفر الى 0.3%. انخفضت معدلات الخصوبة الاجمالية من حوالي 2.5% في عام 1965الى ما لا يقل عن 0.2%، ومن المتوقع أن يعيش مواليد أوروبا الشمالية في التسعينيات من القرن الماضي ثمانين عاماً كمتوسط عمر، كما أن معدلات المواليد في كل هذه الدول تكاد تساوى معدلات الوفيات المنخفضة.

- وتظهر في الدانمارك اعداداً قصوى بالفئات العمرية بين 30الى 40 سنة بما يعكس زيادة المواليد منذ أواخر الاربعينيات وحتى الستينيات ثم الانخفاض بعد ذلك، ويمثل من تزيد أعمارهم عن 65 سنة ما بين 15: 17% من إجمالي السكان، وهذا يشكل عبئا متزايداً على أنظمة الرفاهية في هذه الدول.

(3-2-5) إقليم أوربا الألبية:

تضم أوربا الألبية بمعناها الواسع أجزاء من فرنسا وإيطاليا وسلوفينيا وكرواتيا بجانب دول النمسا وليشتنشتاين وسويسرا والتي تحكم الأجزاء المركزية من سلاسل الجبال. ويمكن النظر الى دولتين فقط وهما النمسا وسويسرا في هذا الإقليم الفرعي باعتبارهما الأهم وتحيط جبال الألب بالنمسا وسويسرا فهي دول حبيسة وسكانها 8 مليون و7مليون نسمة على التوالي.

تسجل النمسا وسويسرا معدلات زيادة طبيعية سنوية تبلغ 0.3%، ومعدلات خصوبة اجمالية تصل الى 1.5%. ومن غير المتوقع أن يزيد سكان الدولتين البالغ من 15 مليون نسمة في عام 1998الى 16مليون نسمة عام 2025م. ويسجل المنحنى البياني للعمر والنوع في سويسرا انخفاضا في المواليد منذ عام 1970، وزيادة أعداد كبار السن وبخاصة الإناث.

وتجتذب البيئة الجبلية وغنى سويسرا الكثير من المهاجرين من أجزاء أخرى من العالم وهم أثرياء بما يكفي لتكلفة العيش المرتفعة في سويسرا[2].

(3-2-6) إقليم أوربا الشرقية:

يمتد الإقليم على 48 درجة طولية (فيما بين خط طول 60درجة و12درجة شرق جرينتش)، وينحصر بين الدائرة العرضية 60و 48درجة شمال خط الاستواء، أي يمتد الإقليم على مدى 12دائرة عرضية، بهذا الموقع والامتداد يكون الاقليم أكبر أقاليم القارة الأوربية مساحة. تضم أوروبا الشرقية دول بولندا وجمهوريات التشيك وسلوفاكيا ودول البلطيق.

---

1 المرجع السابق صص336-338.
1- المرجع السابق صص422-426.

الهجرة غير القانونية

ويدرك الاتحاد الاوربي خاصة المانيا تطلعات هذه الشعوب في هذه المنطقة الفرعية فنشأت الحاجة الي التحكم في تهريب البشر والمخدرات والأسلحة عبر أوروبا الشرقية إلى أوروبا الغربية، على سبيل المثال سعي أكثر من 40 ألف شخص ينتمون إلى 74 دولة ويأتون أساساً من جنوب آسيا إلي حياة أفضل وتم إيقافهم على الحدود التشيكية الألمانية عام 1994.

يعد توزيع السكان في أوروبا الشرقية أكثر تناغماً عنه في الأقاليم الأوربية الأخرى فالتركيزات الرئيسية للسكان تقع بالمناطق الحضرية الصناعية بجمهوريات التشيك وسلوفاكيا وجنوب بولندا. وسكان بولندا البالغ عددهم 39مليون نسمة يفوقون باقي سكان تلك المنطقة الفرعية بالكامل حيث يصل سكان التشيك إلى 10ملايين وجمهورية سلوفاكيا إلى 5ملايين ودول البلطيق ما بين 1.4مليون إلى 3.7مليون لكلاً منهم وذلك في عام 1998.

يبلغ سكان بولندا 39 مليون نسمة، وهم يفوقون بذلك باقي سكان الإقليم حيث يصل سكان التشيك إلى 10 مليون وجمهورية سلوفاكيا إلى 5 ملايين ودول البلطيق ما بين 1.4 مليون إلى 3.7 مليون في نهاية القرن العشرين.

ولا يكاد السكان يتزايدون علي الإطلاق، ومن المتوقع بأن يكونوا في عام 2025-63 مليوناً، ويرتبط هذا النمو البطيء بمعدلات الخصوبة المنخفضة جداً والتي تقل عن 1.6 طفل لكل امرأة، وقد انخفضت معدلات المواليد والوفيات إلي مستويات متدنية، كما كانت بعض الدول ذات معدلات وفيات أعلي من معدلات المواليد بما أفضي إلي انخفاض طبيعي، وفي عام 1998 سجلت معظم الدول معدلات تغير سكاني طبيعي سلبي تراوحت معدلاته بين ‑0.1 إلي ‑0.4%، وقد شهدت بولندا وجمهورية التشيك نموا طبيعياً قليلاً، أما بولندا فقد شهدت فترات متقلبة من المواليد المرتفعة والمنخفضة وذلك في إطار معدلات زيادة إجمالية منخفضة في نهايات القرن العشرين[1].

(3-3) العلاقات السياسية والثقافية

تتفاوت ثقافات شعوب الدول والأقاليم الأوروبية التي قد تحفز على إجتذاب عناصر معينة من المهاجرين، وأبرز الأمثلة تتمثل في العلاقة بين الدول الأوروبية المستعمرة وشعوب مستعمراتها في القارة الأفريقية والآسيوية،" فقد كان للاستعمار وللقوى الخارجية هدف واحد،و الأهداف الأخرى كلها متفرعة عنه:أن يظل الوطن العربي مفتتاً ممزقاً"[2]. وسنعرض فيما يلي مظاهر تلك العلاقات السياسية والثقافية التي قد تؤثر في الهجرة غير القانونية إلى أوروبا.

---

1 1 المرجع السابق صص 432-433.
2) أحمد طربين." التجزئة العربية كيف تحققت تاريخياً؟" مركز دراسات الوحدة العربية، بيروت- لبنان،الطبعة الاولى، 1987، ص310.

- يعود التاريخ اليوناني إلى ثلاثة آلاف عام تقريباً قضت منها اليونان حقبة قصيرة كرائدة للعالم الغربي تحت لواء الاسكندر الأكبر، كما كانت الأفكار اليونانية منذ ذلك العصر أساساً لكثير من التطورات التالية في أوروبا بما فيها عصر النهضة بالعصور الوسطى.

- كما هيمن الإيطاليون على كل إقليم البحر المتوسط أثناء تاريخ الامبراطورية الرومانية بعد اليونانيين، وكانت لهم أدوارهم بالعصور الوسطى في نشر الكاثوليكية الرومانية وإقامة التجارة مع أسيا.

- غزا المسلمون المغاربة القادمين من شمال أفريقيا شبه جزيرة إيبيريا في عام 711م، ثم تم طردهم بشكلٍ تدريجي فتركوا جنوبي البرتغال عام 1279، وتركوا إسبانيا عام 1492م.

- تزعمت كل من البرتغال وإسبانيا باقي أوروبا في استكشاف أفريقيا وآسيا والعالم الجديد في الأمريكيتين، وذلك بعدما تحررتا من احتلال المغاربة المسلمين في القرن الخامس عشر.

- نشأت الاختلافات الحديثة بين شمال إيطاليا وجنوبها بسبب احتلال المسلمين في العصور الوسطى لإقليم جنوب روما ولم تحقق إيطاليا وحدتها إلا في القرن19.

- تقع اليونان خارج نطاق تطورات العصور الوسطى في أوروبا الغربية، فقد كانت خاضعة للإمبراطورية العثمانية، وحصلت على حريتها في أواخر القرن التاسع عشر بفضل الجهود القومية، فقد عانت اليونان أثناء الحرب العالمية الثانية من الاحتلال الألماني وتلي ذلك حرب أهلية عرقلت تحديثها لفترة أطول.

- تشترك دول أوروبا الشمالية في هيمنة المسيحية اللوثرية كدين أساسي لها، فمن الناحية الرسمية يوجد بأوروبا الشمالية 90% أو أكثر من السكان يتبعون هذا الدين، خاصة في دول الإقليم الأربع الكبرى وفى أيسلندا، وقد أثرت هذه الديانة البروتستانتية على حياة الشعب حيث أوجدت جدية شديدة ووعى كبير بالمجتمع واتجاهات للعمل والحياة الاجتماعية.

- توجد في إسبانيا أقليات لها لغاتها الخاصة بها والتي تضم مجموعة كاتالان شمال شرق إسبانيا، ويمثلون 17% من السكان الأسبان والباسك في الطرف الغربي من البرانس وجنوب غرب فرنسا ثم الجاليون في الشمال الغربي، وتعارض هذه الجماعات الحكومة في مدريد كما ناضل إقليم باسك للحصول على دولة منفصلة.

أما في إيطاليا فنجد مناطق صغيرة جداً في الشمال الشرقي وهم ألمان والشمال الغربي فرنسيين، حيث لا تعتبر الإيطالية اللغة السائدة. بينما تتشابه لغات الدانمارك والنرويج والسويد فكلها ذات أصل جرماني.

أما فنلندا فهي متفردة في هذه المنطقة حيث تقترب من اللغة المجرية، ومن بعض اللغات في وسط أسيا(1).

---

1 1 المرجع السابق صص 185-191

الهجرة غير القانونية

(4-3) التباعد وإمكانية الوصول

تؤثر المسافة في حجم الهجرة، فهي إحدى محددات قانون التجاذب، حيث تظهر العلاقة عكسية بين حجم الهجرة والمسافة، فتزداد إذا قلت المسافة بين مناطق الإرسال(الطرد) ومناطق الاستقبال(الجذب)[1]، وسنحاول فيما يلي تقييم أثر المسافة في الهجرات غير القانونية.

(1-4-3) مستويات حجم الهجرة في الحيز الأرضي:

لقياس أثر التباعد المسافي على تدفقات الهجرة غير القانونية إلى القارة الأوروبية تطلب رسم ستة محاور عبر أراضي القارة حددت تقاطعاتها المركز الجغرافي للقارة والذي يتوطن في شرق ألمانيا، ومنها تم رسم نطاقات بعدية بفاصل مسافي متساوي يبلغ مائتي كيلومتر وتتابع حتى أطراف القارة لتستوعب كل نطاقها الأرضي، واستمرت حلقات التباعد المسافي لتتجاوز الحدود الجغرافية للقارة بنفس الفاصل الكيلومتري في أراضي القارات المجاورة حتى يتم اكتشاف نطاق التزويد بالمهاجرين غير القانونية. أنظر الشكل رقم (19).

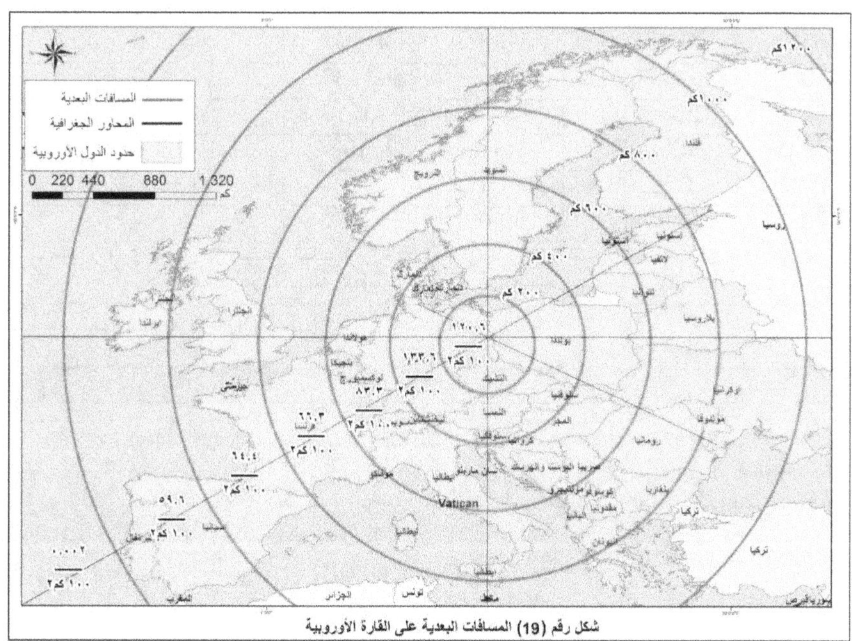

شكل رقم (19) المسافات البعدية على القارة الأوروبية

ومن خلال هذا النموذج الخرائطي تم حصر مساحة النطاقات البعدية، وجملة المهاجرين غير القانونيين التي استقبلتهم الدول في النطاقات البعدية داخل القارة، أو

---

1 فتحي محمد مصيلحي، مناهج البحث الجغرافي، دار الماجد للنشر والتوزيع، الطبعة الرابعة 2006، صص 239-344.

التي تم تصديرها من الدول المرسلة خلال العقد الأول من القرن الأخير، وحساب النسبة المئوية من جملة المهاجرين لدول الاستقبال وجملتهم بالدول المرسلة، ومن ثم حساب كثافة المهاجرين غير القانونيين في النطاقات البعدية المحيطة بالمركز الجغرافي للقارة الأوروبية. أنظر الجدول رقم (23).

وقد سبق الإشارة بأن أوروبا استقبلت ما يقرب من سبعة ملايين وربع المليون مهاجر غير قانوني، تفاوتت تركزاتهم الجغرافية في النطاقات البعدية المختلفة من المركز الجغرافي للقارة، كما يوضحها الجدول التالي رقم (23) الذي يوضح عدد المهاجرين غير القانونيين التي استقبلتهم أوروبا بالنطاقات البعدية من مركز القارة في العقد الأخير (2008-2018).

جدول 23 عدد المهاجرين غير القانونيين التي استقبلتهم أوروبا بالنطاقات البعدية من مركز القارة في العقد الأخير (2008-2018)

الكثافة لكل 100 ك 2	المساحة (كم2)	النسبة	عدد المهاجرين	المسافة البعدية لأوروبا
120.6	426112	7.1	513958	0- 200 كم
133.6	912200	16.9	1218699	200 -400 كم
83.3	1910396	22.0	1591003	400 -600 كم
66.3	2477026	22.7	1641736	600 -800 كم
64.4	2555200	22.8	1646016	800 -1000 كم
59.6	1020078	8.4	608193	1000 -1200 كم
0.02	308908	0.001	75	1200-1400 كم
75.1	9609920	100.0	7219680	الجملة

المصدر: المهاجرون من تجميع الباحث من المصدر الرئيسي-فرونتكس، المساحة من خلال القياس المباشر من خريطة النطاقات البعدية، الكثافة من حساب الباحث

النطاق المركزي (0- 200 كم):

ضم النطاق المركزي للقارة شرقي دولة ألمانيا وشمالي دولة التشيك وغربي دولة بولندا. استقبل هذا النطاق أكثر من نصف مليون مهاجر غير قانوني، تمثل 7.1% من جملة المهاجرين غير القانونيين، رغم أن مساحته لم تتجاوز الخمسة في المئة (4.4%) من الحيز الأرضي للقارة، وترتفع الكثافة إلى 121 مهاجر غير قانوني لكل مائة كيلومتر مربع، أي أن كثافة المهاجريين غير القانونيين تتجاوز متوسطها بالقارة الأوروبية بنسبة 61.0%.

نطاق ما بعد النطاق المركزي (200 -400 كم):

ويشمل النطاق الأوسط لألمانيا وبولنده، والنمسا، وشرق التشيك وغرب سلوفينيا وشمال سلوفاكيا وكرواتيا وأقصى شمال شرق إيطاليا وجنوب السويد. يمثل هذا النطاق البعدي ما يقرب من عشر (9.5%) جملة مساحة القارة الأوروبية، ولكنه استقبل ما يقرب من مليون وربع مليون مهاجر غير قانوني، تمثل سدس (16.9%) من جملة المهاجرين غير القانونيين، وترتفع الكثافة إلى 134 مهاجر غير قانوني لكل مائة كيلومتر مربع، أي أن كثافة المهاجريين غير القانونيين تتجاوز متوسطها

الهجرة غير القانونية

بالقارة الأوروبية بنسبة 79 %.

النطاق البعدي الثالث (400- 600 كم):

استقبل هذا النطاق أكثر من مليون ونصف المليون (1.6 مليون) مهاجر غير قانوني، تمثل أكثر من خمس (22.0%) جملة المهاجرين غير القانونيين في القارة الأوروبية، واقتربت مساحتها من خمس مساحة (19.9%) الحيز الأرضي للقارة، لتصل الكثافة إلى 83 مهاجر غير قانوني لكل مائة كيلومتر مربع، وترتفع الكثافة إلى 134 مهاجر غير قانوني لكل مائة كيلومتر مربع، أي أن كثافة المهاجرين غير القانونيين تتجاوز متوسطها بالقارة الأوروبية بنسبة 79.0%.

ويضم شرقي بولندا وسلوفينيا والمجر وكرواتيا، فضلا عن الأطراف الغربية القصوى من ليتوانيا وبيلاروسيا وأوكرانيا ورومانيا في الشرق، وصربيا والبوسنة والهرسك وشمالي ووسط إيطاليا في الجنوب، وهولندا وبلجيكا ولوكسمبرج والأطراف الغربية من ألمانيا، والطرف الشرقي من فرنسا، والنطاق الأوسط من السويد وجنوبي النرويج.

النطاق البعدي الرابع (600- 800 كم):

يمثل هذا النطاق البعدي أكثر من ربع (25.8%) جملة مساحة القارة الأوروبية، ولكنه استقبل ما يقرب من مليون وثلثي المليون مهاجر غير قانوني، تمثل سدس (22.7%) من جملة المهاجرين غير القانونيين، وترتفع الكثافة إلى 66 مهاجر غير قانوني لكل مائة كيلومتر مربع، أي أن كثافة المهاجريين غير القانونيين تقل عن متوسطها بالقارة الأوروبية بنسبة 12.0%.

يضم النطاق الأوسط من فرنسا وجنوب شرق إنجلترا وجنوبي إيطاليا وشمال اليونان ومقدونيا وألبانيا وكوسوفو وغرب بلغاريا والنطاق الأوسط من رومانيا وغربي أوكرانيا وبلاروسيا وشرقي لتوانيا ولاتفيا واستونيا، وجنوب فنلندا ووسط السويد والنرويج.

النطاق البعدي الخامس (800- 1000 كم):

استقبل هذا النطاق مثل سابقه ما يقرب من مليون وثلثي المليون مهاجر غير قانوني، (1.65 مليون) مهاجر غير قانوني، تمثل أكثر من خمس (22.8%) جملة المهاجرين غير القانونيين، واقتربت مساحتها من خمس مساحة (22.6%) الحيز الأرضي للقارة، لتصل الكثافة إلى 64.4 مهاجر غير قانوني لكل مائة كيلومتر مربع، أي أن كثافة المهاجريين غير القانونيين تقل عن متوسطها بالقارة الأوروبية بنسبة 14.2%.

النطاق البعدي السادس (1000- 1200 كم):

يمثل هذا النطاق البعدي أكثر من ربع (10.6%) جملة مساحة القارة الأوروبية، ولكنه استقبل أكثر من ستمائة ألف (608 ألف) مهاجر غير قانوني، تمثل سدس (8.4%) من جملة المهاجرين غير القانونيين، وترتفع الكثافة إلى 59.6 مهاجر غير قانوني لكل مائة كيلومتر مربع أي أن كثافة المهاجرين غير القانونيين تقل عن متوسطها بالقارة الأوروبية بنسبة 20.0%.

ويضم الطرف الغربي من فرنسا وأغلب إنجلترا والقسم الشمالي الشرقي من

أسبانيا، وجنوبي إيطاليا والطرف الجنوبي من اليونان وشرقي بلغاريا ورومانيا ومولدوفا وأوكرانيا وشمالي فنلندا والنرويج.

النطاق البعدي الهامشي-السابع (1200-1400 كم)

استقبل هذا النطاق فقط 75 مهاجر غير قانوني، تمثل نسبة محدودة جدا (0.001%) من جملة المهاجرين غير القانونيين، رغم أن مساحته أكبر نسبيا تمثل (3.2%) الحيز الأرضي للقارة، وتظل كثافته محدودة جدا(0.02) مهاجر غير قانوني لكل مائة كيلومتر مربع، أي أن كثافة المهاجريين غير القانونيين تقل عن متوسطها بالقارة الأوروبية بنسبة ضخمة.

يضم هذا النطاق البعدي القطاع الغربي من أسبانيا، والبرتغال وأيرلندا والطرف الشمالي الشرقي من فنلندا والطرف الشرقي من أوكرانيا.

(3-4-2) الانتظامات المكانية لكثافة الهجرة غير القانونية داخل القارة:

تشغل النطاقات البعدية الوسطى (400-1000كم) أكثر من ثلثي (72.2%) جملة الحيز الأرضي للقارة الأوروبية، وتوجد بها نسبة مماثلة (67.5%) من حجم المهاجرين غير القانونيين بالقارة، ويقل المكون النسبي من الحيز المساحي الأرضي وحجم الهجرة بالاتجاه نحو المركز الجغرافي، ولكنه يتراجع بشدة نحو النطاقات البعدية بهوامش القارة.

أنظر الشكل رقم (20) الذي يوضح التوزيع النسبي للمهاجريين غير القانونيين في النطاقات البعدية بالقارة الأوربية تماثل النمط التوزيعي للمكون النسبي للمهاجرين غير القانونيين في النطاقات البعدية مع المكون النسبي للحيز الأرضي تقريبا في علاقة طردية، فتشغل النطاقات الوسطى 77.5% من المهاجرين مقابل 72.2% من الحيز الأرضي، ويتماثل التراجع النسبي في اتجاه المركز والهوامش. أنظر الشكل رقم (21) الذي يوضح التوزيع النسبي للمهاجرين غير القانونين بالنطاقات البعدية في القارة الأوربية.

يختلف النمط التوزيعي لكثافة الهجرة غير القانونية بالتباعد من المركز الجغرافي للقارة عن حجم الهجرة والحيز الأرضي، فتظهر الكثافة مرتفعة لأقصاها فيما قبل 400 كم (121-134 مهاجر غير قانوني لكل مائة ك م2)، تنخفض إلى 83 في النطاق البعدي التالي (400-600 كم)، ثم 64-66 مهاجر/100كم2 في النطاقين التاليين(600-800،800-1000كم)، ثم 60 مهاجر/100كم2 في النطاق قبل الهامشي (1000-1200كم)، وتتراجع كثافة المهاجرين غير القانونين في النطاق الهامشي في أقصى الطرف الشمالي الشرقي لشبه جزيرة اسكنديناوة. أنظر الشكل رقم (20) الذي يوضح نمط التوزيع الكثافي للهجرة غير القانونية بالنطاقات البعدية في القارة الأوربية في العقد الأخير.

" ومن الواضح أن معظم المهاجرين الذين وفدوا إلى أوروبا حتى سنة 1990 قد جاءوا من معظم أقطار العالم بدون استثناء. جذبتهم فرص العمل وظروف الحياة

الهجرة غير القانونية

والحرية السياسية في دول غرب أوروبا"[1].

---

[1] فتحي محمد أبو عيانة. دراسات في علم السكان، دار النهضة العربية للطباعة والنشر، بيروت- لبنان، الطبعة الأولى، 200،ص 169.

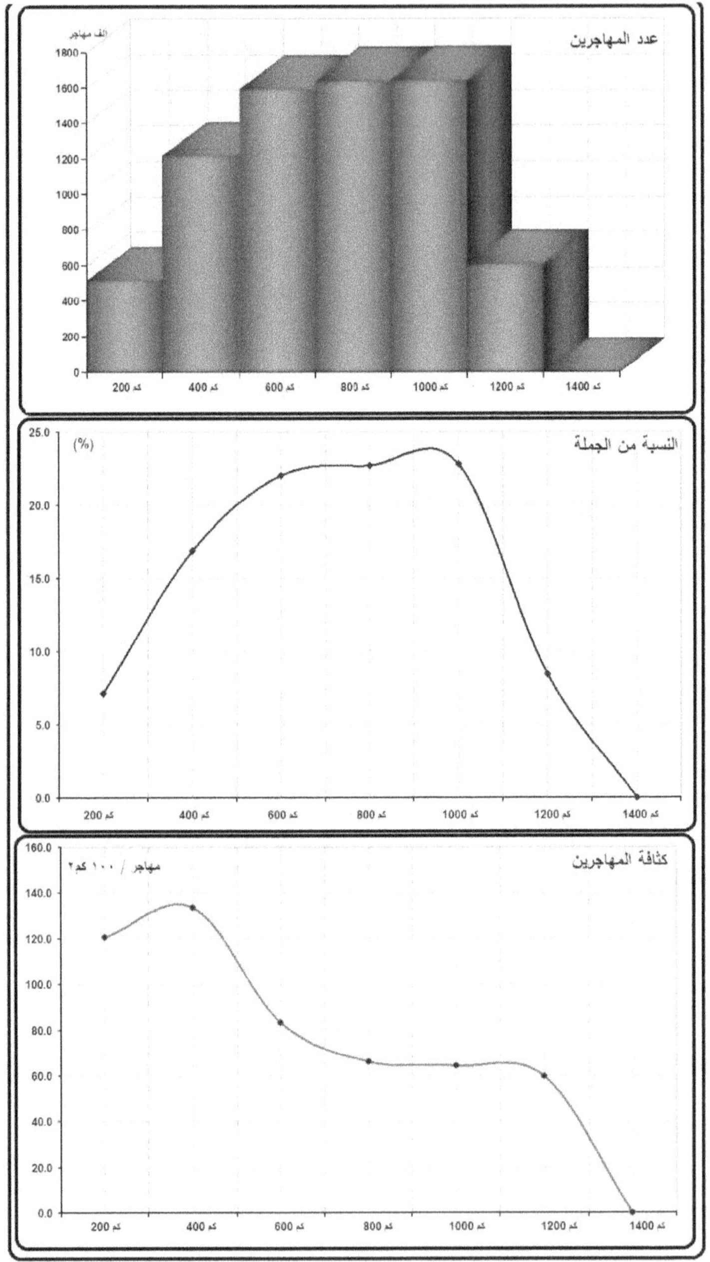

شكل رقَم (20) توزيع المهاجرين غير الشرعيين وفقا للمسافات البعدية من مركز أوروبا

الهجرة غير القانونية

(3-4-3) الانتظامات المكانية لكثافة الهجرة غير القانونية خارج القارة:

استمر قياس أثر التباعد المسافي على تدفقات الهجرة غير الشرعية إلى القارة الأوروبية من النطاقات البعدية المحيطة بالقارة مع توسيع الفاصل الكيلومتري من مائتي إلى ألفي كيلومتر في أراضي القارات المجاورة. وبنفس الطريقة تم حصر مساحة النطاقات البعدية، وجملة المهاجرين غير القانونيين الذين خرجوا من الدول بالنطاقات البعدية خارج القارة خلال العقد الأول من القرن الأخير، وحساب النسبة المئوية من جملة المهاجرين لدول الارسال، ومن ثم حساب كثافة المهاجرين غير القانونيين من الدول المصدرة في النطاقات البعدية المحيطة بالقارة الأوروبية، وكانت محصلته الجدول رقم (21) الذي يوضح عدد المهاجرين غير القانونيين التي قصدت أوروبا بالنطاقات البعدية المحيطة بها في العقد الأخير(2008-2018).

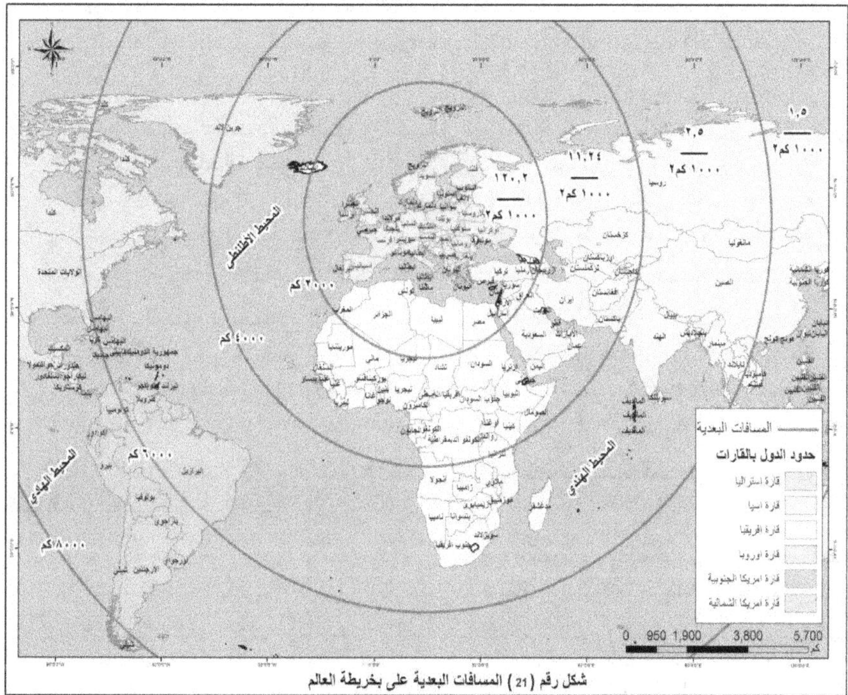

شكل رقم (21) المسافات البعدية على بخريطة العالم

جدول 24 عدد المهاجرين غير القانونيين التي قصدت أوروبا من خارجها في النطاقات البعدية بالعقد الأخير(2008-2018)

الكثافة لكل 1000 كم2	%	المساحة (كم2)	النسبة	المهاجرون	المسافة البعدية للعالم
100.20	9.3	13625295	70.5	1365221	2000-0 كم
11.24	22.8	33325776	19.3	374627	2000 -4000 كم

الهجــــرة غيــر القانونيــة عبــر البحــر المتوسـط فـي ربــع القــرن الأخيـر

2.51	33.3	48684552	6.3	121978	4000 - 6000 كم
1.50	34.5	50421062	3.9	75449	6000-8000 كم
13.26	100	146056686	100.0	1937276	الجملة

المصدر: المهاجرون من تجميع الباحث من المصدر الرئيسي-فرونتكس، المساحة من خلال القياس المباشر من خريطة النطاقات البعدية، الكثافة من حساب الباحث

ومن الجدول رقم (24) نخلص بعدة حقائق:

- بعد استبعاد المسطحات المائية نجد اتجاهاً عاماً بتزايد مساحة الحيز الأرضي بالنطاقات البعدية بالاتجاه نحو الخارج، فقد بدأت متصاغرة في النطاق الأول (أقل من ألفي كيلومتر) لتقل قليلا عن عشر (9.3%) جملة مساحة النطاقات البعدية، تقترب من الربع (22.8%) في النطاق التالي (2-4 ألف كم)، ثم الثلث (33.3%) في النطاق الثالث (4-6 كم) بين 4-6 ألف كم، تتزايد قليلا في الحلقة البعدية الهامشية (6-8 كم) بسبب امتداد المحيط الأطلنطي، لتبلغ فقط 34.5% من جملة النطاقات البعدية.

- تظهر العلاقة عكسية في المكون النسبي للمهاجريين غير القانونيين مع المكون النسبي للمساحة، فيتركز 70.5% من حجم المهاجريين غير القانونيين في النطاق البعدي الأول (أقل من ألفي كم) لأنها تضم كل الدول العربية في شمال قارة أفريقيا والأطراف الشمالية من دول تشاد ومالي والدول العربية في شمال شبه الجزيرة العربية وتركيا ودول القوقاز وغربي روسيا.

- ينخفض المكون النسبي للمهاجريين غير القانونيين لما يقرب من الخمس (19.3%) في النطاق البعدي التالي (2-4ألف كم)، ثم 6.3% و3.9% في النطاقين الهامشي (4-6 ألف كم) وقبل الهامشي (6-8 ألف كم) على التوالي.

أنظر الشكل رقم (22-أ) الذي يوضح التوزيع النسبي للمهاجرين غير القانونين بالنطاقات البعدية خارج القارة الأوربية.

يختلف النمط التوزيعي لكثافة الهجرة غير القانونية بالتباعد من القارة تجاه خارجها عن حجم الهجرة والحيز الأرضي، فتظهر الكثافة مرتفعة لأقصاها في النطاق البعدي الأول صفر-2000 كم (100 مهاجر غير قانوني لكل ألف ك م2)، تنخفض انخفاضاً حاداً إلى عشر قيمتها لتبلغ 11 مهاجراً غير قانوني لكل ألف ك م2)، ثم 2.5 و111.5مهاجراً غير قانونياً لكل ألف ك م2) في النطاقين البعديين التاليين (4-6/6-8 ألف كم) على التوالي.

أنظر الشكل رقم (22) الذي يوضح نمط التوزيع الكثافي للهجرة غير القانونية بالنطاقات البعدية بقارات العالم المحيطة بالقارة الأوربية في العقد الأخير.

الهجرة غير القانونية

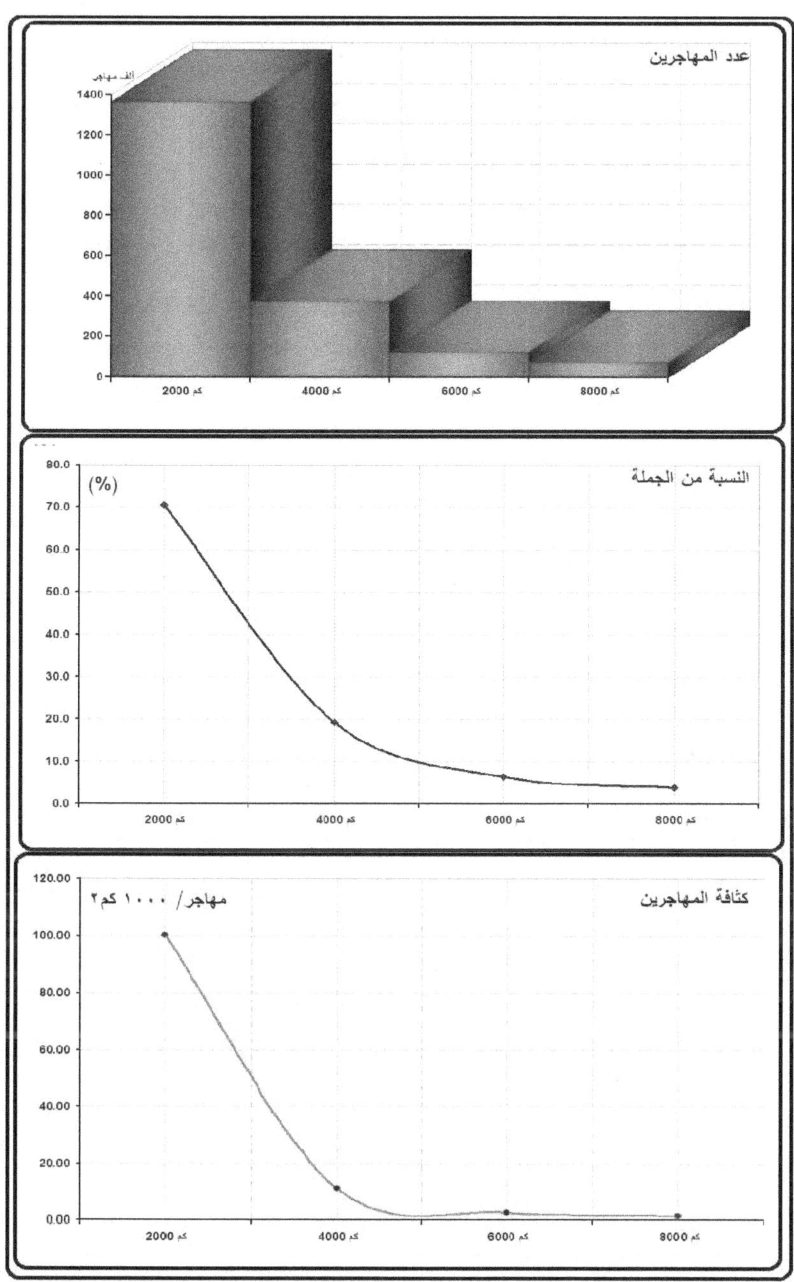

شكل رقم (22) توزيع المهاجرين غير الشرعيين على المسافات البعدية للعالم

(5-3) دوافع الهجرة

تختلف العوامل المؤثرة في الهجرة عن دوافعها، فالأخيرة ترتبط بالحدث(الهجرة) مباشرة، بينما تقف الأولى بمثابة الدوافع والمؤثرات في النسق الكلي وعلى المدى الطويل. وتتراوح دوافع الهجرة بين دوافع اقتصادية وسياسية والإعلام والدعاية. كما توجد دوافع ثانوية وفرعية تتمثل في سياسات التعامل مع المهاجرين، وفشل الدول الطاردة في استقطاب أبنائها، وفشل الدول الجاذبة في استيعاب المهاجرين غير القانونيين، والحروب الأهلية والإرهاب وانعدام الأمن.

(1-5-3) الدوافع الاقتصادية:

يبقى المحرّك الأساس وراء هذا الخيار الصعب هو الظروف الأصعب التي تعيشها اقتصادات بلدانهم، فيكفي النظر إلى الفرق بين مجموع حجم الناتج المحلي الإجمالي (GDP) لاقتصادات دول الاتحاد الأوروبي الـ 28 والبالغ نحو 17.3 تريليون دولار، والتي يبلغ مجموع تعداد سكانها نحو نصف المليار، وبين مجموع حجم الناتج المحلي الإجمالي لدول الاتحاد الإفريقي الـ 55مجتمعةً، والذي لا يتجاوز 2.24 تريليون دولار، مع عدد سكان يتخطى الـ 1.3مليار نسمة، بل إنه يقلّ عن حجم الاقتصاد الفرنسي وحده، والبالغ نحو 2.5تريليون دولار، مع عدد سكان لا يتجاوز الـ 66.9 مليون نسمة

ينعكس حجم الناتج المحلي الإجمالي بانخفاض نسب البطالة، وارتفاع معدّلات الأجور، وارتفاع حصيلة الضرائب وبالتالي مستوى الخدمات والرفاهية المقدّمة من الدولة، ما يجعل من القارّة الأوروبية "جنة على الأرض "قياساً بما هو الحال عليه في البلدان النامية، التي تعاني من ارتفاع مستويات البطالة، وتدني الأجور، وغياب وضعف الخدمات والرعاية الاجتماعية التي تقدمها الدولة. كلّ ذلك يفسّر كيف تغدو رحلة الوصول إلى أوروبا رحلة للوصول إلى "الجنة الأرضية.[1]

وتتعلق بارتفاع معدلات الفقر بين الدول الأفريقية، ورغبة المهاجرين في الترقي الاقتصادي والاجتماعي، وذلك نتيجة للفجوة الكبيرة في هيكل الأجور بين ما يتحصل عليه المواطن في بلده، أو ما ينتظره في بلاد المهجر من أجور مرتفعة نسبيًا.

(2-5-3) 1لدوافع السياسية:

تعطّل مسيرة الإصلاح والتنمية في معظم البلدان النامية، وارتفاع مستويات الفساد، مع اليأس والإحباط من إمكان التغيير، وتراجع الثقة الشعبية في القادة والأحزاب، ما ينعكس في ضعف مستويات الإقبال على المشاركة السياسية، وهو ما يرسّخ القناعة لدى فئات الشباب بأنّ الأوضاع الاقتصادية الصعبة لا يمكن أن تتغير ضمن المدى المنظور، وأن شبابهم سينتهي قبل أن يحدث أي تغيير يرجونه.

(3-5-3) الإعلام والدعاية:

لها أثر ملحوظ في تشكيل وتعزيز حضور الصورة الجاذبة للقارة العجوز، وخصوصاً مع انتشار وسائل التواصل الاجتماعي؛ حيث يتم التعرض بشكل متكرر

---

1 الهجرة غير الشرعية. جغرافيا سماسرة الموت 2018/7/2: متاح:
https://www.hafryat.com/ar/blog/%D8%A7%D9%84%D9%87%D8%AC%D8%B1%D8%A9-%D

1 سليم شنة، مسارات الهجرة في الجزائر المعاصرة: أفارقة جنوب الصحراء. ..
https://journals.openedition.org/insaniyat/15663

الهجرة غير القانونية

لمشاهدة صور الرفاه في الاقتصادات الغنية، وخصوصاً مع مشاهدتهم وسماعهم أخبار وأحوال من يعرفون ممن تمكنوا من الذهاب والاستقرار في المَهجر، ويغذي كل ذلك دافع الأمل لدى المهاجر بإمكان أن تكون الهجرة سبباً لإحداث التغيير الجوهري في حياته الصعبة.

تصاعدت أعداد المهاجرين سرياً بصورة سريعة خلال السنوات الأولى التالية، وفي العام 1995، تحرّك الاتحاد الأوروبي وأصدر قانوناً للحدّ من تدفق المهاجرين غير القانونيين إلى أراضيه، رافقه تشديد الإجراءات الأمنية المضادة، ولكن حركة الهجرة غير القانونية استمرت بالتصاعد، ما دفع بالإتحاد إلى الإتجاه نحو تعزيز التنسيق وتوقيع الإتفاقات الأمنية مع الدول التي ينطلق منها المهاجرون. [1]

(3-5-4) سياسات التعامل مع المهاجرين:

ففي بريطانيا يدخل كل يوم بطريقة غير شرعية 137 مهاجراً جديداً، ويختفي في الطبيعة، ومنذ ثلاث سنوات يوجد في بريطانيا 150000 مهاجر سري يعملون في السوق السوداء، بمساعدة أهاليهم، وتستقبل بريطانيا على أراضيها ما يقارب مليون مهاجر غير قانوني، واستقبلت السلطات البريطانية خلال عام 2001 (71700 طالب للجوء، وتعدّ بريطانيا البلد الأوروبي المفضل للمهاجرين، ذلك أن طالبي اللجوء يسمح لهم بالعمل خلال الستة أشهر، في انتظار البت في ملفاتهم، ويأتي هؤلاء في معظمهم من أفغانستان، والعراق، والصومال، وسيرلانكا.2

في يوم الجمعة 23 سبتمبر 2017، أعلنت المنظّمة الدوليّة للهجرة عدد المهاجرين الذين وصلوا إلى أوروبا عبر البحر المتوسّط (منذ بداية سنة 2017إلى غاية 20 سبتمبر الجاري)، قد بلغ 133 ألفا و640 مهاجرًا، فيما غرق 2556 مهاجراً.

ولكن انخفضت أعداد المهاجرين مقارنة بالأرقام المُسجّلة في السنة الفارطة (300 ألف و767 مهاجراً وفدوا إلى أوروبا خلال الفترة نفسها من العام الماضي)، إلا أنّه يظلّ رقمًا ضخماً جداً نظراً لعدّة معطيات سنستخلصها في هذا المقال من المتغيّرات العالميّة في الفترة الأخيرة.

(3-5-5) أسباب متعدّدة، والنتيجة واحدة:
هناك الكثير من الأسباب الّتي تدفع إلى طلب اللجوء أو الهجرة:

☜ تأجّج النزاعات المسلّحة يُجبر الناس على الهرب من الموت والدمار،

---

1 الهجرة غير الشرعية. جغرافيا سماسرة الموت 2018/7/2: مرجع سبق ذكره، متاح:
https://www.hafryat.com/ar/blog/%D8%A7%D9%84%D9%87%D8%AC%D8%B1%
D8%A9-%D

1 تجارة الموت في المتوسط ومسؤولية أوروبا، متاح:16
http://tanwair.com/2015/06/%D8%AA%D8%AC%D8%A7%D8%B1%D8%A9-
%D8%A7%D9

2 أزمة المهاجرين: جنّة أوروبا تتحوّل إلى جحيم ــ ميم | مجلة المرأة العربية
https://meemmagazine.net/2017/09/28/%D8%A3%D8%B2%D9%85%D8%A9-
%D8%A7%D9

فيتّجهون إلى المناطق الآمنة لتوفير الطمأنينة لهم ولأطفالهم، والبحث عن مستقبل أفضل، مثلما هو الحال بالنسبة إلى المهاجرين السوريّين والعراقيّين والليبيّين.

☞ التعرّض إلى الاضطهاد العرقي أوالإثني، حيث يضطرّ الأشخاص إلى الهرب من كافّة أشكال العنف الّتي يمكن أن تصل إلى القتل والاستعباد، مثلما هو الحال في أفريقيا وبورما.

☞ المشاكل الاقتصاديّة كالبطالة وعدم المقدرة على توفير العيش الكريم، تحدو الشباب (غير المعرّضين للموت أو العنف في هذا الحالة) للهروب من ضيق الحياة وعدم المقدرة على توفير احتياجاتهم الطبيعيّة، مثلما هو الحال في بلدان مصر والمغرب والجزائر وتونس، إلخ[1]...

لكن وإن تعدّدت الأسباب، فإنّ النتيجة واحدة: تزايد مطّرد للمهاجرين (بالطرق القانونية وغير القانونية) في كلّ أرجاء أوروبا، يقابله عجز الدول (الطاردة للمهاجرين أوالجاذبة على حدّ السواء) عن استيعاب هذه الظاهرة وتبعاتها.

(3-5-6) فشل الدول الطاردة في استقطاب أبنائها:

هناك ارتباط وثيق بين مشكلتيْ الهجرة والتنمية في البلدان العربيّة؛ إذ يوضّح ارتفاع نسبة الشباب من عدد الراغبين في الهجرة من بلدانهم إشكاليّات التنمية وتحدّياتها.

وهذا راجع بالأساس إلى عجز النماذج والبرامج والسياسات التنمويّة السائدة الّتي اتّبعتها الحكومات ودوائر صنع القرار عن استيعاب الشباب وإدماجهم في عمليّة التنمية.

ويكشف هذا العجز عن مشكلة أعمق وهي النموذج التسلّطي العربي الّذي تنبع منه تلك الخيارات السياسيّة الارتجاليّة، وهو ما يرفع من مستوى التهميش الاجتماعي والاقتصادي ويهدر الحقوق الثقافيّة والسياسيّة للمواطنين العرب.

(3-5-7) فشل الدول الجاذبة في استيعاب المهاجرين:

تعدّ دول الاتحاد الأوروبي إحدى أبرز الوجهات التي يقصدها المهاجرون العرب وأهمّها. وقد عالجت العديد من البحوث قضايا الهجرة العربية إلى دول الاتحاد الأوروبي، مثل موضوع الجيل الثالث من المهاجرين في بلجيكا، وقضايا الاندماج، والهجرة الطلابية إلى الغرب، وموضوعات أخرى ذات الصلة.

وقد أخذت هذه الهجرة تكتسب سمات ‘‘الهجرة غير القانونية’’، بعد تبني الاتحاد الأوروبي سياسة أمنية تقنينية ابتداءً من أواسط الثمانينات، وهو ما يطلق عليه في المغرب العربي ‘‘الحريك’’؛ وهو مصطلح مزدوج المعنى يعني تحدي المحظور

---

1 أزمة المهاجرين :جنّة أوروبا تتحوّل إلى جحيم – ميم | مجلة المرأة العربية
https://meemmagazine.net/2017/09/28/%D8%A3%D8%B2%D9%85%D8%
A9-%D8%A7%D9

19 المرجع السابق مباشرة.

الهجرة غير القانونية

وإحراق أوراق الهوية. وقد أصبح هذا المصطلح مألوفًا في الثقافة الشعبية وتبوأ مكانة متميزة في تحليل ظاهرة الهجرة. وقد أبرزت جملة من البحوث أن ما يقارب ثلث المستجيبين في العيّنة التي شملتها بعض تلك الدراسات، أعلنوا عزمهم على اللجوء إلى الهجرة غير القانونية للوصول إلى دول الاستقبال الأوروبية، بواسطة شبكات المهربين عبر البحر.

وقد أخذت ظاهرة الهجرة غير القانونية تتعدّى حدود بلدان المغرب العربي إلى دول المشرق العربي، وقد احتلّت مصر الترتيب السابع بين أعلى عشر جنسيات للمهاجرين المهربين عن طريق البحر إلى إيطاليا خلال الفترة) 2012–2015 .(وفي عام 2014، احتلّت الترتيب الحادي عشر بين أعلى الدول المرسلة للمهاجرين غير القانونيين إلى اليونان، والترتيب العاشر بالنسبة إلى مالطا. وتعدّ إيطاليا ومالطة واليونان معابر أساسية للهجرة غير القانونيّة من المشرق العربي إلى أوروبا إلى جانب معابر أخرى.

وعلى الرغم من أن الدول الأوروبية الموقعة على اتفاقية شينغن التي دخلت حيّز التنفيذ في تموز/ يوليو 1990 قد ضمنت حق التنقل بين دولها، فإن دولًا عديدة منها كانت قد اتخذت – قبل تدفقات الهجرة الجديدة الكبيرة إلى دول الاتحاد الأوروبي، ولا سيما بين العامين 2014و2015 وبصفة منفردة – سياسات تقييدية قانونية ورقابية وتنظيمية صارمة لمكافحة الهجرة غير الشرعية والتشغيل السري. لكنّ السياسات الأوروبية ظلت بعد التدفقات الهجروية الجديدة تفتقد إلى التوحيد، وظلت تواجه عدة إكراهات وتناقضات وتطغى عليها الخلافات بين الشركاء الأوروبيين؛ وبرز ذلك على الخصوص في رفض بعض الدول لحل تقسيم المهاجرين غير القانونيين بين دول الاتحاد ولجوء هؤلاء إلى حلول قمعية في مواجهة هذه التدفقات.

كما ارتفعت نفقات إجراءات سياسة مكافحة الهجرة غير القانونية ؛ فدول الاتحاد الأوروبي أنفقت ما يقرب من 3.11 مليارات دولار ابتداءً من عام 2000 كتكلفة لطرد المهاجرين غير القانونيين، و6.1 مليارات يورو لحماية حدود أوروبا وتمويل مختلف المؤسسات) فرونتكسFrontex ، نظام المعلومات شينغن (.. والعمليّات)تعبئة قوّات الأمن، والنظام المندمج للمراقبة الخارجيّة، إلخ[1].

(3-5-8) الحروب الأهلية والإرهاب وانعدام الأمن:

تعاني هذه المنطقة من الاضطرابات السياسية وانعدام الأمن، وخاصة منذ اندلاع الصراع في مالي عام 2012، والذي أدى إلى انتشار الحركات الإرهابية في شمال مالي، مثل تنظيم المرابطون وتنظيم أنصار الدين، فضلًا عن الصراعات المتكررة في كوت ديفوار، بينما يُعد انتشار حركة بوكو حرام في شمال نيجيريا وقدرة التنظيم في التمدد وتنفيذ العديد من العمليات الإرهابية في دول الجوار بالغرب الأفريقي مثل النيجر والكاميرون إلى نزوح مئات الآلاف من المواطنين ولجوء عدد

1أزمة المهاجرين :جنّة أوروبا تتحوّل إلى جحيم – ميم | مجلة المرأة العربية
https://meemmagazine.net/2017/09/28/%D8%A3%D8%B1%D9%85%D8%A9-%D8%A7%D9

1. أكبر إلى دول الجوار هروبًا من الجماعات المتطرفة.
مثلما عانت المنطقة العربية من ويلات الوصول إلى الإصلاح." إن جوهر الثورات العربية وما يعرفه العالم العربي من تحولات، هو تطلع الشعوب إلى ثلاثة عناوين أساسية: العدل والحرية والكرامة، بكل ما تستدعيه هذه العناوين من أهداف كلية وجزئية ومن مسارات وتفاصيل مطلبية"[2].

الخلاصة:

تظل إرهاصات الهجرة غير القانونية قائمة وقوية في ظل اختلال التوازن بين المواليد والوفيات، فقد انعكست معدلات الخصوبة الحالية في أوروبا على الفترة التي تلزم لتضاعف السكان، ووفقا لموقفها من الدورة الديموغرافية؛ وهذا ما يعرف بالمجتمع الصناعي المتطور. ويتوقف مستقبل السكان على مقدار الزيادة الطبيعية، وتكاد تقترب المواليد من الوفيات وبالتالي فإن الأوضاع الراهنة للزيادة السكانية محدودة، وبالتالي فإن حجم السكان اعتماداً على الأوضاع الراهنة في المستقبل لن يتغير كثيراً عن حالته حالياً. ولكن سيتناقص السكان عام 2025 في كثير من الدول الأوروبية، بينما يظل السكان في بقية القارة في احجامها الحالية نظراً لتجمد الزيادة الطبيعية بها.

وتظل المسافة عاملاً حاسماً في تدفقات الهجرة غير القانونية تجاه أوروبا. فيختلف النمط التوزيعي لكثافة الهجرة غير القانونية بالتباعد من القارة تجاه خارجها، فتظهر الكثافة مرتفعة لأقصاها في النطاق البعدي الأول صفر-2000 كم (100 مهاجر غير قانوني لكل ألف ك م2)، تنخفض انخفاضا حادا إلى عشر قيمتها لتبلغ 11 مهاجراً غير قانونياً لكل ألف ك م2)، ثم 2.5 و1.5 11 مهاجراً غير قانونياً لكل ألف ك م2) في النطاقين البعديين التاليين (4-6/6-8 ألف كم) على التوالي.ومن ثم يجب أن يكون الظهير الخلفي جنوب وشرق البحر المتوسط في نطاق الرعاية القصوى بالنسبة لقارة أوروبا إذا كانت ترغب في السيطرة على تدفقات الهجرة غير القانونية.

تظل الضغوط الاقتصادية والفوارق بين أوروبا في الشمال وأفريقيا في الجنوب أهم دوافع الهجرة غير القانونية، فيكفي النظر إلى الفرق بين مجموع حجم الناتج المحلي الإجمالي (GDP) لاقتصادات دول الاتحاد الأوروبي الـ 28 والبالغ نحو 17.3 تريليون دولار، والتي يبلغ مجموع تعداد سكانها نحو نصف المليار، وبين مجموع حجم الناتج المحلي الإجمالي لدول الاتحاد الإفريقي الـ 55مجتمعة، والذي لا يتجاوز 2.24 تريليون دولار، مع عدد سكان يتخطى الـ 1.3مليار نسمة الدافع الأكبر والأول في توجيه الهجرة من الجنوب إلى الشمال، ولا سبيل في إيقافه بدون تضييق الفوارق الاقتصادية بينهما، والعمل بروح الفريق بين جميع المعنيين بهذه المشكلة، "على الرغم من تشعب العمل في الجماعة الأوروبية، وشموله لأبعاد

---

1 الهجرة غير الشرعية من غرب أفريقيا إلى أوروبا... – شبكة رؤية الإخبارية
http://www.roayahnews.com/articles/2019/07/04/10347/%D8%A7%D9%84
%D9%87%D8%A Obwm:
[2]) أحمـد سـعيد نوفل وآخرون. التداعيات الالجيوستراتيجية للثورات العربيـة،المركز العربـي للأبحاث ودراسة السياسات، بيروت- لبنان، الطبعة الأولى، 2014، ص 610.

مختلفة من النشاط، فإن الهيئة الأوروبية مثلت الاداة المركزية والعقل المنسق لكل ذلك"(1)

* * *

---

1) عبد المنعم سعيد. الجماعة الأوروبية " تجربة التكامل والوحدة"، مركز دراسات الوحدة العربية، سلسلة الثقافة القومية، بيروت- لبنان،الطبعة الأولى، 1986، ص283.

الفصل الرابع

أسباب فشل الهجرة غير القانونية

توطئة:

(4-1) تطور حالات فشل الهجرة غير القانونية في العقد الأخير:

(4-1-1) حجم من صدر في حقهم أمر مغادرة:

(4-1-2) رفض الدخول عند المداخل البرية:

(4-2) تطور أسباب رفض الدخول بمداخل المقاصد في العقد الأخير:

(4-2-1) تطور رفض الدخول بسبب وثيقة سفر مزورة:

(4-2-2) تطور رفض الدخول (لا يوجد وثيقة للسفر صالحة)

(4-2-3) تطور رفض الدخول بسبب لا تأشيرة صالحة أو تصريح الإقامة:

(4-2-4) تطور رفض الدخول بسبب تأشيره زائفة أو تصريح إقامة زائف:

(4-3) أسباب رفض المهاجرين وفقا لمصادرهم بين عامي 2017/2018:

(4-3-1) وثائق مزورة:

(4-3-2) العودة الاجبارية:

(4-3-3) العودة الطوعية:

(4-3-4) رفض دخول:

(4-3-5) العودة الفعالة:

(4-3-6) العودة الصادرة:

(4-3-7) دخول سري (بحري- برى)

(4-3-8) دخول الميسرين:

الخلاصة:

الهجرة غير القانونية

توطئة:

يدور هذا الفصل حول الأبعاد التوزيعية لحجم حالات فشل المهاجرين غير القانونيين في دخول القارة الأوروبية على المداخل البرية والبحرية والجوية بالعقد الأخير للتعرف على مدى قوة الحماية والتحصين لدى دول المقاصد الهجرية بالقارة الأوروبية.

كما يستهدف الوقوف على التقييم النسبي لتطور أسباب رفض الدخول بمداخل المقاصد في العقد الأخير سواء بسبب وثيقة سفر مزورة، أو لا توجد وثيقة للسفر صالحة، أو لا توجد أي تأشيرة صالحة أو تصريح الإقامة، أو بسبب تأشيره زائفة أو تصريح إقامة زائف.

كما يتجه الفصل نحو التعرف عن قرب على أسباب رفض المهاجرين غير القانونيين وفقا لمصادرهم بين العامين الأخيرين؛ سواء كانت وثائق مزورة، أو العودة الإجبارية، أو العودة الطوعية، أو رفض دخول، أو العودة الفعالة، أو العودة الصادرة، أو الميسرين، أو دخول سري (بحري -بري). فالمهاجر هو شخص ترك بلده طلباً للعيش في دولةٍ أخرى من أجل العمل، أو الدراسة، أو لأسباب عائلية. بينما اللاجئ هو من يحمل تصريحاً بالإقامة في أحد البلدان ويعتبر لاجئاً نظامياً إذا كان يحمل تأشيرة دخول أو تصريح إقامة ساري المفعول.أما المهاجر غير القانوني، فهو شخص لم تصرح له السلطات بالإقامة في بلدها، بسبب دخول غير قانوني.

(4-1) تطور حالات فشل الهجرة غير القانونية في العقد الأخير

بلغ جملة عدد من صدر في حقهم أمر مغادرة أو تم رفض دخولهم 869080 مهاجر غير قانوني في العقد الأخير، 627570 مهاجر (70.2%) منهم عبر المداخل البرية، 194835 (22.4%) عبر المداخل الجوية، وأخيرا 46675 (5.4%) على المداخل البحرية.

(4-1-1) حجم من صدر في حقهم أمر مغادرة:

ظلت نسبة من صدر في حقهم أمر مغادرة بين المهاجريين غير القانونيين لدى الاتحاد الأوروبي شبه ثابتة مع الميل نحو الانخفاض حتى عام 2013، ولكنها بدأت في الارتفاع وتصل لقمتها عام 2015، ورغم انخفاضها النسبي في العام التالي(2016) ولكنها تظل مرتفعة نسبيًا، واستمرت في الانخفاض حتى بلغت أدناها في عام 2018. أنظر شكل رقم (25). أما فيما يتعلق بالدول الواقعة خارج الاتحاد الأوروبي فقد ظلت النسبة منخفضة ومنتظمة حتى عام 2017، ولكنها ارتفعت فجأة وبمعدل كبير وبمعدل كبير في العام التالي مباشرة. أنظر شكل رقم (24).

وأظهرت المنحنيات التطورية لنسبة المرفوضين من دخول القارة الأوربية بالمداخل المختلفة الارتفاع الكبير على المداخل البرية بفارق كبير عن المداخل البحرية والجوية، وتظل المداخل البحرية أعلى بقليل من مثيلتها الجوية وثبات تطورها المنخفض للمداخل البحرية والجوية ولكنهما لم تلبس أن تنخفض قليلا في العام التالي. أما التطور على المداخل البرية فيظهر انخفاضا مستمرًا حتى عام

2015 ولكنها بدأت في الارتفاع لتصل إلى قمتها في عام 2017 ولكنها انخفضت فجأة في العام التالي. أنظر شكل رقم (23).

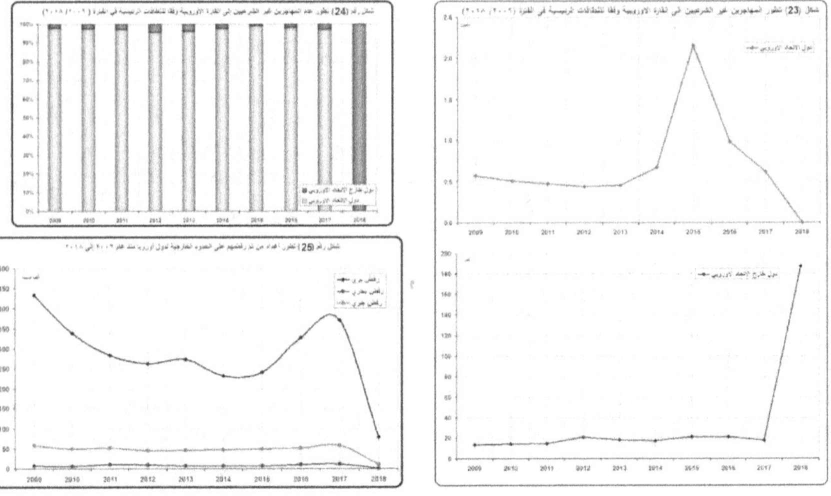

ولقد اختلف المتوسط السنوي لمن صدر في حق المهاجريين غير القانونيين أمر مغادرة بين دول القارة الأوربية في العقد الأخير بين عـامي 2018/2009، أنظر الجدول رقم () والشكل رقم (26) اللذان يوضحان أعداد من صدر في حقوقهم أمـر مغادرة، ويمكن أن نميز منهما عدة مستويات حجمية في هذا الشأن:

- دول أوروبية قامت بتهجير أعداد كبيرة وإصدار أمر مغادرة في حق المهـاجرين غير القانونيين، بما يتراوح بين سبعة وتسعة آلاف مهاجر غير قـانوني سنويا، وتأتي فرنسا واليونان في المقدمة، وهما من إقليم البحر المتوسط في أوروبا.
- دول أوروبية قامت بتهجير أعداد كبيرة نسبيا وإصدار أمر مغادرة في حق المهاجرين غير القانونيين، بما يتراوح بين أربعة وخمسة آلاف مهاجر غير قانوني سنويا، وتتمثل في أسبانيا من إقليم البحر المتوسط، وإنجلترا من إقليم غرب أوروبا.
- دول أوروبية قامت بتهجير أعداد متوسطة وإصدار أمر مغادرة في حق المهاجرين غير القانونيين، بما يتراوح بين ألف وأربعة آلاف مهاجر غير قانوني سنويا، وتتمثل في ايطاليا من إقليم البحر المتوسط، وألمانيا وبلجيكا وهولندا من إقليم غرب أوروبا، والسويد وبولندا من شمال وشرق أوروبا على التوالي.

دول أوروبية قامت بتهجير أعداد قليلة وإصدار أمر مغادرة في حق المهاجرين غير القانونيين، بما يقل عن ألف مهاجر غير قانوني سنويا، وتتمثل في بقية الدول الأوروبية.

شكل رقم (26) متوسط حجم من صدر في حقهم أمر مغادرة سنويا في الفترة (٢٠٠٩ / ٢٠١٨) من دول أوروبا

٣٠٨٤	التشيك	٨٤٩٢٣	فرنسا
٢٧٢٩	قبرص	٧٣٣١٤	اليونان
٢٤٩٢	رومانيا	٤٧٩٧٨	اسبانيا
٢١٦٤	الدنمارك	٤٧٧١٥	انجلترا
٢٠٥٣	سويزرلاند	٣٥٢٢٢	المانيا
٢٠٥٢	كرواتيا	٣١٣٦٩	بلجيكا
١٧٩٢	سلوفنيا	٣٠٤٤٠	ايطاليا
١٥٩٤	ليتوانيا	٢٧٦٦٦	هولندا
١٣٤٣	ايرلندا	١٦٠٢٧	السويد
١١١٩	لاتفيا	١١٦١٦	بولندا
١٠٨١	مالطا	٩٤٠٠	نرويج
١٠٢٨	سلوفكيا	٧٩٠٥	النمسا
٧٩٩	لكسمبورج	٦٧٩٣	المجر
٤١٤	استونيا	٦٧٧٨	البرتغال
٩٣	ليختنشتاين	٦٢٢٤	بلغاريا
٣	ايسلاند	٥٩٢١	فنلندا

(4-1-2) رفض الدخول عند المداخل البرية:

سجلت المنافذ البرية نسبة تقترب من ثلاثة أرباع (72%) الحالات التي رفضت عبرها دخول المهاجرين غير القانونيين في العقد الأخير بين المداخل المختلفة، واختلفت المنحنيات التطورية لمن تم رفض دخولهم على المداخل البرية والبحرية والجوية في العقد الأخير كما يوضحه الشكل رقم ()، ويظهر فيه سيادة المداخل البرية على المداخل البحرية والجوية،

فقد انخفضت أعدادهم بوضوح على المداخل البرية فيما بين العامين الأولين (2009/2010)، وتحول إلى إنخفاض تدريجي مطرد حتى عام 2017، ثم انخفض فجأة في العام التالي 2018. أما الرفض على المداخل البحرية بدأت في الصعود الفجائي عام 2011لتصل قمتها في العام التالي، ولكنها انخفضت لتظل على مستوى ارتفاعها النسبي حتى ارتفعت من جديد في العام قبل الأخير ولكنها لم تلبس ان انخفضت في العام التالي. وتعتبر المداخل الجوية أكثر استقراراً، فهي في حال إنخفاض هين وتناقص مطرد حتى العام الحالي. أنظر شكل رقم (26).

واختلف المتوسط السنوي لمن رفض دخولهم من المهاجرين غير القانونيين عند المداخل البرية في العقد الأخير(2009/2018)، كما يوضحه الجدول رقم () والشكل رقم () ومنهما يمكن أن نميز منهما عدة مستويات حجمية في هذا الشأن:

- دول أوروبية رفضت دخول أعداد كبيرة من المهاجرين غير القانونيين عند مداخلها البرية في العقد الأخير بما يتراوح بين 138-207 ألف مهاجر غير قانوني سنويا، تأتي أسبانيا (207 ألف) في مقدمتها، تليها بولندا (142ألف) ثم فرنسا (138 ألف مهاجر).

- دول أوروبية رفضت دخول المهاجرين غير القانونيين بأعداد متوسطة الحجم نسبيا تتراوح بين 13-22 ألف مهاجر غير قانوني سنويا، وتشمل ست دول تتمثل في كرواتيا وسلوفينيا والمجر وبلغاريا ورومانيا ولتوانيا، وتقع جميعا في شرق وشمال شرق القارة الأوروبية.
- دول أوروبية رفضت دخول المهاجرين غير القانونيين عند المداخل البريـة في العقد الأخير بأعداد صغيرة يقل حجمهـا عن تسـعة آلاف مهـاجر غير قانوني سنويا، وتشمل إحدى عشرة دولة من أقاليم جغرافية مختلفة.

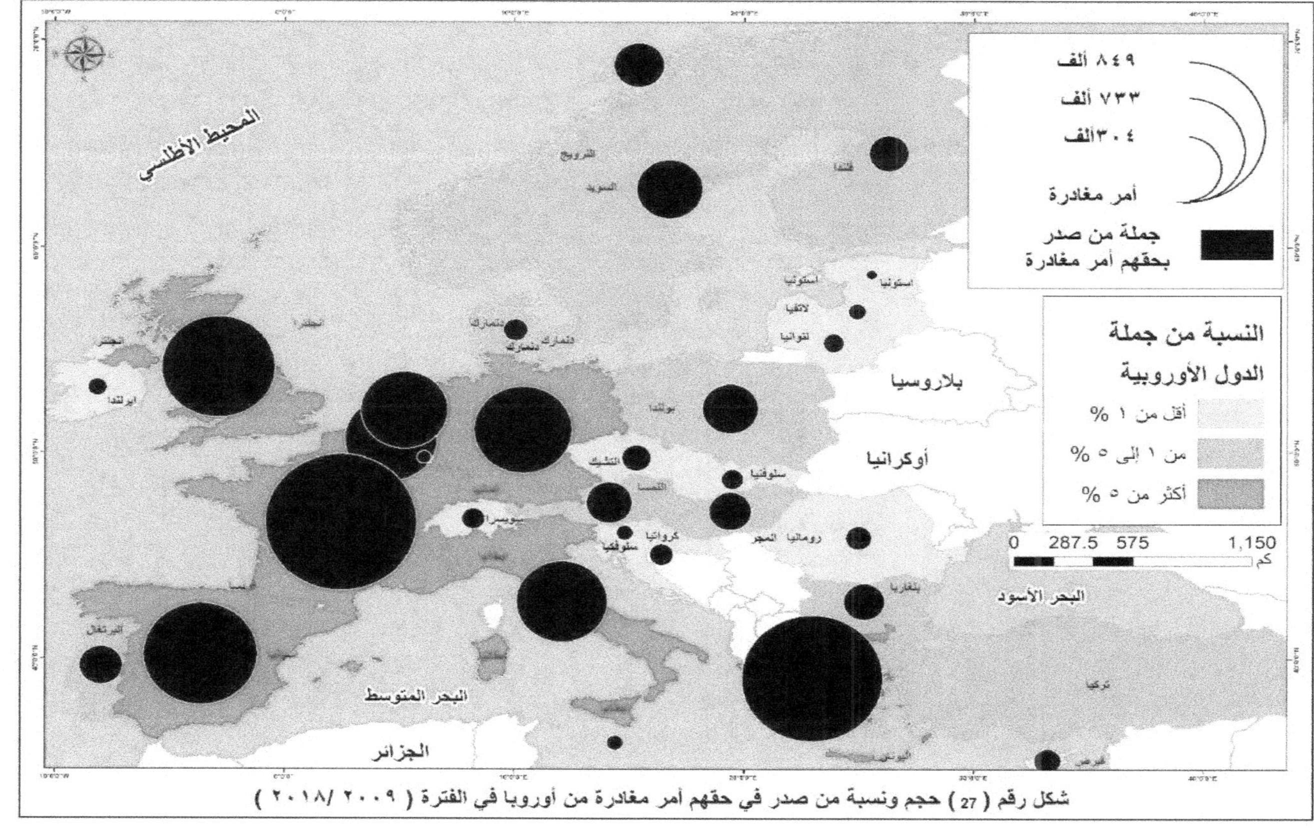

شكل رقم (27) حجم ونسبة من صدر في حقهم أمر مغادرة من أوروبا في الفترة (2009 /2018)

(4-2) تطور أسباب رفض الدخول بمداخل المقاصد في العقد الأخير

بعد استعراض حجم المهاجرين اللذين تم رفض دخولهم على المداخل البرية والجوية والبحرية في المبحث السابق، يبقى أسباب رفض الدخول والتي تراوحت بين أربعة أسباب، وهي إما بسبب لا تأشيرة صالحة أو تصريح الإقامة (49.7%)، بسبب عدم وجود وثيقة للسفر صالحة (45.9%)، أو بسبب تأشيره زائفة أو تصريح إقامة زائف (2.8%) وأخيرا بسبب وثيقة سفر مزورة (1.6%)، وستعرض فيما يلي تلك الأسباب بالتفصيل.

(4-2-1) تطور رفض الدخول بسبب وثيقة سفر مزورة:

بلغ جملة من تم رفض دخولهم القارة الأوروبيـة بسبب استخدام وثيقـة مزورة 13740 حالة، تمثل نسبة محدودة 1.6% من جملة الأسباب، توزعوا بين المداخل الجويـة بنسبة 50.0% والمـداخل البريـة 42.3%، وأخيـرا 7.7 علـى المـداخل البحرية.

ويتضح من الجدول رقم (25) والشكل رقم (28) عدد من تم رفضهم الدخول بسبب وثيقة سفر مزورة داخل وخارج الاتحاد الأوروبي عام 2017، ومنهما يمكن تمييز التفاوتات التالية:

- أغلب المرفوضين من الدخول (98.6%) للقارة الأوربية تركزوا بدول الاتحاد الأوربي، مقابل 1.4% فقط للدول التي تقع خارجه.
- ثلثـي جملـة المرفوضـين لهـذا السـبب تركـزت فـي ثـلاث دول هـي اليونـان (26.1%)، وفرنسا والمجر (20.0% لكل منهما).
- تركز الثلث المتبقي في تسع دول هي على الترتيب؛ اسبانيا (9.1%)، وإيطاليا (4.4%)، وسـلوفاكيا (4.0%)، وبلغاريـا (3.4%)، وسـلوفاكيا وسـلوفينيا (3.1% لكـل منهمـا)، وبولنـدا (2.7%)، وكرواتيـا وليتوانيـا (1.0% لكـل منهما).

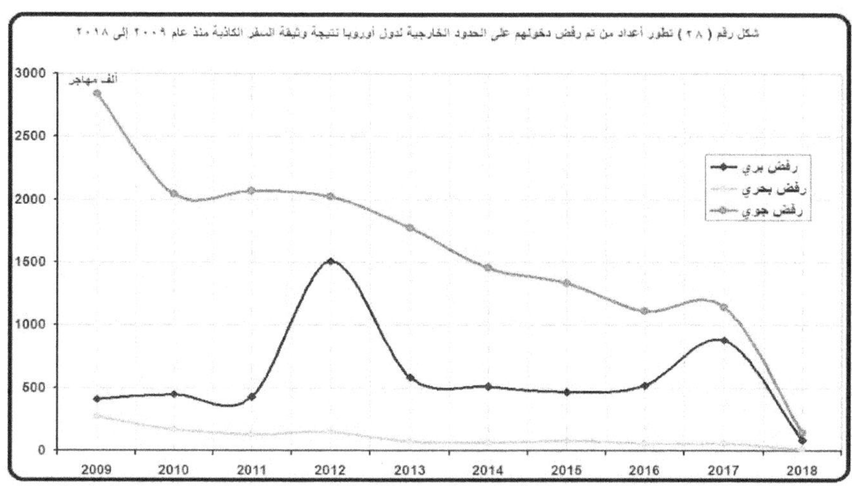

جدول 25 عدد من تم رفضهم الدخول بسبب وثيقة سفر مزورة داخل وخارج الاتحاد الأوروبي بين عامي 2008 /2017

الدولة	بري	بحري	جوي	الجملة	المتوسط	الدولة	بري	بحري	جوي	الجملة	المتوسط
دول الاتحاد الاوروبي	5715	1060	6775	13550	1355	خارج الاتحاد الاوروبي	45	0	45	90	9
بلجيكا	0	10	10	20	2	ليتوانيا	55	0	55	110	11
بلغاريا	240	0	240	480	48	المجر	1375	0	1375	2750	275
المانيا	0	5	5	10	1	هولندا	0	20	20	40	4
استونيا	15	0	15	30	3	بولندا	165	5	170	340	34
أيرلندا	20	20	40	80	8	رومانيا	120	90	210	420	42
اليونان	1740	50	1790	3580	358	سلوفينيا	205	0	205	410	41
اسبانيا	480	145	625	1250	125	سلوفاكيا	275	0	275	550	55
فرنسا	975	405	1380	2760	276	فنلندا	15	0	15	30	3
كرواتيا	65	0	65	130	13	ليخنشتاين	45	0	45	90	9
ايطاليا	0	305	305	610	61	المجموع	5815	1055	6870	13740	1374
لاتفيا	25	0	25	50	5	ليتوانيا	55	0	55	110	11

المصدر: البيانات الرئيسية فرونتكس، 2017، والنسب والمعدلات من عمل الباحث.

(4-2-2) تطـور رفض الـدخول (لا يوجـد وثيقـة للسفر صالحة):

بلغ جملة من تم رفض دخولهم القارة الأوروبية بسبب عدم وجود وثيقة للسفر صالحة 399335 حالة، تمثل نسبة كبيرة (45.9%) من جملة الأسباب، توزعوا بين المداخل البرية 42.3%، والمداخل الجوية بنسبة 50.0%، وأخيراً 7.7%

الهجرة غير القانونية
على المداخل البحرية. ويلاحظ استقرار المنحنيات التطورية لهذه الحالة على المداخل البحرية والجوية وهي الانخفاض الهين غير الملحوظ والطرد، وتتفق معهما المداخل البرية حتى عام 2014 ولكنها لم تلبس أن ترتفع في العام التالي وتصل إلى قمتها عام 2017 ولكنه تنخفض بشدة في العام التالي 2018. أنظر شكل رقم (28).

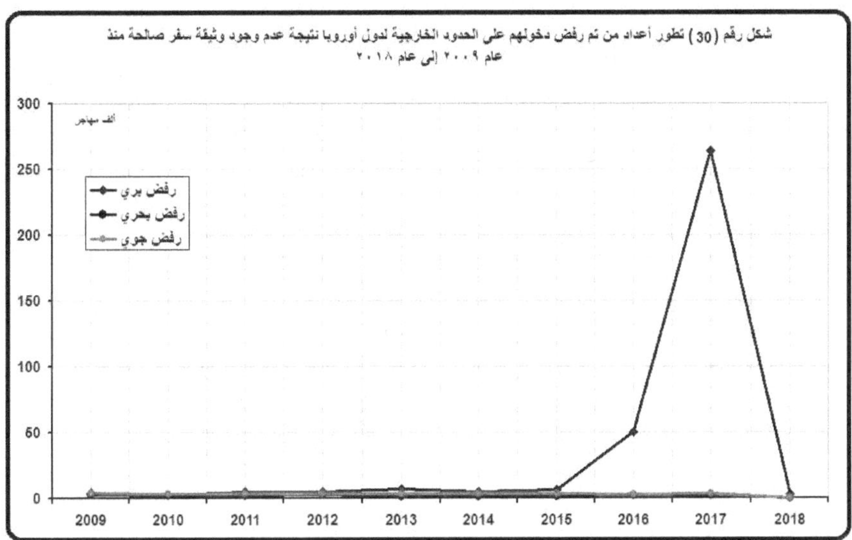

ويتضح من الجدول رقم (26) والشكل رقم (28) عدد من تم رفضهم الدخول بسبب "لا يوجد وثيقة للسفر صالحة داخل وخارج الاتحاد الأوروبي عام 2017"، ومنهما يمكن تمييز الإختلافات التالية:

- أغلب المرفوضين من الدخول (99.0%) للقارة الأوروبية تركزوا بدول الاتحاد الأوربي، مقابل واحد في المئة فقط للدول التي تقع خارجه.
- تأتي أسبانيا في المرتبة الأولى بنسبة تزيد عن النصف (52.1%)، يليها فرنسا بنسبة تزيد عن الثلث (33.4%)، أي أن الدولتان ظفرتا بغالبية (85.5 %) حالات الرفض لهذا السبب.
- باقي الدول (27 دولة) رفضت ما يقرب من سُبع (14.5%) جملة حالات "عدم وجود وثيقة للسفر صالحة"، أبرزها إنجلترا وكرواتيا بنسبة (3.0% لكل منهما).
- دول رفضت الدخول لهذا السبب بنسب بسيطة مثل سلوفينيا(1.4%)، إيطاليا وأيرلندا (1.2%) لكل منهما، والباقي يقل عن واحد في المئة بكثير.

جدول 26 عدد من تم رفضهم الدخول بسبب لا يوجد وثيقة للسفر صالحة داخل وخارج الاتحاد الأوروبي عام 2017

الدولة	بري	بحري	جوي	جملة	الدولة	بري	بحري	جوي	جملة

الدولة					الدولة			
الاتحاد الاوروبي	395395	29470	18820	347105	مالطا	15	10	5	0
بلجيكا	2730	2570	160	0	هولندا	1025	875	150	0
بلغاريا	1210	175	55	980	النمسا	440	115	0	325
التشيك	110	110	0	0	بولندا	1975	115	65	1795
الدنمارك	365	345	20	0	البرتغال	1020	1010	10	0
المانيا	785	745	40	0	رومانيا	565	175	30	360
استونيا	2050	20	2005	25	سلوفينيا	5585	30	5	5550
إيرلندا	4660	3495	665	500	سلوفاكيا	100	0	0	100
اليونان	2195	150	640	1405	فنلندا	425	180	45	200
اسبانيا	207960	2470	1380	204110	السويد	935	55	880	0
فرنسا	133545	10575	2925	120045	انجلترا	12095	4270	6735	1090
كرواتيا	11075	280	50	10745	أيسلاندا	15	15	0	0
ايطاليا	4675	1680	2770	225	نرويج	65	35	5	25
قبرص	25	25	0	0	سويسرا	460	460	0	0
لاتفيا	600	185	270	145	تركيا	0	0	0	0
ليتوانيا	240	0	80	160	المجموع	399335	30235	18990	350110
المجر	2390	65	0	2325	خارج الاتحاد	540	510	5	25

المصدر: البيانات الرئيسية فرونتكس،2017، والنسب والمعدلات من عمل الباحث.

الهجرة غير القانونية

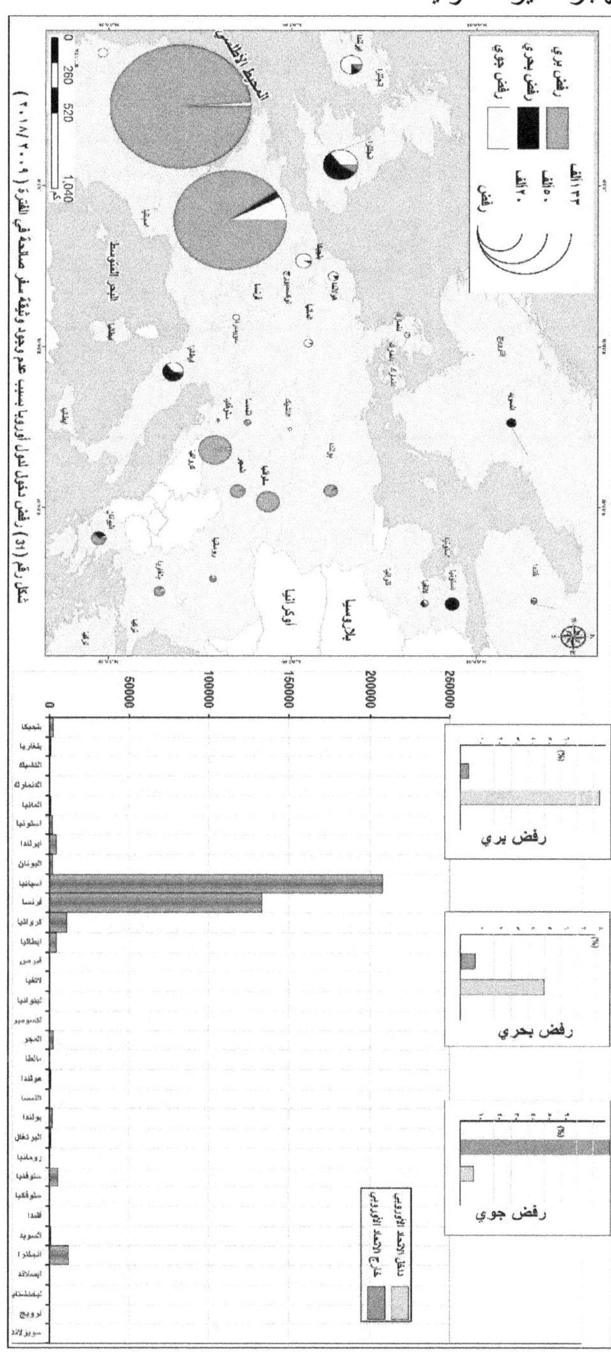

(4-2-3) تطـور رفـض الـدخول بسـبب لا تأشـيرة صـالحة أو تصـريح الإقامة:

بلغ جملة من تم رفض دخولهم القارة الأوروبية بسبب عدم وجود وثيقة للسفر صـالحة 431705 حالة فـي العقـد الأخيـر (2008/ 2017)، تمثـل 49.7 % مـن جملة الأسـباب، توزعـوا بيـن المـداخل الجويـة بنسبة 70.6%، والمـداخل البحريـة 55.3%، و42.8% على المداخل البرية.

تتفق تطور عدد المرفوضين على المداخل المختلفة في ترتيب الأهميـة النسبية من البرية إلى البحرية فالجوية، كما تتفق فـي الهبـوط الواضـح بيـن عـامي 2017-2018، ولكن تتماثل المنحيات التطورية علـى المـداخل البحريـة والجويـة فيمـا بيـن 2009/2017، ولكن نمو التطور علـى المداخل البرية تعتريـه قمتين: قمـة فيمـا بـين2012 و2014 وقمة أصغر فيما بين 2014 و2017. أنظر شكل رقم (32).

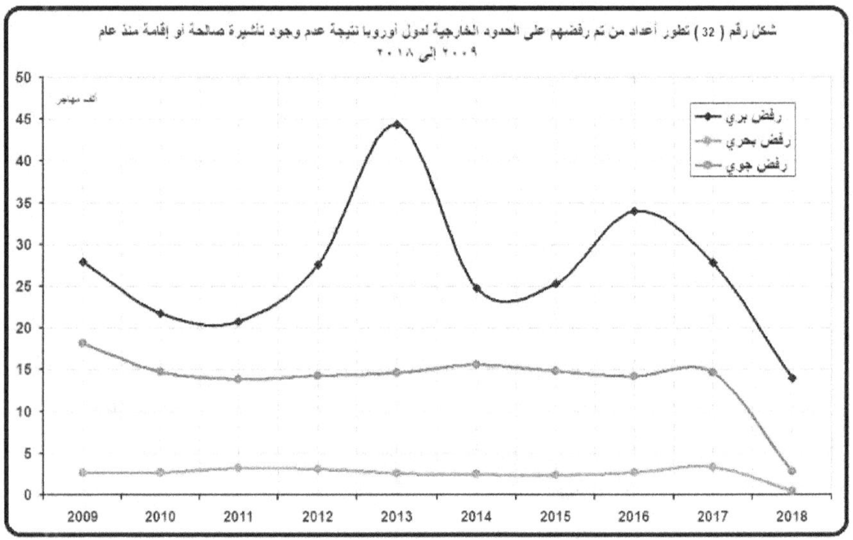

ويتضح من الجدول رقم (27) والشكل رقم (31) عدد من تم رفضهم الدخول بسبب لا تأشيرة صـالحة أو تصريح الإقامـة داخـل وخـارج الاتحـاد الأوروبـي عـام 2017، ومنهما يمكن تمييز التفاوتات التالية:

- تتوزع نسبة المرفوضين من الدخول لدول القارة الأوروبية بين دول الاتحاد وخارجه بنسبة 95.1 و4.9% لكل منهما على التوالي.
- رفضت كل من بولندا من شرق أوروبا وإنجلترا من غربها بنصف جملة المرفوضين لهذا السبب، فبلغت في بولندا الثلث (32.7%) من جملة المرفوضين لهذا السبب، تلتها إنجلترا بنسبة السُدس (17.0%).

الهجرة غير القانونية

● دول رفضت الدخول لهذا السبب بنسب صغيرة تدور بين 3-4%، وتشمل رومانيا وبلغاريا (4.0% لكل منهما)، المانيا وكرواتيا وليتوانيا (3.0% لكل منهما)، وإيطاليا واسبانيا (2.3% لكل منهما)، وهولندا (1.8%)، اليونان واستونيا ولاتفيا (1.6% لكل منهما) وايرلندا وفنلندا (1.2 لكل منهما)، وأخيرا البرتغال (1.2%).

● باقي الدول (17 دولة) رفضت مهاجرين غير قانونيين لهذا السبب بنسبة تقل عن الواحد في المئة.

جدول 27 عدد من تم رفضهم الدخول بسبب لا تأشيرة صالحة أو تصريح الإقامة داخل وخارج الاتحاد الأوروبي بين عامي 2008 /2017

الدولة	بري	بحري	جوي	جملة	متوسط
دول الاتحاد الاوروبي	253740	25370	131680	410790	41079
بلجيكا	0	15	1890	1905	190.5
بلغاريا	13880	760	2590	17230	1723
التشيك	0	0	1450	1450	145
الدنمارك	0	15	200	215	21.5
المانيا	0	125	13965	14090	1409
استونيا	3390	3445	135	6970	697
إيرلندا	2540	695	3160	6395	639.5
اليونان	4945	955	1455	7355	735.5
اسبانيا	2030	590	6945	9565	956.5
فرنسا	17070	2510	14065	33645	3364.5
كرواتيا	11195	150	1855	13200	1320
ايطاليا	15	980	8870	9865	986.5
قبرص	0	170	765	935	93.5
لاتفيا	5920	90	945	6955	695.5
ليتوانيا	12820	135	315	13270	1327
لوكسمبرج	0	0	10	10	1
المجر	15565	0	635	16200	1620

الدولة	بري	بحري	جوي	جملة	متوسط
مالطا	0	5	315	320	32
هولندا	0	150	8830	8980	898
النمسا	85	0	1310	1395	139.5
بولندا	139730	60	1530	141320	14132
البرتغال	0	10	5730	5740	574
رومانيا	14840	520	1735	17095	1709.5
سلوفينيا	10040	15	440	10495	1049.5
سلوفاكيا	2565	0	100	2665	266.5
فنلندا	5480	85	710	6275	627.5
السويد	0	125	770	895	89.5
انجلترا	5615	14165	53775	73555	7355.5
أيسلاندا	0	0	130	130	13
ليخنشتاين	90	0	0	90	9
نرويج	480	20	285	785	78.5
سويسرا	0	0	2710	2710	271
تركيا	0	0	0	0	0
المجموع	268295	25790	137620	431705	43170.5
خارج الاتحاد	570	20	3125	3715	371.5

المصدر: البيانات الرئيسية فرونتكس،2017، والنسب والمعدلات من عمل الباحث.

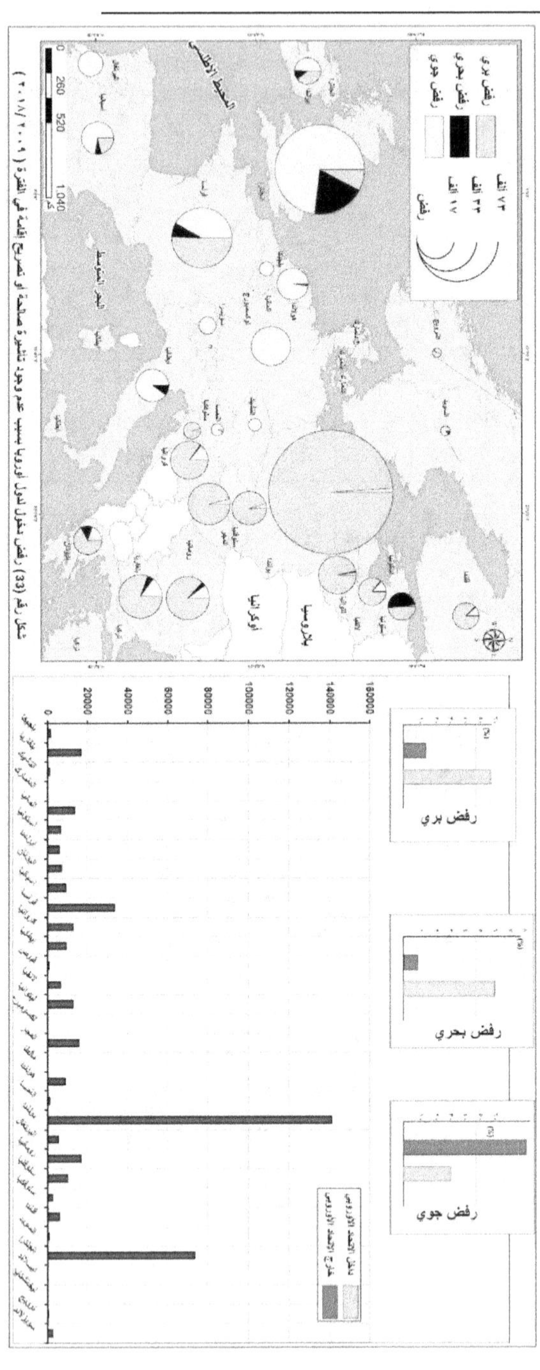

(4-2-4)تطور رفض الدخول بسبب تأشيره زائفة أو تصريح إقامة زائف:

بلغ جملة من تم رفض دخولهم القارة الأوروبية بسبب تأشيره أو تصريح إقامة زائف24300 حالة، تمثل 2.8 % من جملة الأسباب، توزعوا بين المداخل الجوية بنسبة 10.3%، والمداخل البحرية 1.8%، و0.5% على المداخل البرية، وأخيرا.

ويتضح من الجدول رقم (28) والشكل رقم (32) عدد من تم رفضهم الدخول بسبب تأشيره زائفة أو تصريح إقامة زائف داخل وخارج الاتحاد الأوروبي عام 2017، ومنهما يمكن تمييز التفاوتات التالية:

- تتوزع نسبة المرفوضين من الدخول لدول القارة الأوروبية بين دول الاتحاد وخارجه بنسبة 98.6 و1.4% لكل منهما على التوالي.
- تتركز في إيرلندا من إقليم غرب أوروبا ما يزيد عن نصف (52.8%) جملة المرفوضين لهذا السبب.
- كما أن أكثر من رُبع (18.2%) جملة المرفوضين من الدخول للدول الأوربية تتوزع بين أربع دول؛ مثل فرنسا (11.3%) واسبانيا (7.1%)، واليونان وإيطاليا (5.3% لكل منهما) من إقليم البحر المتوسط جنوبا القارة الأوروبية، وألمانيا من غرب أوروبا (4.2%).
- يتبقى أقل من سُبع (14.0%) جملة المرفوضين من الدخول للدول الأوربية لهذا السبب يتوزعون على 24 دولة.

جدول 28 عدد من تم رفضهم الدخول بسبب تأشيره زائفة أو تصريح إقامة زائف داخل وخارج الاتحاد الأوروبي عام 2017

الجملة	جوي	بحري	بري	الدولة	الجملة	جوي	بحري	بري	الدولة
205	0	0	205	ليتوانيا	23950	19865	840	3245	الاتحاد الاوروبي
465	100	0	365	المجر	75	75	0	0	بلجيكا
35	35	0	0	مالطا	55	0	0	55	بلغاريا
70	70	0	0	هولندا	55	55	0	0	التشيك
145	145	0	0	النمسا	10	10	0	0	الدنمارك
430	100	0	330	بولندا	1015	1015	0	0	المانيا
135	135	0	0	البرتغال	45	5	0	40	استونيا
130	35	0	95	رومانيا	12825	12075	275	475	إيرلندا
150	15	0	135	سلوفينيا	1355	455	95	805	اليونان
80	0	0	80	سلوفاكيا	1735	1370	275	90	اسبانيا
470	230	0	240	فنلندا	2745	2560	40	145	فرنسا

كرواتيا	30	0	60	90	نرويج	5	0	5	10
إيطاليا	0	155	1175	1330	سويسرا	0	0	165	165
قبرص	0	0	135	135	المجموع	3350	840	20110	24300
لاتفيا	255	0	85	340	خارج الاتحاد	5	0	170	175

المصدر: البيانات الرئيسية فرونتكس، 2017، والنسب والمعدلات من عمل الباحث.

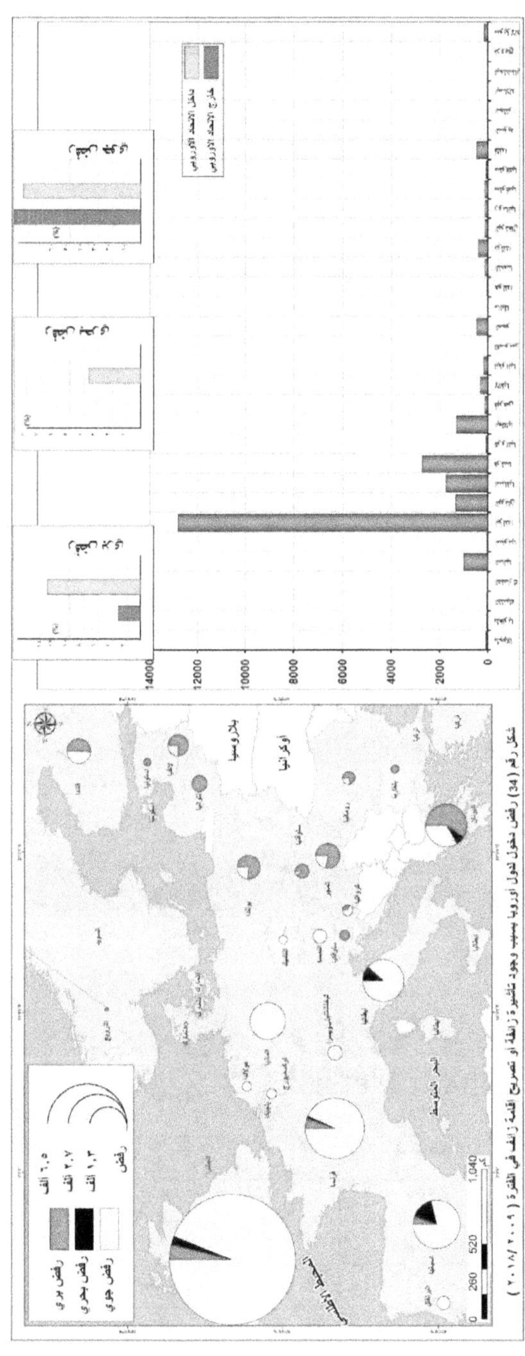

(4-3) أسباب رفض المهاجرين وفقا لمصادرهم بين عامي 2018/2017:

بعد استعراض حجم المهاجرين غير القانونيين الذين رفضت الدول الأوروبية دخولهم للأسباب المشار إليها(لا تأشيرة صالحة أو تصريح الإقامة، عدم وجود وثيقة للسفر صالحة، أو بسبب تأشيره زائفة أو تصريح إقامة زائف ووثيقة سفر مزورة)، نعرض في هذا المبحث حجم المرفوضين من الدول المرسلة للمهاجرين غير القانونيين للأسباب السابقة وغيرها في العقد الأخير، وقد فحصت الجهات المعنية بالمهاجرين غير القانونيين أسباب الرفض من خلال عينة من عشرة دول مصدرة للمهاجرين.

(4-3-1)وثائق مزورة:

تضم الحالة ثلاثة دول عربية وأربع دول إسلامية غير عربية، وثلاثة دول أوروبية وأفريقية خارج العالمين العربي والإسلامي. وسجل المهاجرون المغاربة المرفوضين من الدخول إلى أوروبا أعلى نسبة (15%)عام 2017، تلتها باكستان (9.5%)، ثم أوكرانيا (6%)، وإيران وتركيا (6.7-5.9% على التوالي)، تنخفض النسبة لتتراوح بين 2.1 في الكونغو لحد أدنى وروسيا كجد أعلى (3.4%) ويقع العراق وسوريا وألبانيا فيما بينهما.

سجلت أربع دول نسب تغير متناقصة فيما بين عامي 2018/2017؛ أكبرها أوكرانيا تليها ألبانيا، بينما كانت نسبة التناقص أقل في روسيا وسوريا، بينما سجلت الدول المتبقية الستة نسب تغير موجبة، لتزيد عن أربعين بالمئة في تركيا والعراق، تليها الكونغو (35%)، وبين 14 و17% في إيران وباكستان، وتضل أدناها في 6.4% في المغرب.

أنظر الجدول رقم (29) والشكل رقم (33) اللذان يوضحان نسبة الوثائق المزورة بين المهاجرين غير القانونيين التي تقصد القارة الأوروبية، ونسبة تغيرها بين عامي 2018/2017.

جدول 29 نسبة الوثائق المزورة بين المهاجرين غير القانونيين التي تقصد القارة الأوروبية ونسبة التغير بين عامي 2018/2017

التغير	(%)	الدولة	التغير	(%)	الدولة
17	9.5	باكستان	-27	2.6	البانيا
-9.6	2.8	سوريا	6.4	15	المغرب
14	6.7	إيران	-49	6	اوكرانيا
43	5.9	تركيا	-17	3.4	روسيا

35	2.1	كونغو	40	3.3	العراق

المصدر: البيانات الرئيسية فرونتكس،2017، والنسب والمعدلات من عمل الباحث.

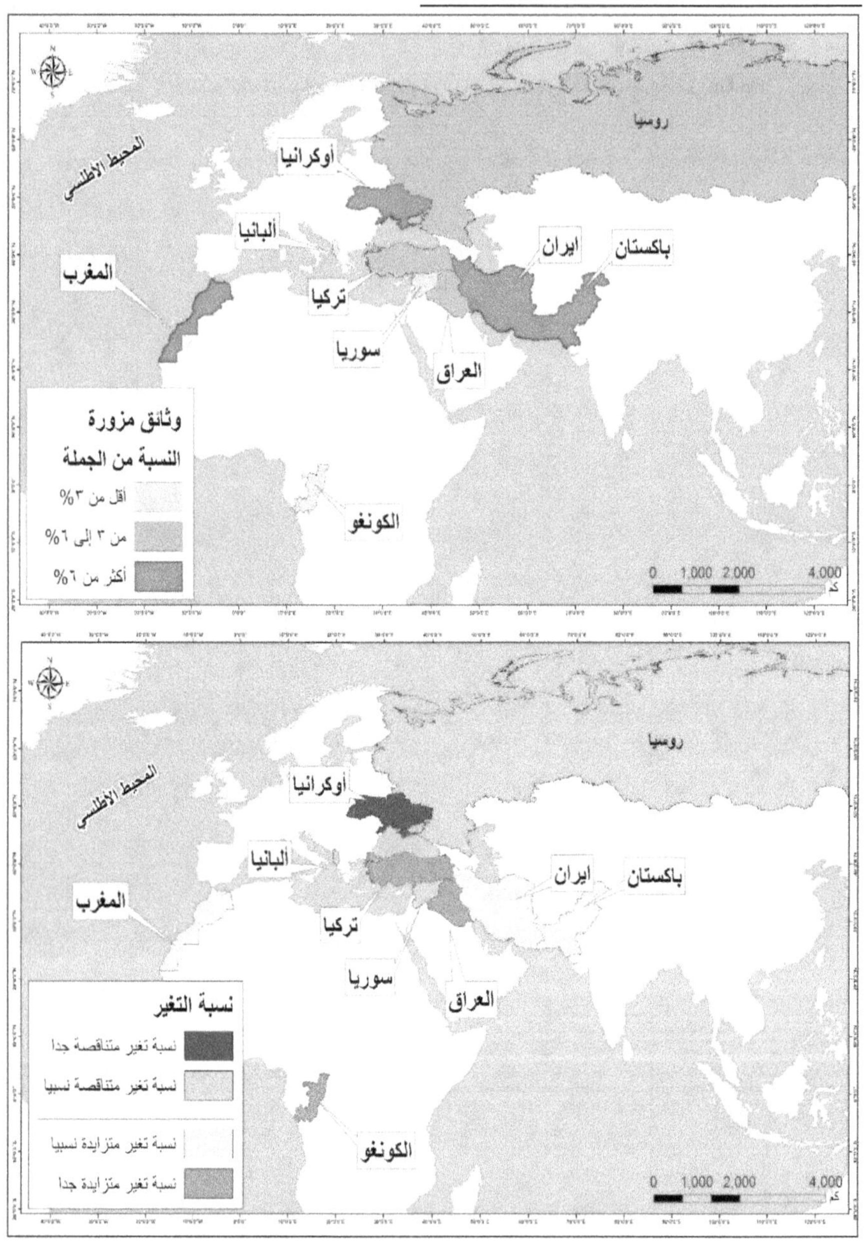

شكل رقم (35) نسبة المهاجرين بوثائق مزورة من جملة المهاجرين لدول أوروبا

(4-3-2) العودة الاجبارية:

رغم ارتفاع نسبة الهجرة غير القانونية الخارجة من ألبانيا لتمثل أكثر من خمس (22%) جملة عدد الحالات، لكنها تناقصت بنسبة الربع فيما بين عامي 2018-2017، وسجلت صربيا نسبة منخفضة (3.5%) ولكنها تناقصت بنسبة تقترب من الخُمس فيما بين العامين، وبلغت نسبة تناقص المهاجرين غير القانونيين في كوسوفو بنسبة الثُلث رغم محدودية نسبتها في الحالة.

يوجد سبع دول تسهم بنسب تراوحت ما بين 2.2و13.0% ولكنها سجلت نسبة تغير موجبة متفاوتة، وتضم المغرب وتونس والجزائر من الدول العربية، وأوكرانيا وجورجيا وروسيا من أوروبا، والبرازيل من قارة أمريكا الجنوبية. أنظر الجدول رقم (30) والشكل رقم (34) اللذان يوضحان نسبة العودة الاجبارية بين المهاجرين غير القانونيين التي تقصد القارة الأوروبية، ونسبة تغيرها بين عامي 2018/2017.

جدول 30 نسبة العودة الاجبارية بين المهاجرين غير القانونيين التي تقصد القارة الأوروبية ونسبة التغير بين عامي 2018/2017

التغير	(%)	دراسة الحالة	التغير	(%)	دراسة الحالة
-17	3.5	صربيا	-25	22	البانيا
51	3.1	جورجيا	12	13	المغرب
19	2.6	البرازيل	19	5.4	الجزائر
-33	2.5	كوسوفو	4.3	4.7	تونس
12	2.2	روسيا	17	3.5	اوكرانيا
المصدر: البيانات الرئيسية فرونتكس،2017، والنسب والمعدلات من عمل الباحث.					

(4-3-3) العودة الطوعية:

سجلت الحالة ست دول أوربية (ألبانيا وأوكرانيا وروسيا وجورجيا ومولدوفا وبلاروسيا) نسب للهجرة غير القانونية بين 3و6% عدا جورجيا التي ارتفعت نسبتها إلى 34% عام 2017، نجدها جميعا تزايدت نسبتها في العام التالي عدا ألبانيا التي تناقصت بما يزيد قليلا عن الربع. أما الدول الأسيوية الأربع (العراق-باكستان- الهند- أفغانستان) سجلت نسبا تراوحت بين 2و5% عام 2017 ولكنها جميعا سجلت تغيرا سلبيا بالتناقص في العام التالي 2018 بنسب تراوحت بين -14 و-37%. أنظر الجدول رقم (31) والشكل رقم (35) اللذان يوضحان نسبة العودة الطوعية بين المهاجرين غير القانونيين التي تقصد القارة الأوروبية، ونسبة تغيرها بين عامي 2018/2017.

جدول 31 نسبة العودة الطوعية بين المهاجرين غير القانونيين التي تقصد القارة الأوروبية ونسبة التغير بين عامي 2018/2017

التغير	(%)	دراسة الحالة	التغير	(%)	دراسة الحالة
-37	3.9	باكستان	-27	4	البانيا

الهجـــرة غيــر القانونيـــة عبــر البحـــر المتوسـط فــــي ربـــع القـرن الأخيــر

-26	3.4	الهند	10	34	اوكرانيا
14	3.3	مولدوفا	46	3.8	جورجيا
68	3.3	بلاروسيا	-3.4	4.1	روسيا
-35	2.2	افغانستان	-14	5.4	العراق

المصدر: البيانات الرئيسية فرونتكس،2017، والنسب والمعدلات من عمل الباحث.

الهجرة غير القانونية

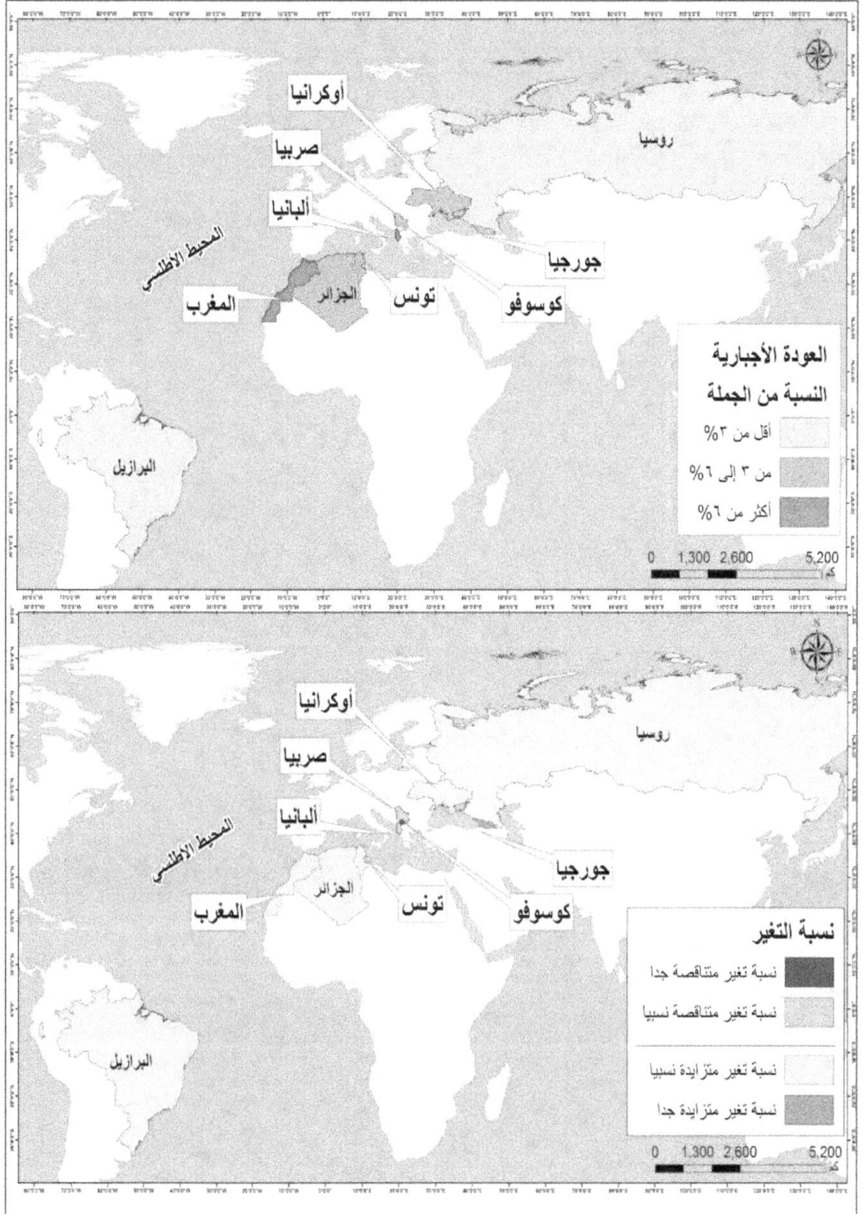

شكل رقم (36) نسبة المهاجرين التي تمت بحقهم عودة اجبارية من جملة المهاجرين الى دول أوروبا

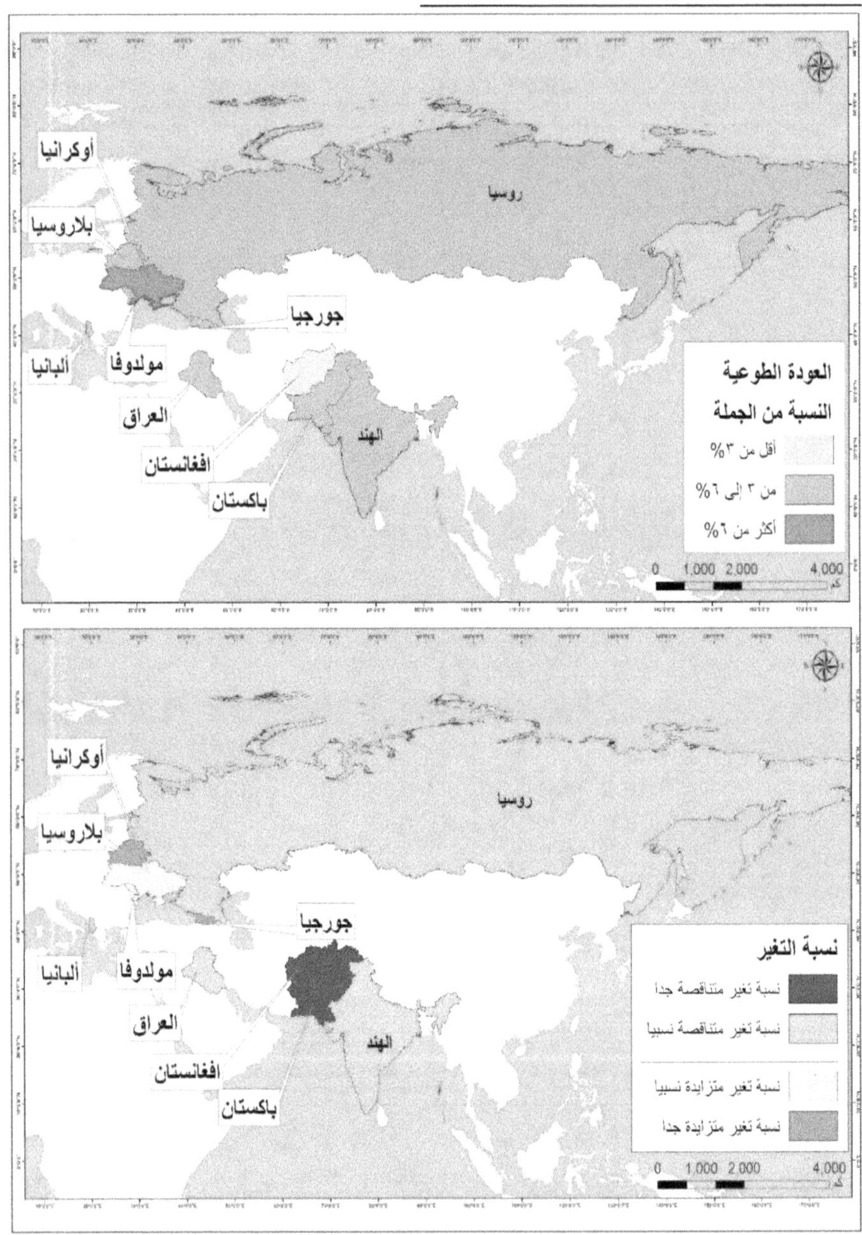

شكل رقم (37) نسبة المهاجرين التي صدرت بحقهم عودة طواعية من جملة المهاجرين لدول أوروبا

الهجرة غير القانونية

(4-3-4) رفض دخول:

رغم أن أوكرانيا سجلت أعلى نسبة للمهاجرين غير القانونيين العائدين بسبب رفض الدخول لكتها تزايدت في العام التالي بما يزيد عن النصف، ورغم انخفاض نسبة جورجيا لكنها سجلت أعلى نسبة تغير موجب تزيد عن النصف أيضا، وصارت أربع دول أخرى في نفس الاتجاه لكن بنسب رفض منخفضة ومعدلات تغير متراجعة متراجعة وهي مولدوفا وبلاروسيا وتركيا والبوسنه والهرسك. دولتان فقط سجلتا معدلات تغير متناقصة بين عامي 2018/2017 وهي ألبانيا وصربيا رغم ارتفاع نسبة مهاجريها العائدين بسبب رفض الدخول في الحالة. أنظر الجدول رقم (32) والشكل رقم (36) اللذان يوضحان نسبة رفض دخول بين المهاجرين غير القانونيين التي تقصد القارة الأوروبية، ونسبة تغيرها بين عامي 2018/2017.

جدول 32 نسبة رفض دخول بين المهاجرين غير القانونيين التي تقصد القارة الأوروبية ونسبة التغير بين عامي 2018/2017

التغير	(%)	دراسة الحالة	التغير	(%)	دراسة الحالة
-29	14	روسيا	-23	13	ألبانيا
7.4	3.3	مولدوفا	55	30	أوكرانيا
3.8	4.2	بلاروسيا	-0.9	4	صربيا
3.6	2.5	تركيا	57	2.1	جورجيا
9.8	2.2	البوسنه والهرسك	62	2.6	البرازيل
المصدر: البيانات الرئيسية فرونتكس،2017، والنسب والمعدلات من عمل الباحث.					

(5-3-4) العودة الفعالة:

في حالة العودة الفعالة سجلت الدول الأوربية أكثر من رُبع جملة حالات العودة الفعالة وهي ألبانيا وأوكرانيا وجورجيا وروسيا، وسجلت جميعها نسب تغير موجبة أكبرها جورجيا(47%)، ويستثنى منها ألبانيا التي سجلت معدل تغير سالبة. أما الدول العربية الأفريقية التي ظهرت في حالة العودة الفعالة(المغرب-الجزائر-تونس) فقد تجاوزت نسبتها في الحالة "السُبع"، كما سجلت معدلات تغير متناقصة في العام التالي. وتظهر الدول الأسيوية الثلاث في الحالة فيما يقل عن العُشر، ولكنها سجلت جميعاً نسب تغير متناقصة في العام التالي، أنظر الجدول رقم (33) والشكل رقم (37) اللذان يوضحان نسبة العودة الفعالة بين المهاجرين غير القانونيين التي تقصد القارة الأوروبية، ونسبة تغيرها بين عامي 2018/2017.

جدول 33 نسبة العودة الفعالة بين المهاجرين غير القانونيين التي تقصد القارة الأوروبية ونسبة التغير بين عامي 2018/2017

التغير	(%)	دراسة الحالة	التغير	(%)	دراسة الحالة
47	3.4	جورجيا	-25	13	ألبانيا
1.5	3.1	روسيا	8.4	7.4	المغرب

الهجـــرة غيـــر القانونيـــة عبـــر البحـــر المتوسـط فـي ربــع القـرن الأخيـر

الجزائر	3.4	3.5	العراق	3.3	-11
تونس	2.6	5.6	باكستان	2.9	-35
اوكرانيا	18	11	الهند	2.5	-23

المصدر: البيانات الرئيسية فرونتكس،2017، والنسب والمعدلات من عمل الباحث.

الهجرة غير القانونية

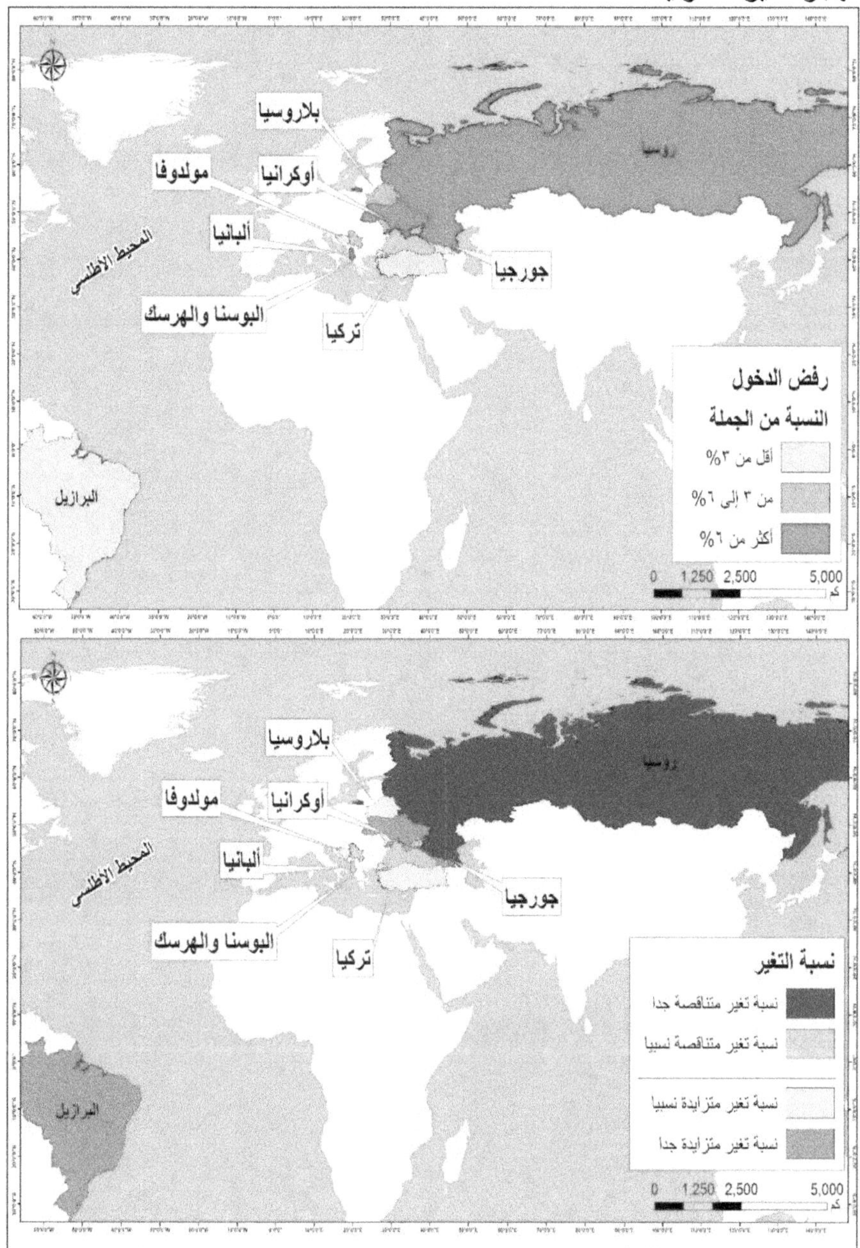

شكل رقم (38) نسبة المهاجرين الذين تم رفض دخولهم من جملة المهاجرين لدول أوروبا

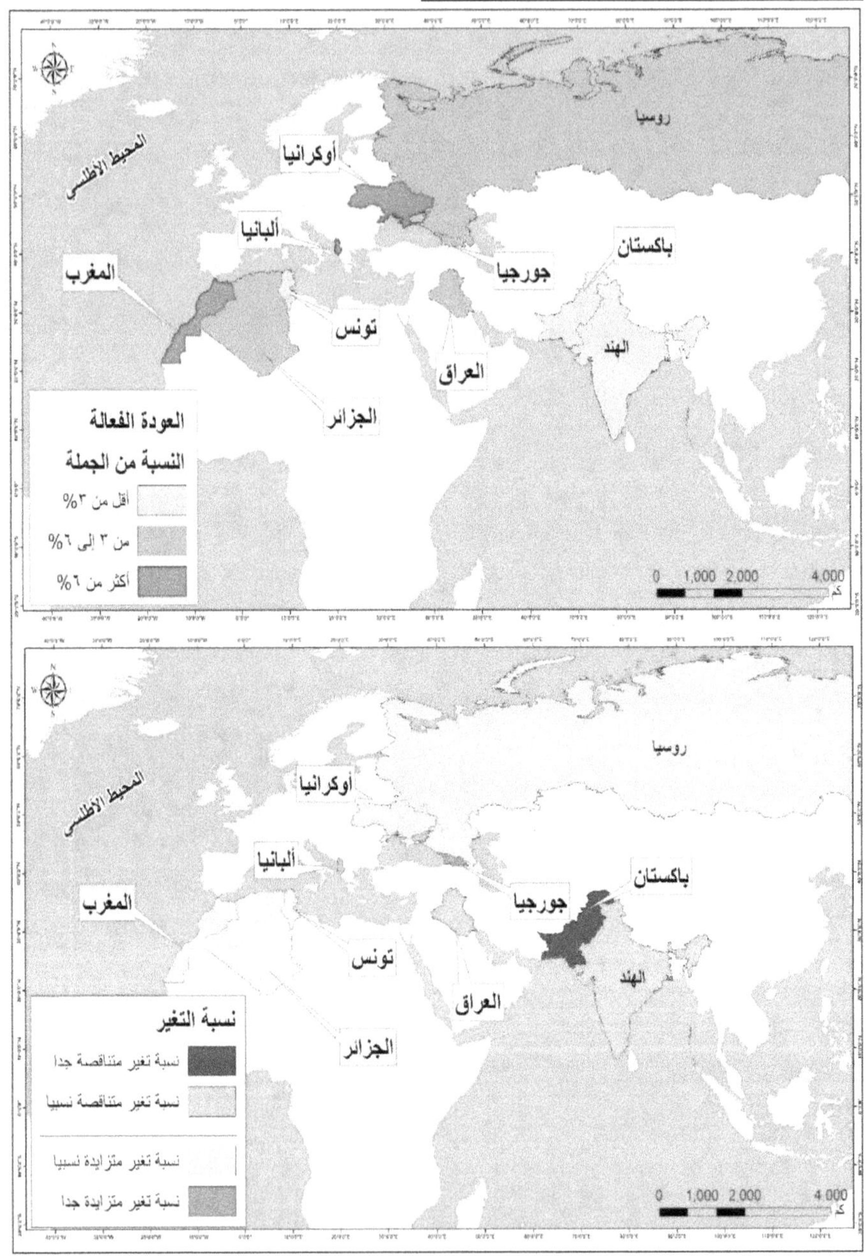

شكل رقم (39) نسبة المهاجرين التي كانت عودتهم فعالة من جملة المهاجرين لدول أوروبا

الهجرة غير القانونية

(4-3-6) العودة الصادرة:

تنتشر حالة العودة الصادرة فيما يقرب من ثُلثي جملة عدد الدول المصدرة للهجرة القانونية، حيث سجلت سبع دول معدلات تغير سالبة؛ هي المغرب والجزائر من أفريقيا والعراق وباكستان وأفغانستان وسوريا من أسيا، فضلاً عن ألبانيا من أوروبا، مقابل دولتان سجلتا تغير موجب منخفض في أوكرانيا (12%) وتغير سريع في غينيا (184%).

أنظر الجدول رقم (34) والشكل رقم (38) اللذان يوضحان نسبة العودة الصادرة بين المهاجرين غير القانونيين التي تقصد القارة الأوروبية، ونسبة تغيرها بين عامي 2018/2017.

جدول 34 نسبة العودة الصادرة بين المهاجرين غير القانونيين التي تقصد القارة الأوروبية ونسبة التغير بين عامي 2018/2017

دراسة الحالة	(%)	التغير	دراسة الحالة	(%)	التغير
البانيا	5.8	-7.8	باكستان	5	-0.3
المغرب	6.6	-14	افغانستان	6.4	-1.7
الجزائر	3.3	-2.4	غينيا	3.6	184
اوكرانيا	12	15	مالي.	3.1	0
العراق	5.5	-19	سوريا	2.3	-21

المصدر: البيانات الرئيسية فرونتكس،2017، والنسب والمعدلات من عمل الباحث.

(4-3-7) دخول سري (بحري- بري):

فيما يتعلق بحالة رفض الدخول إلى الدول الأوروبية بسبب الدخول السري للمهاجرين غير القانونيين، يتضح أن نسبتها تتراوح بين 6-2% بصفة عامة، وارتفاع نسبتها إرتفاعاً كبيراً بين مهاجري أفغانستان(46% من إجمالي مهاجري الحالة). أنظر الجدول رقم (35) الذي يوضح نسبة العودة الصادرة بين المهاجرين غير القانونيين التي تقصد القارة الأوروبية، ونسبة تغيرها بين عامي 2018/2017.

وفيما يتعلق بنسبة التغير فيما بين عامي 2018/2017 في دول الحالة، يتضح التغير الإيجابي للمهاجرين غير القانونيين البنغال بما يزيد عن سنة أمثال(664%)، والمهاجرين الباكستانيين بما يزيد عن أربعة أمثال(421%)، والمهاجريين الإيرانيين بما يقترب من ثلاثة أمثال(269%)، وأخيراً المهاجريين الأفغان الذين تضاعفوا (112%).

وقد تناقص عدد المرفوض دخولهم إلى الدول الأوروبية بسبب الدخول السري بين العراقيين والسوريين ومهاجري غينيا فيما بين العامين الأخيرين.

ويعزي الأمر " أنه بسبب سهولة المواصلات وتقارب العالم الأن أصبح يوجد في البلاد العديدة غير المسلمة جاليات اسلامية، ويزداد عدد السلمين يوماً بعد يوم في

القارة الأوروبية والأمريكتين وأستراليا وأيضاً في أسيا وأفريقية.... وأكثر هذه الزيادة بسبب الهجرة وبعضها بسبب دخول الإسلام جماعات من غير المسلمين"[1].

جدول 35 نسبة دخول سري (بحري - بري) بين المهاجرين غير القانونيين التي تقصد القارة الأوروبية ونسبة التغير بين عامي 2018/2017

دراسة الحالة	(%)	التغير	دراسة الحالة	(%)	التغير
الجزائر	5.4	34	غينيا	5	-54
تونس	2.6	26	سوريا	2.8	-44
العراق	5.3	-30	إيران	5.2	269
باكستان	11	421	تركيا	2.9	33
أفغانستان	46	112	بنجلادش	3.7	664

المصدر: البيانات الرئيسية فرونتكس،2017، والنسب والمعدلات من عمل الباحث.

---

[1] عبـد الجليـل شـلبي.معركة التبشير والإسـلام،"حركات التبشـير والإسـلام فـي آسيا وأفريقيـا وأوروبا، مؤسسة الخليج العربي، القاهرة، الطبعة الأولى،1989، ص307.

الهجرة غير القانونية

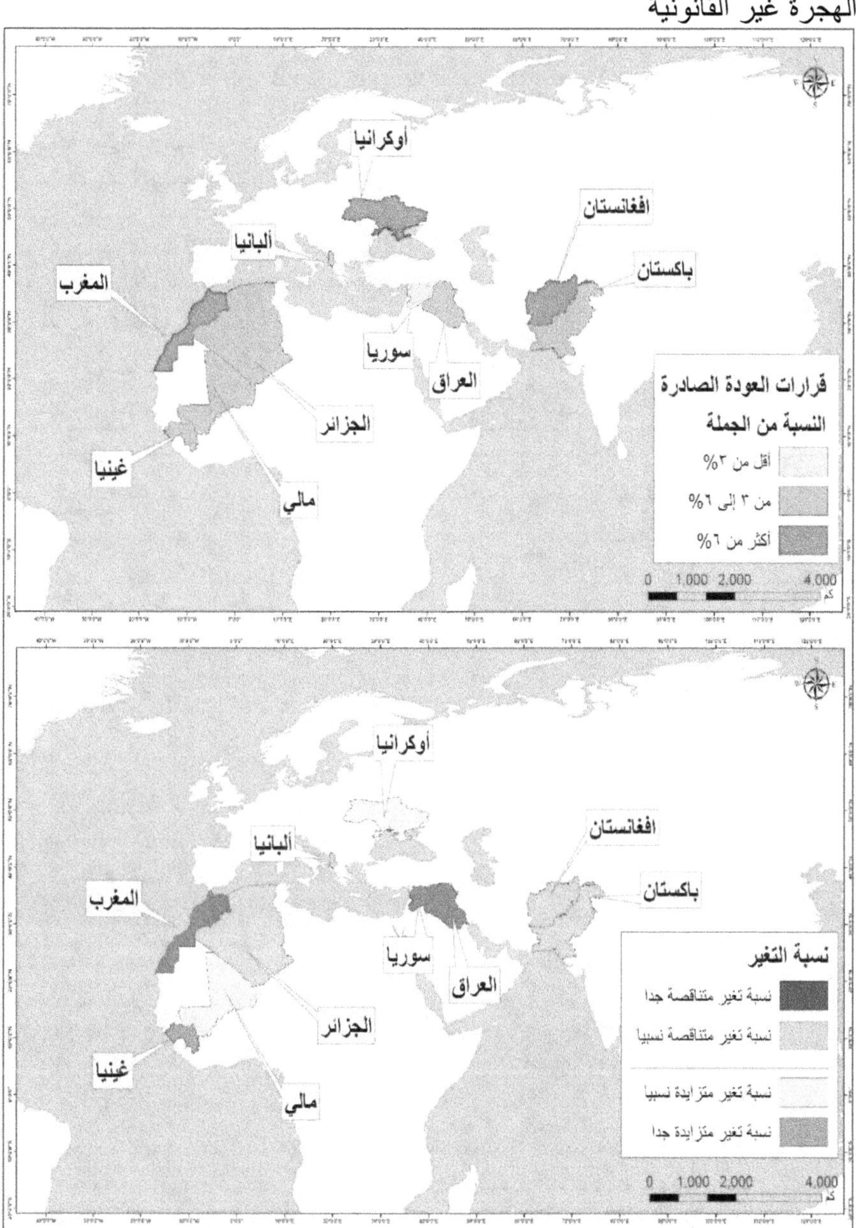

شكل رقم (40) نسبة المهاجرين التي صدرت بحقهم قرارات عودة من جملة المهاجرين لدول أوروبا

(4-3-8) دخول الميسرين:

تراوحت نسبة الميسرين بين المهاجرين غير القانونيين المرفوضين من دخول دول القارة الأوروبية بين 3-7% من جملة أعداد الحالة، والغريب أنها ضمت دولاً أوروبية مثل فرنسا وأسبانيا وإيطاليا وألبانيا، بالإضافة إلي المغرب وتونس من شمال أفريقيا، وسوريا وإيران وباكستان والصين من آسيا. أنظر جدول رقم (36) الذي يوضح نسبة الميسرين بين المهاجرين غير القانونيين التي تقصد القارة الأوروبية، ونسبة التغير بين عامي 2018/2017. وقد ظهرت فيه أربع دول بنسب تغير سالبة مثل ألبانيا وإيطاليا من أوروبا، والمغرب من أفريقيا وإيران من آسيا. جدول رقم (36).

جدول 36 نسبة الميسرين بين المهاجرين غير الشرعيين التي تقصد القارة الأوروبية ونسبة التغير بين عامي 2018/2017

التغير	(%)	دراسة الحالة	التغير	(%)	دراسة الحالة
-21	5.8	إيران	-6.5	5.7	البانيا
51	6.2	فرنسا	-13	6.5	المغرب
0.4	4.5	اسبانيا	154	3.3	تونس
-8	4.1	ايطاليا	36	4.7	باكستان
30	3.1	الصين	41	4.9	سوريا

المصدر: البيانات الرئيسية فرونتكس،2017، والنسب والمعدلات من عمل الباحث.

الخلاصة:

بلغت جملة عدد من صدر في حقهم أمر مغادرة أو تم رفض دخولهم 869080 مهاجر غير قانوني في العقد الأخير، 627570 مهاجر بنسبة (70.2%) منهم عبر المداخل البرية، 194835 بنسبة (22.4%) عبر المداخل الجوية، وأخيراً 46675 بنسبة(5.4%) عبر المداخل البحرية.

ظلت نسبة من صدر في حقهم أمر مغادرة بين المهاجريين غير القانونيين لدى الإتحاد الأوروبي شبه ثابتة مع الميل نحو الانخفاض حتى عام 2013، ولكنها بدأت في الارتفاع وتصل إلى قمتها عام 2015، ورغم انخفاضها النسبي في العام التالي(2016) ولكنها تظل مرتفعة نسبياً، واستمرت في الانخفاض حتى بلغت أدناها في عام 2018.

يبقى أسباب رفض الدخول والتي تراوحت بين أربعة أسباب، وهي إما بسبب لا تأشيرة صالحة أو تصريح الإقامة (49.7%)، بسبب عدم وجود وثيقة للسفر صالحة (45.9%)، أو بسبب تأشيره زائفة أو تصريح إقامة زائف (2.8%) وأخيرا بسبب وثيقة سفر مزورة (1.6%)، وستعرض فيما يلي تلك الأسباب بالتفصيل.

* * *

الفصل الخامس

القانونيين والرحلة

توطئة:

يعرض هذا الفصل للمهاجرين غير القانونيين، ورحلة المعاناة من بلادهم وعبر الطرق والمعابر ومعسكرات الاحتجاز والاستقبال، وموقف مجتمعات العبور والاستقبال، والمشاكل التي يواجهونها والتي يحدثوها بعد وصولهم، وموقف الحكومات والمجتمعات الجديدة,

ويتألف من ثمانية مباحث؛ أولهما يعرض للخصائص النوعية للمهاجرين والتي تتراوح بين هجرة غير قانونية شبه ذكورية، أو تنطوي عن ارتفاع كبير للذكورة وتراجع أنثوي، أو توازن نوعي مختل جزئيا. في المقابل يتعلق المبحث الثاني بالخصائص العمرية للمهاجرين؛ بالنسبة لجملتهم وفروقات المركب العمري بين المهاجرين الذكور والإناث.

ويناقش المبحث الثالث معاناة المهاجرين غير القانونيين في المخيمات ومراكز الاحتجاز الليبية ومخيم الدار البيضاء ومركز إستقبال إيطالي، والمعاناة أثناء الرحلة البرية، ومداهمات الشرطة في المغرب، وتحولات المهاجرين السنغال بين القيود والاعاقة.

كما تُظهر المباحث الثلاثة التالية قضايا ظهرت نتيجة حركة الهجرة غير القانونية مثل وفيات المهاجرين، والعبودية الحديثة، والتهريب على الطرق والمعابر الرئيسية مثل التهريب إلى البحر المتوسط عبر ليبيا، والتهريب إلى أوروبا عبر تركيا، والهجرة غير القانونية والإسلام فوبيا.

حيث " ترى الحكومات الأن بشكل متزايد، أن اتخاذ إجراءات صارمة لمنع" الهجرة غير المرجب بها" مسألة ضرورية ومهمة جدًا لحماية السلام الاجتماعي[1].

(5-1) الخصائص النوعية للمهاجرين

تعكس النسبة النوعية التوازن النوعي في المجتمع بين الذكور والإناث، والذي يفترض أنه يدور حول مائة ذكر لكل مائة أنثى، وأي تجاوز أو تقلص لكلا النوعين عن ذلك، يكشف خللاً يجب إصلاحه، هذا في المجتمعات المستقرة، ولكن تؤثر الهجرات في هذا التوازن بدرجة تتراوح بين خمسة إلى عشرة في المئة لميل الذكور نحو المغامرة والمبادرة بالهجرة عكس الإناث.

وفي الهجرة غير القانونية، تختل نسبة النوع اختلالاً كبيراً نتيجة زيادة المخاطر، والجدول رقم (37) والشكل رقم (39) يوضحان ارتفاع نسبة النوع ارتفاعا كبيرا بين المهاجرين غير القانونيين في الفترة (2009-2018) بين الدول داخل وخارج الاتحاد الأوروبي.

---

[1] ستيفن كاستلز، مارك ميللر. عصر الهجرة، ترجمة: منى الروبي، الهيئة العامة لشئون المطابع الاميرية، المركز القومي للترجمة،ط1-القاهرة،2013،ص679.

غير القانونيين والرحلة

جدول 37 جملة عدد المهاجرين غير القانونيين في الفترة (2009-2018) وفقا للنوع في الدول داخل وخارج الاتحاد الأوروبي

الدولة	ذكور	اناث	النسبة النوعية
إيطاليا	282395	21995	1284
فرنسا	747600	60715	1231
ليختنشتاين	100	10	1000
كرواتيا	19625	2720	722
بلجيكا	121750	17080	713
بلغاريا	54505	9030	604
هولندا	32420	5385	602
لكسمبورج	1455	255	571
لاتفيا	2630	485	542
المجر	483915	107210	451
اليونان	963410	219745	438
مالطا	8765	2145	409
النمسا	252575	63450	398
سويسرا	99590	25060	397
المجموع	5337555	1356225	394
داخل الاتحاد	5050905	1296595	390
اسبانيا	396290	104380	380
خارج الاتحاد	125315	32970	380

الدولة	ذكور	اناث	النسبة النوعية
الدنمارك	6050	1855	326
سلوفاكيا	13400	3725	360
النرويج	25575	7875	325
ليتوانيا	13260	4100	323
فنلندا	31840	10445	305
سلوفينيا	18180	6300	289
المانيا	991735	347520	285
رومانيا	19035	6885	276
إنجلترا	386430	147245	262
البرتغال	50945	20710	246
التشيك	27270	11225	243
استونيا	5155	2515	205
بولندا	97165	47640	204
ايسلند	50	25	200
السويد	131320	66085	199
اير لندا	15345	8290	185
قبرص	37775	24120	157

المصدر: فرونتكس والنسب من حساب الباحث

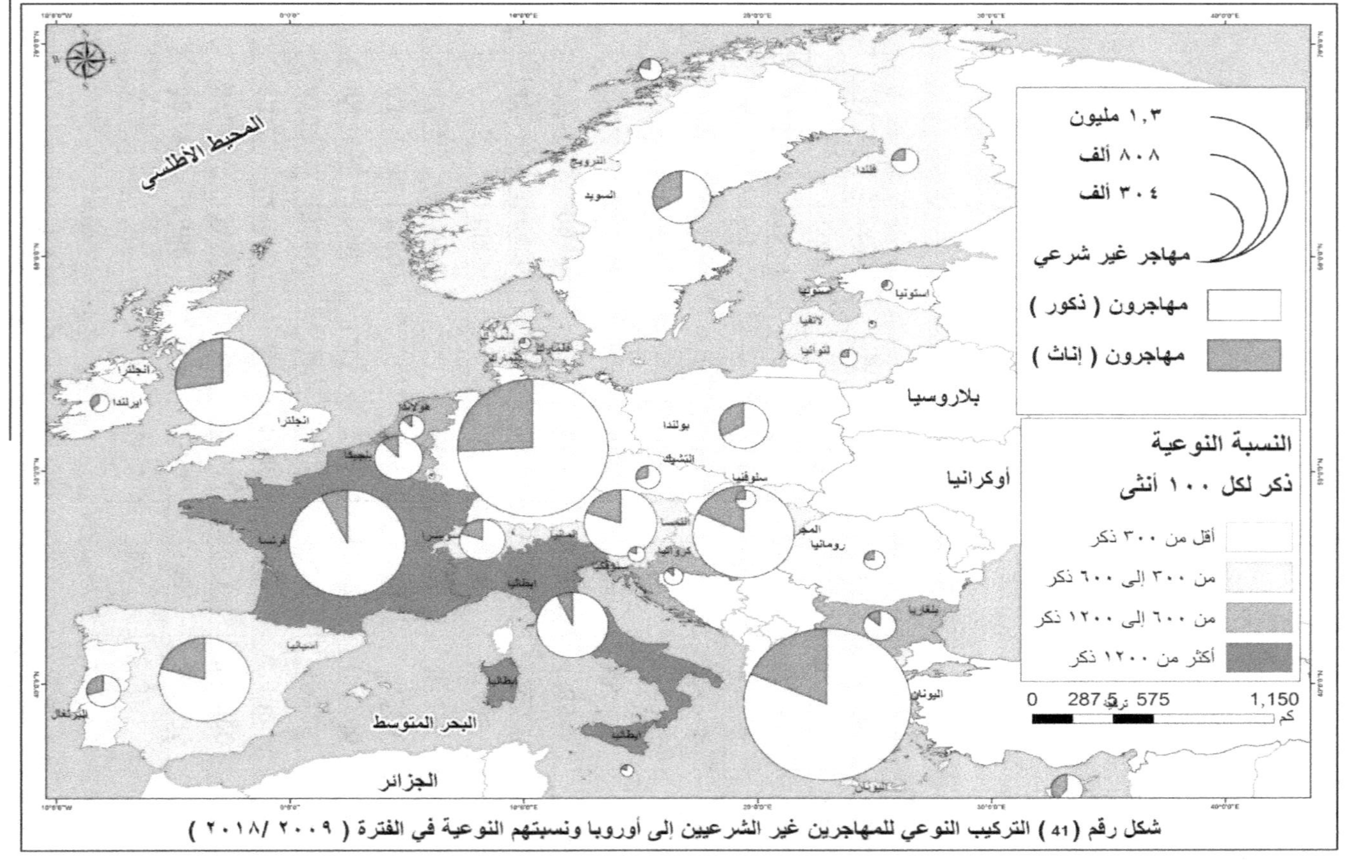

شكل رقم (41) التركيب النوعي للمهاجرين غير الشرعيين إلى أوروبا ونسبتهم النوعية في الفترة (٢٠٠٩ / ٢٠١٨)

غير القانونيين والرحلة

توجد تفاوت كبير في نسبة الاختلال النوعي بين المهاجرين غير القانونيين بين دول القارة الأوروبية سواء داخل الاتحاد الأوروبي أو الدول التي تقع خارجه، **ويمكن أن نميز عدة مستويات:**

(5-1-1) هجرة غير قانونية شبه ذكورية:

ترتفع في هذا المستوى نسبة عدد المهاجرين الذكور بما يزيد عن عشرة أمثال عدد المهاجرات من الإناث ؛ ويتمثل هذا النمط أو المستوى في ثلاثة دول، إثنتان من دول إقليم البحر المتوسط جنوب أوروبا، هي إيطاليا (12.8 مثل)، تليها فرنسا (12.3 مثل)، ودولة واحدة من خارج الاتحاد الأوروبي هي ليختنشتاين(عشرة أمثال).

(5-1-2) ارتفاع كبير للذكورة وتراجع أنثوي:

ترتفع بتلك المجموعة من الدول نسبة الذكور في الهجرة غير القانونية الواردة إليها، بما يتراوح بين خمسة وسبعة أمثال حجم عدد المهاجرات الإناث؛ وتتمثل في ست دول، ثلاثة دول منها من إقليم غرب أوروبا (مجموعة دول البنلوكس) وهي بلجيكا وهولندا ولكسمبورج، وثلاثة دول من شرقي أوروبا هي كرواتيا وبلغاريا ولاتفيا. أنظر شكل رقم (40) الذي يوضح النسبة النوعية ودرجة التوازن بين المهاجرين غير القانونيين الذكور والإناث.

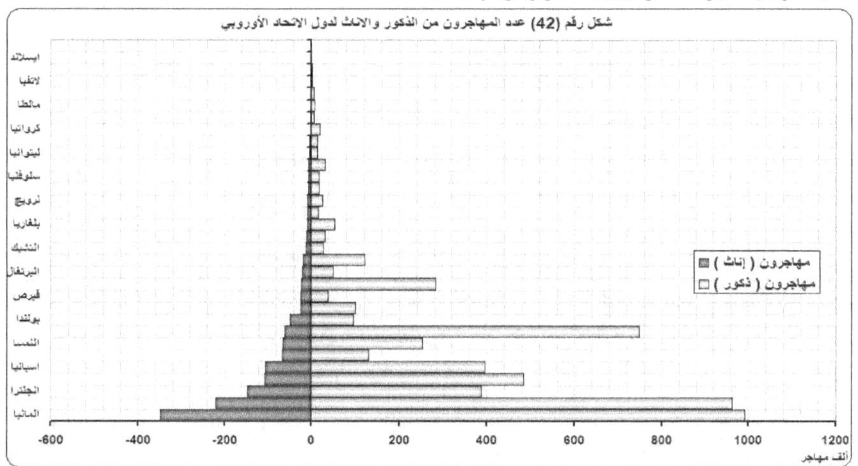

(5-1-3) توازن نوعي مختل بنسبة كبيرة:

ترتفع بدول تلك المجموعة نسبة الذكور بما يتراوح بين 305 و451 ذكرا لكل مائة أنثى، وتضم إحدى عشرة دولة. ويقع بها متوسط قارة أوروبا التي تصل بها النسبة النوعية للمهاجرين غير القانونيين لما يقرب من ثلاثة أمثال (394 ذكر/100 أنثى)، وتضم أيضا الدول داخل الاتحاد الأوروبي(390 ذكرا لكل مائة أنثى)، ودول خارج الاتحاد الأوروبي(380 ذكراً لكل مائة أنثى). وتضم تلك المجموعة اليونان ومالطا واسبانيا من دول البحر المتوسط، والنمسا وسويسرا من إقليم الألب،

والنرويج وفنلندا والدنمارك من شمال أوروبا، وسلوفاكيا والمجر وليتوانيا من شرق أوروبا.

(5-1-4) توازن نوعي مختل جزئيًا:

تنخفض النسبة النوعية بين المهاجرين غير القانونيين بتلك المجموعة من الدول عن 290 ذكراً لكل مائة أنثى؛ وتصل أدناها حتى 157 ذكراً/ 100 أنثى؛ وتضم إثنتا عشرة دولة، خمس دول من وسط وشرق أوروبا هي سلوفينيا ورومانيا وبولندا والتشيك وأستونيا، وثلاثة دول من إقليم غرب أوروبا هي ألمانيا وإنجلترا وايرلندا، ودولتان من جنوب أوروبا بإقليم البحر المتوسط وهي البرتغال وقبرص، ودولتان من إقليم شمال أوروبا وتتمثل في ايسلند والسويد.

(5-2) الخصائص العمرية للمهاجرين

(5-2-1) المركب العمري لجملة المهاجرين غير القانونيين:

يشكل المهاجرون إلى دول أوروبا داخل الاتحاد الأوربي الغالبية العظمى (99.8%) لمن وصل القارة الأوروبية خلال العقد الأخير، ونسبة ضئيلة للدول التي تقع خارج الاتحاد، ومن ثم فإن التكوين النسبي للفوارق في اعمار المهاجرين ليست لها دلالة كبيرة، ويوضحها الجدول رقم (38) الذي يبين نسبة المهاجرين غير القانونيين في الفئات العمرانية بالفترة (2009-2018).

جدول 38 نسبة المهاجرين غير القانونيين في الفئات العمرية بالفترة (2009-2018)

نسبة خارج الاتحاد	نسبة داخل الاتحاد	خارج الاتحاد	داخل الاتحاد	
0.4	6.7	445	365520	أقل من 14 عام
1.9	5.8	2135	319415	بين 14 الي 17 سنة
3.4	14.0	3905	766,360	18/ 17 عام
94.3	73.5	107135	4,032,550	من 18 الى 34
100	100	113620	5483845	الجملة

المصدر: فرونتكس والنسب من حساب الباحث

يتراوح أعمار المهاجرين غير القانونيين إلى قارة أوروبا بين ربع (27%) للأطفال(أقل من 18 عاماً) وما يقرب من ثلاثة أرباع (73%) للشباب اللذين يزيدون عن ثمانية عشر عاماً ويقلون عن 34 عاماً. ومن الملاحظ غياب مهاجرين في مرحلة الشيخوخة والكهولة حتى الناضجون الكبار غائبون.

حتى الأطفال المهاجرون نجد نصفهم (52.%) على أعتاب مرحلة الشباب(17-18 عاما)، وخمسهم (21.4%) من الفتيان (14-17 عاما)، ويبقى ربع جملة(24.8%) الأطفال المهاجرين يقلون عن ثمانية عشر عاما. ومن الملاحظ تدني نسبة الأطفال 5.7% من جملة مهاجري دول أوروبا خارج الاتحاد أطفال مقابل 26.5% للدول داخله.

غير القانونيين والرحلة

ويتفاوت المركب النسبي للمهاجرين غير القانونيين وفقاً لأعمارهم بدول القارة الأوروبية على النحو الذي يوضحه جدول رقم (39) والشكل رقم (41) اللذان يعرضان للتوزيع النسبي للمهاجرين غير القانونيين وفقاً لأعمارهم في الفترة بين 2018/2009، ويمكن أن نستخلص من كليهما عدة حقائق نوجزها في المستويات التالية.

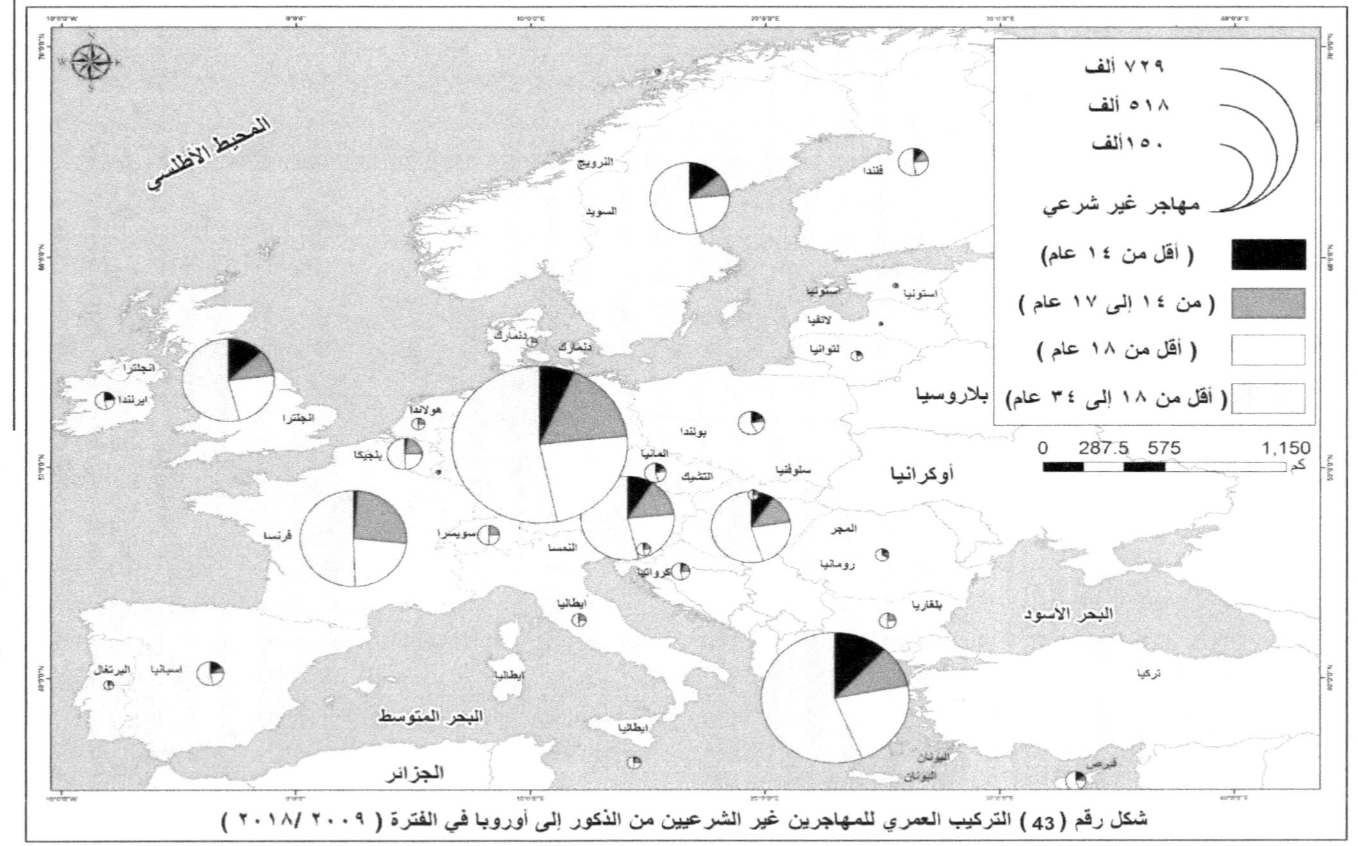

شكل رقم (43) التركيب العمري للمهاجرين غير الشرعيين من الذكور إلى أوروبا في الفترة (٢٠٠٩ / ٢٠١٨)

غير القانونيين والرحلة

أولا: دول تحتكر المهاجرين الشباب بنسب تتجاوز متوسطها العام(73.5%)، ويمكـن تمييز المستويات التالية:

- دول تجتذب المهاجرين غير القانونيين الشباب بالدرجة الأولى، حيث يزيدون عن تسعين في المئة من جملة عدد المهاجريين، وتظهر في ثلاث دول من أوروبا المتوسطية هي اسبانيا وإيطاليا والبرتغال، ومن دول أوروبا الألبية والبلقانية والشرقية مثل سويسرا وبلغاريا وسلوفينيا ولاتفيا، فضلا عن دولتين من شمال أوروبا هما هولندا النرويج.

- دول تتراوح نسبة الشباب بين المهاجرين غير القانونيين الشباب بين ثمانين وتسعين في المئة من جملة عدد المهاجريين، وتظهر من شمال القارة دولة بلجيكا وايسلند، ومن وسط وشرق أوروبا تظهر أربع دول هي بولندا ورومانيا وسلوفاكيا واستونيا، ثم ثلاثة دول من أوروبا المتوسطية هي مالطة وفرنسا وقبرص.

- أربعة دول سجلت نسب مهاجرين شباب تتجاوز المتوسط العام ولكن أقل من ثمانين في المئة هي؛ الدنمارك وكرواتيا وليتوانيا ولوكسمبرج.

جدول 39 نسبة المهاجرين غير القانونيين في الفئات العمرية بالفترة (2009-2018)

18/ 34	أقل من 18	14/ 17	أقل من 14	الدولة	18/ 34	أقل من 18	14/ 17	أقل من 14	الدولة
78.3	12.7	5.9	3.1	مالطا	85.9	8.5	4.4	1.2	بلجيكا
92.7	5.3	1.0	1.0	هولندا	93.6	3.3	2.9	0.2	بلغاريا
59.8	20.8	8.9	10.5	النمسا	71.9	14.4	3.3	10.4	التشيك
85.2	6.8	1.5	6.5	بولندا	77.7	11.8	9.5	1.0	الدنمارك
96.9	1.7	0.5	0.9	البرتغال	64.4	18.6	10.3	6.7	المانيا
81.9	9.6	2.6	5.9	رومانيا	86.8	8.2	2.1	2.9	استونيا
90.7	5.8	1.5	2.1	سلوفينيا	60.4	20.7	0.9	18.0	أيرلندا
81.1	11.8	2.2	4.9	سلوفاكيا	70.8	15.4	4.3	9.5	اليونان
65.3	19.5	4.5	10.6	فنلندا	96.3	1.9	0.3	1.4	اسبانيا
47.1	28.8	5.1	19.1	السويد	82.8	9.2	7.5	0.5	فرنسا
68.9	16.7	3.3	11.0	انجلترا	75.1	11.1	8.4	5.4	كرواتيا
81.8	9.1	0.0	9.1	ايسلند	99.2	0.5	0.2	0.0	ايطاليا
66.7	16.7	13.9	2.8	ليختنشتاين	83.1	7.7	2.4	6.8	قبرص
98.4	0.8	0.5	0.3	النرويج	92.3	4.2	3.5	0.0	لاتفيا
93.3	4.1	2.2	0.4	سويسرا	78.5	11.2	3.0	7.4	ليتوانيا
0.0	0.0	0.0	0.0	تركيا	75.2	11.8	4.2	8.8	لوكسمبرج
73.5	14.0	5.8	6.7	الجملة	63.6	18.8	8.0	9.5	المجر

المصدر: فرونتكس والنسب من حساب الباحث

ثانيــا: دول تــنخفض بهـا المهـاجرون الشـباب بنسـب تــنخفض عــن متوسـطهم العـام(73.5%)، ويمكن تمييز المستويات التالية:

- دول تنخفض عن المتوسط العام ولكن لا تنخفض عن سبعين في المئة مثل التشيك واليونان، ومجموعة من الدول شكل المهاجرين غير القانونيين ما بين 70/60% من جملة المهاجرين مثل المانيا ايرلندا إنجلترا من دول غرب أوروبا، وفنلندا من شمالها، وليختنشتاين والمجر.
- ينخفض الشباب لحدود نصف المهاجرين (60/50%) في دول النمسا والمجر، تنخفض نسبة لأقل من النصف في دولة السويد(47.1%).

(2-2-5) فروقات المركب العمري بين المهاجرين الذكور والإناث:

يتفاوت المركب العمري للمهاجريين غير القانونيين وفقاً لأعمارهم بين الذكور والإناث بقارة أوروبا داخل وخارج الإتحاد الأوروبي على النحو الذي يوضحه كل من، جدول رقم (40) والشكلان (42) و(43) اللّذان يعرضان للتوزيع النسبي للمهاجرين غير القانونيين وفقاً لأعمارهم، في الفترة ما بين 2018/2009، ويتضح غلبة نسبة الشباب من 18 الى 34 عام بين النوعين (75.4% للذكور) مقابل 59.7% للإناث.

جدول 40 نسبة المهاجرين غير القانونيين الذكور في الفئات العمرية بالفترة (2009-2018)

نسبة خارج الاتحاد	نسبة داخل الاتحاد	خارج الاتحاد	داخل الاتحاد	المهاجرون الذكور
0.2	4.6	195	204410	أقل من 14 عام
2.9	7.9	2745	353320	ذكور من 14 الى 17 عام
3.1	12.2	2935	545010	أقل من 18 عام
93.8	75.4	89040	3,376,275	من 18 الى 34 عام
10012.5	100	94915	4479015	الجملة

جدول 41 نسبة المهاجرين غير القانونيين الإناث في الفئات العمرانية بالفترة (2009-2018)

نسبة خارج الاتحاد	نسبة داخل الاتحاد	خارج الاتحاد	داخل الاتحاد	المهاجرون الإناث
1.2	14.6	25	16020	أقل من 14 عام
3.6	5.7	72	6232	من 14 الى 17 عام
4.8	20.1	95	22040	أقل من 18 عام
90.4	59.7	1806	65565	من 18 إلى 34 عام

غير القانونيين والرحلة

الجملة	109856	1997	100	100

المصدر: فرونتكس والنسب من حساب الباحث

سبق الإشارة أن نسبة الشباب بين المهاجرين غير القانونيين تقترب من ثلاثة أرباعهم (73.0%)، لكنها ترتفع بين الذكور إلى 75.4% مقابل 59.7% بين الإناث، بينما ترتفع نسبة الأطفال المهاجرين غير القانونيين بين الذكور عن الاناث بنسبة 40.4%-24.7% لكل منهما على التوالي.

تجاوزت نسبة المهاجرين الشباب عن المتوسط العام بالقارة في 23 دولة، تمثل سبعين في المئة تقريباً(69.7%) من جملة عدد الدول المبينة في الجدول التالي رقم(42)، بينما نجدهم في عشرة دول فقط بين الاناث تمثل 30.3% من جملة الدول المبينة.

يلاحظ انخفاض نسبة الشباب بين المهاجرين الذكور انخفاضاً كبيراً في السويد(48.5%) والنمسا (62.1%) وألمانيا (64.5%) وفنلندا (66.5%)على عكس أغلبية الدول الأوروبية التي تكاد تتحول الهجرة فيها هجرة شبابية ذكورية.

جدول 42 نسبة المهاجرين غير القانونيين من الأطفال الذكور والشباب بالفترة (2009-2018)

الدولة	الأطفال		الشباب 18/ 34		الدولة	الأطفال		الشباب 18/ 34	
	الذكور	الاناث	الذكور	الاناث		الذكور	الاناث	الذكور	الاناث
بلجيكا	14.8	28.7	85.2	71.3	مالطا	24.4	24.8	75.7	75.1
بلغاريا	7.2	2.1	92.8	98.0	هولندا	8.4	15.2	90.6	84.8
التشيك	26.5	33.4	73.6	66.6	النمسا	37.9	55.2	62.1	44.8
الدنمارك	25.0	15.4	75.0	84.6	بولندا	11.8	22.7	88.3	77.3
المانيا	35.4	40.1	64.5	59.9	البرتغال	3.5	4.7	96.6	95.2
استونيا	12.3	22.3	87.6	77.7	رومانيا	16.9	24.8	83.1	75.3
أيرلندا	33.6	53.1	66.4	47.9	سلوفينيا	11.7	9.9	88.4	90.1
اليونان	24.5	53.0	75.5	46.0	سلوفاكيا	21.4	29.2	78.6	70.7
اسبانيا	2.8	8.0	97.2	91.9	فنلندا	33.5	39.5	66.5	50.5
فرنسا	19.6	15.0	80.4	85.1	السويد	51.4	61.6	48.5	38.4
كرواتيا	22.4	43.5	77.6	56.5	انجلترا	28.4	43.8	71.6	56.2
ايطاليا	1.1	0.2	98.9	99.7	ايسلند	00.0	0.0	100.0	100.0
قبرص	14.0	25.0	86.1	74.1	ليختنشتاين	13.3	0.0	86.7	0
لاتفيا	8.2	3.2	91.8	96.8	النرويج	1.7	1.8	98.3	98.2

87.9	92.8	12.1	6.2	سويسرا	60.6	83.0	39.4	16.9	ليتوانيا
0	0.0	0.0	0.0	تركيا	50.0	79.5	50.0	20.5	لوكسمبرج
59.7	75.4	40.4	24.7	الجملة	48.3	66.1	51.8	33.0	المجر

المصدر: فرونتكس والنسب من حساب الباحث

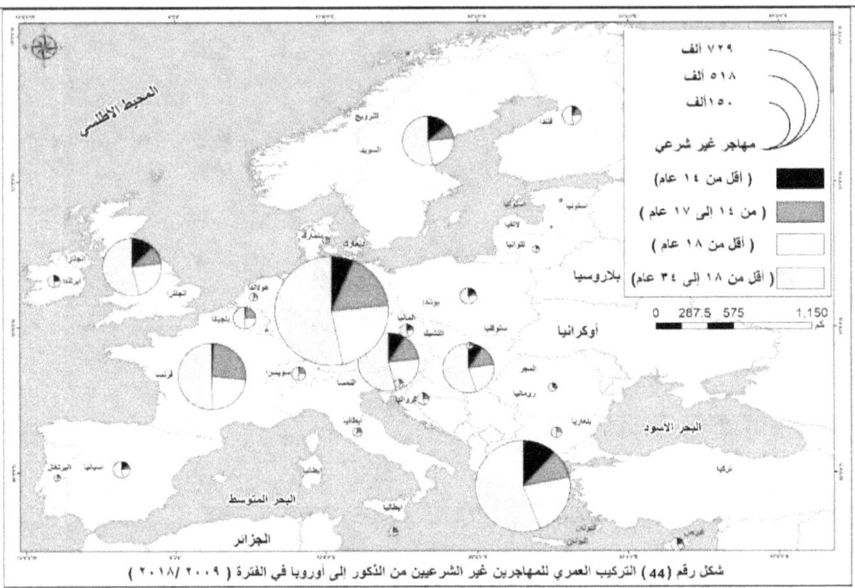

شكل رقم (44) التركيب العمري للمهاجرين غير الشرعيين من الذكور إلى أوروبا في الفترة (٢٠٠٩ / ٢٠١٨)

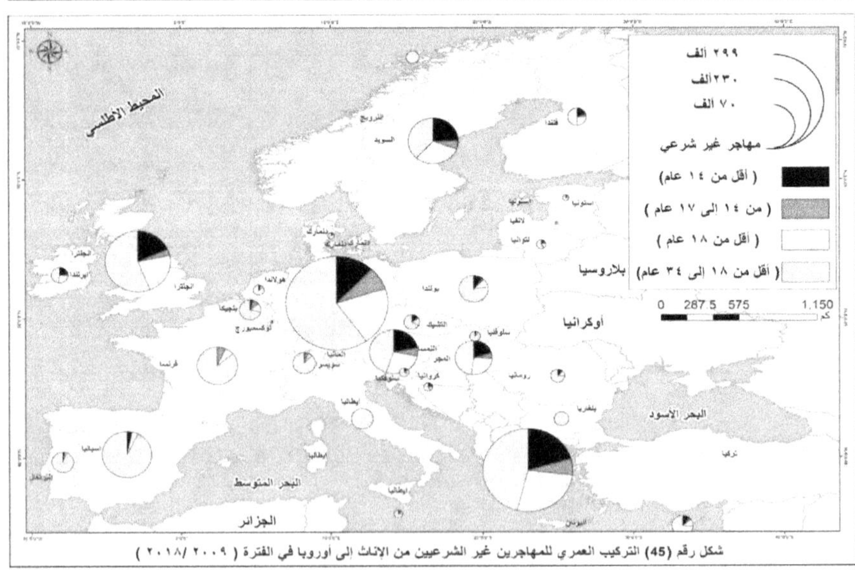

شكل رقم (45) التركيب العمري للمهاجرين غير الشرعيين من الإناث إلى أوروبا في الفترة (٢٠٠٩ / ٢٠١٨)

غير القانونيين والرحلة

(5-3) أطفال الهجرة غير القانونية:

تعد مشاركة الأطفال في الهجرة غير القانونية بدون ذويهم كان أمراً فريداً ويجدر دراسته، على الرغم من وجود البعض منهم في رحلات الهجرة غير القانونية إلى جانب الرجال والنساء.

وفيما يلي عرض لتجربة المهاجرين من الأطفال في طريق وسط البحر المتوسط في ليبيا على سبيل المثال:

اعتباراً من سبتمبر 2016 حيث تم تحديد ما يقدر 258 ألف مهاجر في ليبيا(1)، منهم 28031 من النساء (11%)- 23102 من الأطفال (9%)، حيث شكل الأطفال غير المصحوبين بذويهم (2) ثلث تلك المجموعة، ويعتقد أن الأرقام الحقيقية أعلى من ذلك بثلاث مرات على الأقل(3).

ومن بين 181436 مهاجر غير قانوني وصلوا إلى إيطاليا في عام 2016، عبر وسط البحر المتوسط كان هناك 28436 من الأطفال (حوالي 16%) من المجموع الكلي.(4)

طفل من كل عشرة أطفال عبروا البحر المتوسط في العام الماضي، كانوا غير مصحوبين بذويهم، حيث تمكن نحو 25846 طفل من العبور، وهذا ضعف العدد في العام السابق.(5)

و بلغت نسبة الأطفال المفقودين العام الماضي نحو 700 طفل من جملة ما يقدر بنحو 4579 شخصا لقوا حتفهم عند عبورهم البحر المتوسط ما بين ليبيا وإيطاليا.(6)

ومن ناحية أخرى قام مكتب اليونسيف القطري في ليبيا بتمويل دراسة مسحية لتقييم الاحتياجات في عام 2016، حيث تم تنفيذها بالتعاون مع منظمات مختلقة ضمت العينة 122 مشارك، من بينهم 82 امرأة و40 طفلاً من الأطفال المهاجرين الذين تمت مقابلتهم خلال هذه الدراسة وهم يحملون نحو 11 جنسية، ولوحظ أن البعض منهم ولد في ليبيا. وأجريت معهم مقابلات في ليبيا أثناء رحلات الهجرة،

---

1 International Organization for Migration, DTM Libya Round 6 Report, IOM, Geneva, September2016, p 16.

2 ibid, p. 20.

3 International Organization for Migration, 'Libya',
<www.iom.int/countries/libya>.

4 United Nations Children's Fund, 'Refugee and Migrant Crisis Europe', Humanitarian Situation
Report, UNICEF, New York, no. 19, January 2017, p.

5 ibid, p. 2.

6 Frontex (European Border and Coastguard Agency), 'Profiting from Misery – How smugglers
bring people to Europe', <http://frontex.europa.eu/feature-stories/profiting-from-misery-howsmugglers-
bring-people-to-europe-tQtYUH>.

حيث لوحظ أن من بين كل أربعين طفلاً تمت مقابلتهم، كان هناك نحو 25 من الذكور و15 من الاناث، حيث تراوحت أعمارهم ما بين 17-10 عاماً.

و من النتائج الرئيسية للدراسة ما يلي:(1)

- ذكر أن: ما يقرب من نصف الأطفال وصلوا مع أصدقاء لهم إلى ليبيا، مما يشير إلى أنهم وصلوا مع أطفال آخرين، حيث أن النصف الآخر وصلوا مع والديهم أو أقاربهم. مما يعد تهديداً صريحاً للأطفال غير المصحوبين بذويهم.

- ووجد أن من بين 256000 مهاجر غير قانوني مقدر أنهم في ليبيا، منهم حوالي 23000من الأطفال بنسبة(9%)، ثلث هؤلاء الأطفال غير مصحوبين بذويهم. ومع ذلك، تعتقد المنظمة الدولية للهجرة أن الرقم الفعلي هو أعلى بذلك بثلاث مرات(2)، وأن عدد الأطفال غير المصحوبين بذويهم الذين وصلوا إلى إيطاليا في عام 2016-أكثر من 25800 مهاجر غير قانوني- وهو في حد ذاته مؤشر خطير.

- و لوحظ أن: ما نسبته 92% من جميع الأطفال الذين وصلوا إلى إيطاليا في العام الماضي غير مصحوبين بذويهم، مما يوضح التناقض مع نسبة الأطفال غير المصحوبين بذويهم في ليبيا،مما يقودهم في نهاية المطاف إلى مراكز الاحتجاز حيث عدم الاشراف أو الدعم.(3) ويقودهم إلى الأزمة، والتعرض لجميع أشكال العنف والإساءة والاستغلال، بل والاتجار بالبشر، وأحياناً أخرى، خيار التسول للحصول على الغذاء، ونادراً ما يتيسر لهم الحصول على الرعاية الصحية أو النفسية

(5-4) معاناة المهاجرين غير القانونيين في المخيمات:
(5-4-1) معاناة اللاجئين بمراكز الاحتجاز الليبية:
يوجد في ليبيا 34 مركز إحتجاز، تتركز في ثلاثة تجمعات:

أولا: مراكز الاحتجاز في منطقة بني غازي:
حيث يوجد 12 مركزاً للاحتجاز، تمثل أكثر من ثلث جملة مراكز الإحتجاز في ليبيا، بنسبة(3.35 %) من هذه الجملة؛ وهي: طبرق، القبة، شحات، البيضا1، البيضا2، قمينس، الأبيار، توكرة، بنغازي الكوفية، بنغازي الوفية.

---

1 United Nations Children's Fund, 'Migrants in Libya: Insights into the experience of women and
children in transit', Briefing Paper Draft, UNICEF, New York, February 2017
2 International Organization for Migration, 'Libya',
<www.iom.int/countries/libya>.
3 Save the Children estimated in 2015 that there were 700 children in immigration detention
(Reference: Save the Children, 'Save the Children Egypt-Libya-Tunisia Assessment Report',
22 June 2015). Others put the number at 20 children per detention centre at least (Key
Informant, as cited by Save the Children in the report).

ثانيا: مراكز الاحتجاز في منطقة طرابلس خارج المدينة:

ويبلغ عددها عشرة مراكز للاحتجاز، تمثل ما بين رُبع وثُلث جملة هذه المراكز بنسبة (29.4%)، يتوزعون بواقع: ثلاثة شرق المدينة هي مصراتة وزليتن والخمس،، وسبعة مراكز احتجاز غربها وجنوبها الغربي؛ وهي غريان الحمرا- الخمس-زاوية النصر-سورمان1 -سورمان2 -الزنتان

ثالثا: مراكز الاحتجاز بمدينة طرابلس:

توجد عشرة مراكز احتجاز بالمدينة، تمثل ما يقرب من ربع جملة مراكز الاحتجاز الليبية بنسبة (29.4%)، وهي: صلاح الدين، أبو سالم، قصر بن غشير، طريق السكة، الخلة الفرجان، حمزة) طارق المطر)، الفلاح، وطريق الشوك، والسراج، وتاجورا

رابعا: مراكز احتجاز أخرى:

حيث يوجد منها ثلاثة مراكز في الداخل والجنوب، تمثل 8.8% من جملة مراكز الاحتجاز في ليبيا، وهي سبها طارق المطير والقطرون في الجنوب الغربي، والكفرة في الجنوب الشرقي.

أنظر شكلي رقم (44)(45) اللذان يوضحان مدى حجم نطاق الإيفاد بالمهاجرين غير القانونيين من القارة الأفريقية إلى ليبيا حيث مراكز احتجاز المهاجرين بها عام 2018.

غير القانونيين والرحلة

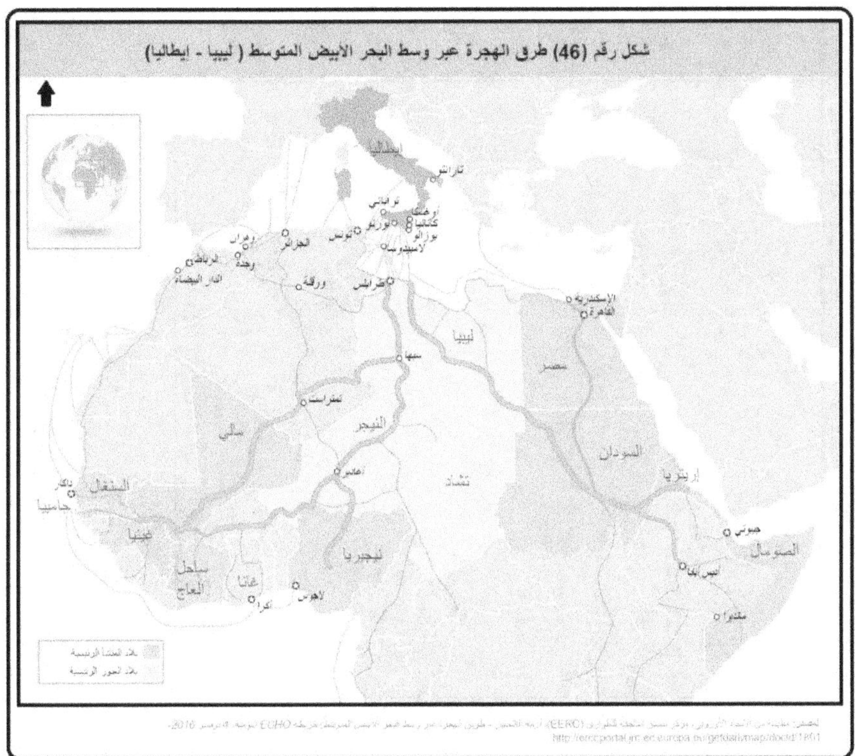

"لم تكن الإدانة الصريحة للاسترقاق- التي حظيت بتأييد" الإعلان العالمي لحقوق الإنسان" أيضاً وتبنتها الامم المتحدة عام 1948(المادة الرابعة من الميثاق) – مصحوبة بتحمل فعلي للمسؤولية من جانب الهيئلت الدينية والسياسية التي كانت تستخدم العبيد لقرون طويلة"[1]، حيث بدا ذلك واضحاً في الكثير من الدول المعنية بمسألة الهجرة غير القانونية.

---

[1] باتريسيا ديليبيانو. العبودية في العصر الحديث، ترجمة: أماني فوزي حبشي، مراجعة: عز الدين عناية، هيئة أبو ظبي للسياحة والثقافة- مشروع " كلمة "، الطبعة الأولى، 2012، ص12.

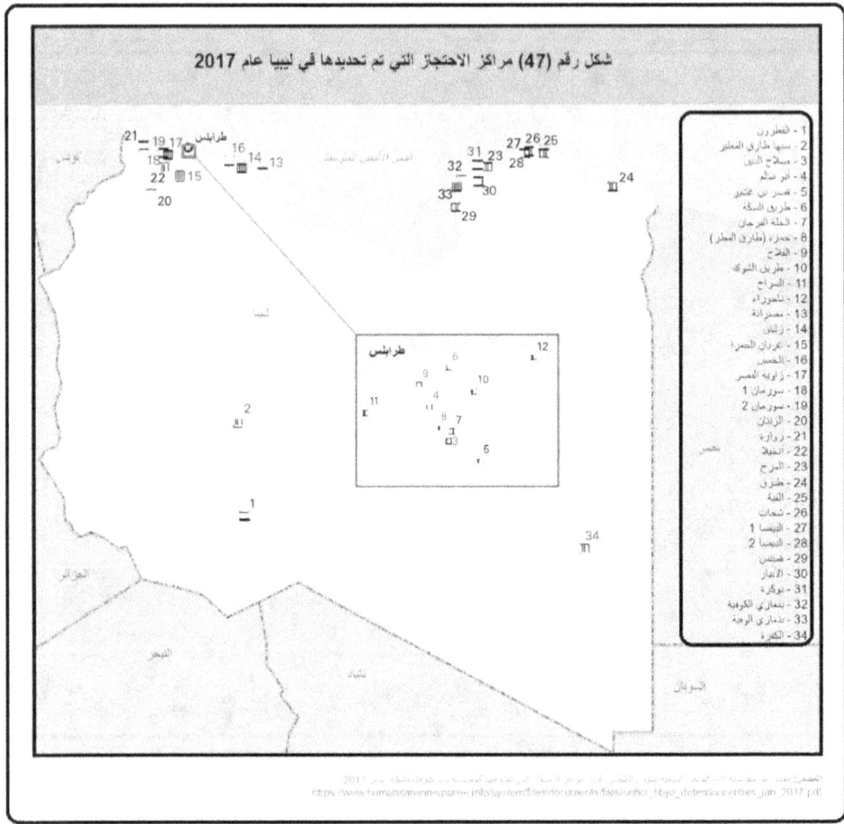

أدى غياب العدالة في ليبيا إلى حالة من الإفلات من العقاب الذي يتعرض خلاله المهاجرون إلى انتهاكات وتجاوزات خطيرة لحقوق الإنسان، وبحسب تقرير مشترك للأمم المتحدة تم نشره اليوم حيث يستند إلى معلومات تم جمعها في ليبيا ومن خلال مقابلات مع المهاجرين الذين وصلوا إلى إيطاليا من ليبيا، مع وجود مصادر أخرى. حيث أجرت البعثة في عام 2016 أربع زيارات إلى اثنين من مراكز الاحتجاز التابعة لإدارة مكافحة الهجرة غير القانونية في طرابلس ومصراته. كما أوفدت البعثة ومفوضية الأمم المتحدة السامية لحقوق الإنسان مهمة رصد المهاجرين إلى إيطاليا بين 27 حزيران/يونيو و 1 تموز/يوليو حيث تم إجراء مقابلات مع ما يربو على 50 فرداً حول تجاربهم في ليبيا. ورصدت البعثة أوضاع المهاجرين في مراكز الاحتجاز منذ عام 2011، ومن خلال زيارات متكررة إلى مراكز الاحتجاز المختلفة والتابعة لإدارة مكافحة الهجرة غير القانونية وذلك حتى عام 2014، حيث تم نقل موظفيها الدوليين إلى تونس حيث:

غير القانونيين والرحلة

- ."يواجه الأشخاص الذين يتم تهريبهم إلى ليبيا أو الاتجار بهم هناك،أشد أنواع التعذيب والعمل الجبري والاستغلال الجنسي على طول الرحلة وأيضاً أثناء احتجاز العديد منهم بشكل جبري وتعسفي".

- "إن قائمة التجاوزات والإنتهاكات التي يتعرض لها المهاجرون في ليبيا هي بمثابة قائمة طويلة ومروعة في نفس الوقت. وهي ببساطة أزمة حقوق إنسان يواجهها آلاف الأشخاص من المهاجرين.

- ويتم احتجاز المهاجرين في مراكز احتجاز تعسفية، يدير معظمها إدارة مكافحة الهجرة غير القانونية، حيث "لا يوجد سجلات رسمية لذلك " ولا توجد سندات قانونية، ولا إمكانية للوصول إلى محامين أو سلطات قضائية" تحفظ حقوقهم القانونية.

- وتتصف أماكن الاحتجاز بالإزدحام الشديد، حيث الفقر في موارد الغذاء والمياه النظيفة. وبالنظر إلى عدم إمكانية الوصول إلى مراحيض، مما يُجبر المحتجزون على التبرز والتبول في أماكن احتجازهم. مما أسهم في وجود حالات سوء التغذية والإسهال المزمن ومشاكل الجهاز التنفسي والأمراض المعدية، بما فيها الجرب والجديري المائي والعديد من الأمراض المعدية.

- ومخازن قديمة وشقق نائية، حيث الإجبار على العمل لكسب المال ومن ثم تتم عملية نقلهم بعد ذلك. كما يقوم ممتهني التهريب والمتاجرون به، باحتجاز المهاجرين في "بيوت ارتباط"، وفي مزارع متناثرة.

- وبمقابلة فتى في السادسة عشر من عمره من أريتيريا للبعثة قال:" نسمى حيوانات ونعامل كالحيوانات". فيما قال طفل مهاجر تمت مقابلته في إيطاليا "،،كانوا يضربوننا كالعبيد وبأي شيء يقع في أيديهم، مثل صخرة،أو عصاً، أو طوبة".

- والطامة الكبرى تمثلت في مشاركة بعض الموظفين الحكوميين والمسؤولين المحليين في عملية التهريب والاتجار. وقيام رجال مسلحين، يُزعم أنهم من خفر السواحل الليبي، باعتراض قوارب المهاجرين وإساءة معاملتهم. ويصف المهاجرون الذين تمت إعادتهم إلى الشاطئ كيف تعرضوا للضرب والسرقة وتم اقتيادهم إلى مراكز الاحتجاز المختلفة والمنتشرة في أرجاء البلاد.

- وأضاف: أن المهاجرين يتعرضون لمعاملة غاية في السوء. غير أن معالجة الهجرة ليست مسؤولية ليبيا فحسب. بل البلدان الأصلية وبلدان المقصد خارج نطاق ليبيا يجب أيضاً أن تؤدي دورها. "و أردف قائلاً: أرحب بجهود إنقاذ الأرواح التي يبذلها حالياً العديدون من المنظمات الدولية في البحر الأبيض المتوسط".

ولوحظ من بين توصيات التقرير المقدمة إلى ليبيا: الإفراج الفوري عن المهاجرين الأكثر ضعفاً تمهيداً للإنهاء العاجل لجميع حالات الاحتجاز التعسفي؛ وتقليل عدد مراكز الاحتجاز؛ وضمان احتجاز النساء في أماكن منفصلة عن الرجال؛ وتحسين ظروف الاحتجاز وحماية المحتجزين من التعذيب وغيره من أشكال إساءة المعاملة؛ وعلى المدى المتوسط إلغاء تجريم الهجرة غير القانونية وسن قانون للجوء.

كما يوصي التقرير بوجوب دور لبلدان المقصد خارج نطاق ليبيا متمثل في: عمليات البحث والإنقاذ في البحر الأبيض المتوسط. وبضرورة أن يكون التدريب والدعم المقدمين للمؤسسات الليبية المعنية بشئون المهاجرين، بما فيهم خفر السواحل الليبي، مصحوباً بجهود شاملة لإنهاء الاحتجاز التعسفي للمهاجرين وتحسين معاملتهم في مراكز الاحتجاز المنتشرة في بقاع كثيرة من البلاد.

و تدير إدارة مكافحة الهجرة غير القانونية 24 مركزاً للإحتجاز غير أنها ليست جميعاً فاعلة. وهي تضم ما بين 4000 إلى 7000 محتجزاً في المجمل، مع تفاوت الأرقام بشكل كبير بين مركز وآخر. كما تقوم إدارة مباحث الجوازات باحتجاز مهاجرين غير قانونيين. إضافة إلى ذلك، تحتجز الجماعات المسلحة مهاجرين في مراكز احتجاز غير رسمية[1].

و يسرد مهاجر مغربي معاناته في مراكز الاحتجاز الليبي، نوجزه فيما يلي[2]:

- وجد ما يقرب من مليون مهاجر قابع في ليبيا بانتظار عبور البحر المتوسط للوصول إلى أوروبا. والكثيرون منهم فقدوا الأمل بمجرد وصولهم إلى ليبيا، حيث قامت القوات الليبية باحتجازهم خلال محاولتهم الهروب إلى الشاطىء الأوروبي. والوضع الآن تغير،حيث الرغبة في العودة إلى ديارهم .
- وقد وصل مباشرة إلى إحدى نقاط المغادرة الرئيسية في ليبيا وهي "مدينة صبراته" والتي تبعد حوالي 80 كم غرب طرابلس مع مدخراته حيث تكلفت رحلة الطريق إلى ليبيا حوالي ألفي يورو، بالإضافة إلى ثلاثة ألاف أخرى لحجز مقعد على متن قارب لنقله إلى الشاطىء الأوروبي عبر المتوسط، فلاحظ عند صعوده إلى القارب، حالة المحرك في حالة مزرية، وكان جانب القارب ممزقاً، وقد تجمع فيه الكثير من **المياة التي توجب علينا التخلص منها كي لا نغرق.** غير أن خفر السواحل الليبي تمكن من إنقاذنا مع 140 مهاجر أخرين كانوا معه على متن القارب.
- وتم الإحتجاز في بداية الأمر في مخيم بمدينة الزاوية، والتي تبعد نحو 50 كم غرب طرابلس، حيث بقي لنحو أسبوعان محتجزا. وكانت ظروف المخيم مزرية جدا، وخصوصاً الطعام؛ جبن وخبز فقط في الصباح، ثم انتظرنا حتى العشاء لنتناول المعكرونة، هل يمكنك أن تتخيل تناول المعكرونة فقط لمدة 15 يوماً؟!، أردف قائلاً.

---

1 مفوضية الأمم المتحدة السامية لحقوق الإنسان| تقرير الأمم المتحدة يحث على إحترام إتفاقية جنيف/تونس (13 ديسمبر 2013)
https://www.ohchr.org/AR/NewsEvents/Pages/DisplayNews.aspx?NewsID=21023&LangID=A
/p>

2 شهادة مهاجر بمخيمات ليبيا يثني المهاجرين عن متابعة مغامرتهم إلى أوروبا 2017/10/10ا
https://www.infomigrants.net/ar/post/5461/%D8%AC%D8%AD%D9%8A%D9%85-%D9%85

غير القانونيين والرحلة

● وأسرد: نُقلت إلى مخيم آخر يقع في طرابلس وكان الوضع فيه أفضل نسبيا حيث وجود نظام تكييف للهواء، وبعض الزيارات من المنظمات الدولية التي تأتي بانتظام. فهو مخيم مخصص "للمهاجرين الذين سيرحلون قريباً إلى الوطن" بفضل مساعدة المنظمة الدولية للهجرة (IOM)، ويعيب المخيم أن المهاجرين كانوا ينامون على فرش بسيطة على الأرض، حيث بلغت الكثافة في الغرفة الواحدة نحو 100 شخص. ولوحظ عدم اهتمام السلطات المغربية بمصيره والمغاربة الآخرين معه. مما قادهم إلى الإضراب عن الطعام في منتصف أيلول/ سبتمبر، وأردف قائلاً "نريد شخصاً ما أن يقنع سفيرنا بزيارتنا لإيجاد حل وإخراجنا من هنا".و نقر ونعترف بأننا قد ارتكبنا خطأً كبيرا في محاولتنا الذهاب إلى أوروبا. وهناك رغبة شديدة في العودة إلى بلدتنا ورؤية أسرتنا وأصدقائنا. إلا أن آخر مجموعة من المهاجرين المغاربة، قد انتظرت حوالي أربعة أشهر في المركز قبل المغادرة.

و يُنظر عادةً إلى طالبي اللجوء واللاجئين باعتبارهم مهاجرين غير قانونيين.على الرغم من وجودهم بصفة رسمية في ليبيا ومن ثم فإن السلطات الليبية لا تعترف بالوثائق التي تصدرها لطالبي اللجوء.

وقال: طالبو اللجوء الذين تم استطلاع رأيهم في تقرير صدر في شهر يناير 2014 عن الجمعية اليسوعية لخدمة اللاجئين في مالطا،أوضح أنهم يعيشون في خوف دائم من اعتقالهم واحتجازهم إلى أجل غير مسمى على يد القوات المسلحة في ليبيا أو إحدى الميليشيات التي تسيطر على مناطق كبيرة من البلاد. وفي بعض الحالات يطالب الخاطفون بفدية باهظة مقابل الإفراج عنهم، إضافة إلى ذلك، أن الظروف في مراكز الاحتجاز التي تديرها الدولة سيئة للغاية والرعاية الطبية غير متوفرة في العادة.[1]

(5-4-2) معاناة اللاجئين في مخيم الدار البيضاء:

حيث تجمع مئات المهاجرين من إفريقيا جنوب الصحراء في مخيم عشوائي بالدار البيضاء في ظروف مزرية ونشأ المخيم قبل بضع سنوات في منطقة تقع قبالة محطة المسافرين عبر الحافلات في منطقة أولاد زيان الشعبية بالدار البيضاء (غرب). وبه أكواخا من أعمدة خشبية وقماش تعلوها أغطية بلاستيكية. ويعد مخيم الدار البيضاء الأهم حاليا بعدما فككت السلطات مخيمات مماثلة في فاس (وسط) وأغادير (شمال). ويعاني اللاجئون من صعوبات للحصول على مياه الشرب أو وجود مراحيض صحية وفقر في الخدمات الطبية.

ووضح ألفا كامارا "المسئول في جمعية الجاليات الجنوب صحراوية" بالمغرب" أن المهاجرين بلا مأوى يلجئون إلى ما يعرف " بالمخيمات الحضرية" والتي تقع عادة بالقرب من محطات الحافلات أو محطات القطارات. حيث الوصول إليها بسهولة ويسر وتوفر المراحيض بها.

---

1 ما أسباب تزايد عبور **المهاجرين** بالقوارب إلى أوروبا؟ 29، مايو 2014
https://www.thenewhumanitarian.org/ar/thlyl/2014/05/29/m-sbb-tzyd-bwr-lmhjryn-

على النقيض، نجد السلطات تعمل على تفكيك المخيمات العشوائية في غابات ضواحي مدن العبور شمالا، دون توفير مراكز إيواء للمهاجرين.

و يشير وضع المهاجرين داخل المخيمات المحاطة بسياج من أعمدة حديدية وعلى هيئة ساحة كبيرة تحتضن هذه المخيمات، إلى أن بعض المهاجرين يجنحون لبيع السجائر بالتقسيط وعلب بسكويت على طاولات صغيرة بهدف تجميع أموال تساعدهم في رحلتهم الشاقة، والبعض الأخر حول خيمته الصغيرة إلى ما يشبه صالون للحلاقة. بينما أخرين يعرضون أطباق أرز لذات الهدف، مستغلين حالة التكدس للمهاجرين في الأكواخ، ومع وجود بعض الشبان يبرزون مهاراتهم في لعب كرة القدم.

و هذه الظروف المأساوية دفعت أحد المهاجرين وهو مهاجر كاميروني الى القول "هذه ليست حياة... وليس لنا سوى الله." ويقول المهاجر الثلاثيني الذي وجد نفسه في المخيم بعد محاولات فاشلة للعبور نحو أوروبا " لم يعد لدينا ما نعتمد عليه في رحلتنا"، مردفاً "أين الأمن والنظافة خاصة لصغار السن؟!".

ويوضح أحد المهاجرين من بوركينا فاسو مدى معاناتهم ملخصاً حواره في "معيشتنا ونومنا هو نفس مكان تبولنا". مما يحدث خلل في شروط النظافة ويساهم في نشر الأمراض،حيث المعاناه أيضاً في الحصول على المياه النظيفة، حيث ترتب على ذلك والخوف من الترحيل النهائي أو نحو اماكن أبعد جنوباً.

وأفرد البعض منهم خاصة أحد الناشطين في إحدى الجمعيات مفضلاً عدم كشف هويته أن المخيم "يفتقد إلى النظافة العامة، مع وجود العنف في المعاملة ووجود بنيات متهالكة"،على الرغم من أن بعض الجمعيات وفرت حاوية مياه للشرب، وأخرى لإزالة القاذورات في غياب المسئولين.

قاد ذلك: تسجيل الجمعية المغربية لحقوق الإنسان خمس وفيات السنة الماضية في مخيم ضاحية الناظور (شمال) " بسبب انتشار الأمراض الناجمة عن التلوث بأنواعه المختلفة."

واتضح موقف المنظمات المختلفة من خلال وكالة فرانس برس التي زارت هذا المخيم والذي تحول الى رمز للمهاجرين واللاجئين الذين مفتقدي المأوى، قبل زيارة البابا فرنسيس المعروف بدفاعه الشديد عن قضايا اللاجئين والمهاجرين إلى المغرب. ويقول مهاجر سنغالي آخر "إذا كان البابا سيتحدث عنا في المغرب، فإنني أود لو يعرف العالم معاناتنا، لكنني أخشى أن يلقى عليّ القبض وأرحل بمجرد أن تظهر صورتي."ويستطرد رفيقه القادم من ساحل العاج "في كل الأحوال لا شيء يتغير (...). لا جدوى من الحديث بوجه مكشوف والتعرض لخطر الترحيل".

ووجدت صراعات داخل المخيم بين جنسيات مختلفة بسبب افتقاد الأمن.حيث أشار البعض إلى وجود صدام بين مهاجرين كاميرونيين وغينيين مما تتطلب وساطة رئيس المخيم لتهدئة الأوضاع. كما شهدت المنطقة مواجهات بين مهاجرين وشباب الأحياء المجاورة سنة 2017، كما تعرض المخيم إلى العديد من حرائق السنة الماضية.ويلجأ إلي هذا المخيم مهاجرون من جنوب الصحراء تقطعت بهم سبل

غير القانونيين والرحلة الهجرة غير القانونية نحو أوروبا، أو تم ترحيلهم بواسطة السلطات من نقاط العبور في شمال المغرب. وأعدادهم ليست على وتيرة واحدة. و"تفوق أحيانا ألفي شخص"، بحسب كامارا لاسيني، "رئيس" الجالية المالية في المخيم والمشرف عليه، بالإضافة إلى "رؤساء "آخرين للجنسيات المختلفة.

وأصبح المغرب طريقاً رئيسة لعبور اللاجئين والمهاجرين من جنوب الصحراء نحو أوروبا. وأحبطت السلطات حسب الأرقام الرسمية نحو 89 ألف محاولة للهجرة، بينها 29 ألفا في عرض البحر،سنة 2018. وتتم عملية نقل المهاجرين الموقوفين في حافلات نحو وجهات في جنوب المملكة، أو نحو بلدانهم الأصلية. ولكن كثيرين منهم يعودون مجدداً إلى الشمال على أمل العبور نحو أوروبا.وسجلت تقارير حقوقية "هجمات قوية للقوات العامة" خلال الأشهر الماضية خلال عمليات ترحيل المهاجرين.

وفي مقابلة مع خالد الزروالي مدير الهجرة ومراقبة الحدود بوزارة الداخلية المغربية من قبل وكالة فرانس برس إنه تمّ "إبعاد" نحو 9000 مهاجر منذ بداية السنة، " وبموجب القانون الذي يتيح للسلطات الإدارية منع أشخاص لا يتحصلون على أوراق إقامة من الإقامة في أماكن معينة". ويؤكد الزروالي أن الأمر لا يتعلق بترحيل قسري للمهاجرين، بل هو تطبيق للقانون من أجل إبعادهم عن شبكات الاتجار بالبشر، حيث " تستخدم عصابات التهريب الممرات البرية والبحرية، التي لا تخضع للرقابة والتفتيش من قبل رجال الحدود مقابل مبلغ مالية دون تقديم ضمانات أمنية وصحية خلال رحلة التهريب[1].

ورغم عظم هذه الأحداث إلا أن البعض يشعر "أن الاندماج في المغرب ممكن وأسهل بالنسبة للمسلمين خصوصا". "ويأملون أن تسوى أوضاع القاصرين على الأقل".ويستطرد كامارا لاسيني: "الكثيرون لا يعرفون المغرب سوى كمحطة عبور، لكن آخرين يفضلون تسوية أوضاعهم للعمل أو الدراسة."ولا يعرف عدد المهاجرين غير القانونيين في المغرب. وتم تسوية أوضاع نحو 50 ألفا منهم ابتداء من عام 2014.

وساهم الاتحاد الأوروبي السنة الماضية بتمويل المغرب بنحو140 مليون يورو لدعم جهوده في مواجهة الهجرة غير القانونية، منها 30 مليونا تمّ تخصيصها لتقوية مراقبة الحدود، بحسب رواية الزروالي.ويعرب المسئول بالجمعية المغربية لحقوق الإنسان سعيد الطبل عن أمله في أن تساعد تلك الأموال على تحقيق اندماج المهاجرين في المغرب[2].

---

1 () عثمان الحسن محمد نور، ياسر عوض الكريم المبارك، الهجرة غير المشروعة والجريمـة، فهرسة مكتبة الملك فهد أثناء النشر، الرياض،1429هـ- 2008 ص19.
2 اليأس والبؤس يغمران أكبر مخيم للمهاجرين بالدار البيضاء MSN.com 2019/3/29 -
https://www.msn.com/ar-
eg/news/NorthAfrica/%D8%A7%D9%84%D9%8A%D8%A3%D8%

(5-4-3) معاناة اللاجئين والمهاجرين غير القانونيين في مركز إستقبال إيطالي:

في ذروة موجة الهجرة غير القانونية، كان مركز" كارا دي مينيو" في صقلية في منطقة كاتانيا أكبر مركز استقبال للمهاجرين غير القانونيين في إيطاليا وعلى المستوى الأوروبي أيضاً، حيث أعلنت الداخلية الإيطالية مؤخراً، عزمها إغلاق هذا المركز بحلول نهاية العام.

حتى وقت قريب، كان الآلاف من المهاجرين غير القانونيين في صقلية يقطنون في مركز اللاجئين والمهاجرين " كارا دي مينيو"، حيث يشبه المخيم بلدة مصغرة، حيث وجد موقعه " داخل قاعدة جوية أمريكية سابقة". وضم المخيم بين جنباته حوالي 4000 طالب لجوء في عز أيام تدفق اللاجئين والمهاجرين. وحتى عام 2018 كانت أعداد النزلاء ما زالت تناهز حوالي 2000طالب لجوء ومهاجر غير قانوني. أما في الوقت الحالي، في بداية عام 2019، فقد كانت الأعداد تقدر بحوالي 1300 شخص وذلك وفقا لصحيفة Il Giornale di Sicilia حيث قدرت الصحيفة الإيطالية أن التكاليف السنوية لتشغيل المركز تبلغ حوالي 30 مليون يورو سنويا.

أما بالنسبة للكثير من الإيطاليين فإن اسم هذا المركز الخاص باستقبال اللاجئين والمهاجرين، أصبح مرادفاً للجريمة، والاكتظاظ، وسوء الإدارة، حيث نشرت صحف إيطالية أخرى عن أعمال عنف واغتصاب وحتى جرائم قتل داخل هذا المركز، كما تم توجيه اتهامات بالفساد إلى بعض أعضاء إدارة مركز الاستقبال. وفي أعقاب وجود تقارير عن الأنشطة الإجرامية بالمركز، أعلن وزير الداخلية الإيطالي أنه سيغلق مركز الاستقبال بحلول نهاية العام. ويرى الوزير أنه كلما كبر مركز الاستقبال، كلما زادت المشاكل المتعلقة بالجريمة والفساد وانعدام الأمن للمقيمين فيه وحتى للإيطاليين الذين يعيشون في الجوار. حيث اشتكت السلطات الإيطالية حول المركز من تضرر السكان الذين يعيشون في الجوار، حيث تم نهب الحقول من الفواكه والخضروات، كما أن إقامة مناطق تطوير سياحية في الجوار غير مربحة وذلك بسبب تقارير الجريمة التي اتصف بها هذا المركز.

وينتهي الأمر بالكثير من الأشخاص بالبقاء ضمن هذا النظام لفترة أطول حتى تتم معالجة طلبات اللجوء الخاصة بهم. ومن ناحية أخرى، كتب عالم الاجتماع فابيو كولومبو أن إحدى مزايا شبكةSPRAR تتمثل في أن الاستفادة من تدريب الأفراد وإتاحة فرص الاندماج من خلال إعادة توزيعهم داخل المجتمع المحلي بما يتناسب مع متطلباته ويعود بالنفع على المجتمع ككل.

ووصل الأمر إلى القيادات الدينية معقباً على سوء الوضع في هذه المراكز، " أنهم بشر وليسوا ماشية أو منتجات، حتى يتم إعادة توزيعهم "[1]

---

1 عواقب "إغلاق" أكبر مركز لاستقبال المهاجرين في صقلية | سياسة. DW - ..
https://www.dw.com/ar/%D8%B9%D9%88%D8%A7%D9%82%D8%A8-
%D8%A5%D8%BA

غير القانونيين والرحلة

(5-4-4) المعاناة أثناء الرحلة البرية:

ومن واقع المعاناة أثناء الرحلة البرية: أن أحد المهاجرين غير القانونيين في الرابعة عشرة من عمره، حيث أرسلته والدته مع شقيقه البالغ من العمر 11 عاماً إلى غياهب الهجرة غير القانونية. والمفترض أن تحملهما نفقات الرحلة بعيدا عن طالبان إلى ألمانيا عبر سلسلة من المهربين. ولكن عندما أطلقت شرطة الحدود الإيرانية النار على المجموعة التي تضمهم، فقد شقيقه وغاب عن الوعي إذ سقط أسفل واد. ولم ير أخاه قط منذ ذلك الحين. وعندما سنحت الفرصة كي يتحدث مع والدته، لم تحمله نفسه على إخبارها بفقد أخيه، متعللاً بأمور أخرى عنه، ولكنه يرسل لها أشواقه[1]

ووفقا للمفوضية السامية لشئون اللاجئين بالأمم المتحدة، والتي أوضحت أن أكثر من 170 مهاجر قد لقوا حتفهم منذ بداية عام 2014، أثناء محاولتهم الوصول إلى أوروبا عن طريق البحر. وفي سياق آخر، غير معروف أيضاً عدد الذين لقوا حتفهم عطشاً أو جوعاً أثناء عبور الصحراء الكبرى، وحسب تقرير أمانة الهجرة المختلطة الإقليمية أن عبور الصحراء الكبرى يتصف بأنه "أكثر خطورة" من عبور البحر الأبيض المتوسط، بدليل وجود حادثة واحدة فقط في شهر أبريل الماضي، حيث اكتشفت القوات المسلحة السودانية 600 شخص، معظمهم من المهاجرين الإريتريين والإثيوبيين الذين تخلى عنهم المهربون بالقرب من الحدود الليبية، حيث توفي منهم عشرة مهاجرين بسبب الجوع والعطش قبل أن يتم إنقاذ باقي المجموعة، حسب روايات العديد من المهاجرين في تقرير أمانة الهجرة المختلطة الإقليمية في كيفية الوفاة أثناء عبور الصحراء الكبرى.[2]

(5-4-5) مداهمات في المغرب:

و قالت منظمة العفو الدولية في سبتمبر 2018 بوجود عمليات مداهمة حكومية مكثفة من قبل السلطات المغربية في شمالي البلاد خاصة في مدن طنجة والناظور وتطوان، المجاورة للحدود الإسبانية ضد ما يقرب من خمسة آلاف من المهاجرين غير القانونيين تكدست بهم الحافلات، دون اتباع الإجراءات القانونية الواجبة، ودون التحقق من وثائقهم القانونية، حيث تم احتجازهم لساعات قليلة، لأخذ بصماتهم، وتم أرغامهم على ركوب الحافلات، مكبلين بالأصفاد، وبعض الحالات مقيدة بالحبال؛ وهي طرق إعتقال غير قانونية وفقا لأراء الجمعية المغربية لحقوق الإنسان، حيث ترك المعتقلون في مناطق نائية قريبة من الحدود الجزائرية أو في جنوب البلاد

---

1 ضحايا الهجرة غير الشرعية ..وفيات خارج السجلات ـ الحرة
https://www.alhurra.com/a/%D8%B6%D8%AD%D8%A7%D9%8A%D8%A7
-%D8%A7%D9%84%D

2 ما أسباب تزايد عبور **المهاجرين** بالقوارب إلى **أوروبا؟** ،29 مايو 2014
https://www.thenewhumanitarian.org/ar/thlyl/2014/05/29/m-sbb-tzyd-bwr-lmhjryn- **blqwrb-l-wrw**

2 المهاجرين واللاجئين من جنوب الصحراء غير قانونية المغرب: الحملة الصارمة المتواصلة ضد الاف
https://www.amnesty.org/ar/latest/news/2018/09/morocco-relentless-crackdown-on-thousan

بالقرب من تزنيت والرشيدية وبن جرير وبني ملال ومراكش. وفي العديد من الحالات، أجبر المهاجرون على السير لعدة كيلومترات قبل الوصول إلى أول مركز حضري يمكنهم من العودة إلى أوطانهم.

ومن ناحية أخرى وفي 23 اغسطس2018، طردت السلطات الإسبانية مجموعة مكونة من 116 شخصاً من بلدان مختلفة في أفريقيا جنوب الصحراء، حيث تم نقلهم من جيب سبتة الإسباني إلى المغرب. وتمت عملية الطرد بعد يوم واحد من وصول المجموعة إلى الأراضي الإسبانية من المغرب عن طريق عبور السياج على طول الحدود مع سبتة. حيث وجود الطرق القانونية في التعامل معهم من قبل السلطات الإسبانية وفي طرق الإعادة السريعة وبطريقة موضوعية.

وعندما وصل المهاجرون المطرودون إلى المغرب، احتجزتهم السلطات في سجن تطوان المحلي؛ واتُهم 17 منهم "بالإقامة والخروج غير القانونيين" و"إهانة موظفين عموميين" و"التمرد المسلح" و"حيازة الأسلحة"، مما يعرضهم للمحاكمة العاجلة. وتنظيم عملية إعادتهم قسرياً إلى بلدانهم بالتعاون بين السلطات المغربية والقنصليات المسئولة عنهم. مع إعطاء الأولوية لحماية حقوق الإنسان، وإنشاء نظام لجوء في البلاد، كما هو مطلوب بموجب القانون الدولي1."( )

(5-4-6) تحولات المهاجرين السنغال بين القيود والاعاقة:

و مع تدهور الظروف الاقتصادية، بدا للعديد من الشباب في السنغال أن أوروبا منارةً للأمن. فكانت الهجرة غير القانونية والتي تمثل أحد البدائل المتاحة لمن لا يملكون علاقات في أوروبا. فمنذ عام 2005 وحتى عام 2008، حاول مئات الآلاف من السنغاليين عبور الأطلنطي على متن زوارق خشبية متجهين إلى جزر الكناري ومنها إلى أوروبا.

وفي عام 2006 وحده، وصل أكثر من 40 ألفًا من المهاجرين غير القانونيين إلى الأرخبيل الإسباني. وفي محاولة لوقف هذا «التدفق»، وسّع الاتحاد الأوروبي من الحراسات البحرية على شاطئ السنغال، وخاصةً من خلال عمليات وكالة فرونتكس (وكالة حراسة الحدود والساحل الأوروبي)، التي استطاعت السيطرة على هذا الطريق الذي يسلكه المهاجرون إلى أوروبا.

و على الرغم من أن العديد من موظفي الدولة والباحثين أعلنوا أن هجرة الزوارق من السنغال انتهت إلى الأبد في عام 2009، حيث وجود السيطرة والحراسات المختلفة. ولكن تم تحويل مسار الهجرة غير القانونية في تلك المنطقة إلى طرق أخرى.

و لوحظ تحوّل الطرق البحرية – منذ تنفيذ عملية هيرا التي قامت بها وكالة فرونتكس عام 2005-إلى البر نحو شمال أفريقيا، ومن ثَمَّ إلى البحر المتوسط.

1- مرجع سبق ذكره.

غير القانونيين والرحلة

ومن الملاحظ أنه عندما تمت إعاقة طريق غرب أفريقيا، تم توجيه المهاجرين المسافرين فعليًا إلى النزول مؤقتًا في المغرب أو ليبيا. بدلًا من إيقاف الحركة، حيث سلك المهاجرون غير القانونيين طرق ملتوية وأكثر خطراً.

وعن الموقف من »العبودية« والتي لا تعتبر الاصطلاح السليم في التعبير عن المهاجرين السنغاليين غير القانونيين، حيث أن الهجرة جزءٍ من ممارسة طوعية وتاريخية قديمة وبارزة. وعلى الرغم من أنهم يواجهون استغلالًا أشد مما مضى، إلا أن ذلك يرجع إلى حقيقة أن أمننة الحدود قد أثر سلبياً على طموحات المهاجرين غير القانونيين.

واليوم، الهجرة السنغالية عبر المتوسط أبعد ما تكون عن الانتهاء، ففي عام 2016، كان المهاجرون السنغاليون من بين الجنسيات العشرة الأكثر وصولًا إلى إيطاليا.. حيث وجد أن الانتقالات المعاصرة ليست نتيجة »تجار العبيد«، بل نتيجة السياسات التي نزعت الغطاء القانوني عن حركات، سعت لاستغلالهم.

لقد كان طريق المتوسط بالنسبة للمهاجرين السنغاليين الطريق الأحدث في سلسلة طويلة من المنعطفات التي انتقلت ما بين البر والبحر منذ عدة سنوات. فالعلاقة طردية بين الأمن الحدودي عامةً والقابلية للاستغلال، حيث يعمل السنغاليون على التكيف بشكل مستمر مع حدود تتم أمننتها بشكل متزايد في محاولة للنجاة[1].

وقد رافق هذه الموجة الأخيرة من الهجرة وقوع العديد من الحوادث، مثل اكتشاف البحرية الملكية المغربية 15 جثة لمهاجرين غير قانونيين أفارقة من دول جنوب الصحراء، داخل قارب عثر عليه في البحر المتوسط قبالة سواحل الناظور[2].

(5-5) وفيات المهاجرين غير القانونيين:

يخرج المهاجر السري – غير القانوني- مدفوعا من بلده لتحقيق أمله في الوصول إلى أوروبا، بغض النظر عن وصول قمة معاناته إلى الموت، وجاءت تعبيرات المهاجرين غير القانونيين الذين تجمعوا للعبور، بالقرب من الشاطئ المغربي أحسن تعبير عن ذلك، حيث وجد في مخيلتهم أن (''الموت أفضل من الخنوع''، ''الموت بكرامة ولا معيشة الذل'')[3] **كما أن تأجُّج النزاعات المسلَّحة،** أجبرهم على الهرب من الموت والدمار، فسعوا إلى الإتجاه نحو المناطق الآمنة

---

1 –الهجرة -من السنغال: أكذوبة »تجار العبيد الجدد« – إضاءات
https://www.ida2at.com/migration-from-senegal-the-lie-of-new-slave-traders/
2 مسارات الهجرة غير النظامية في المتوسط تغرق المغرب بـ"الحراكين "26 يناير2018
https://www.hespress.com/societe/416688.html
3- إسبانيا: أرض الميعاد الجديدة للشباب المغربي
https://orientxxi.info/magazine/article2763

لتوفير الطمأنينة لهم ولأطفالهم، والبحث عن مستقبل أفضل، مثلما هو الحال بالنسبة إلى المهاجرين غير القانونيين من السوريّين والعراقيّين والليبيّين[1].

حيث لوحظ أنه لا يمكن وصف الآثار المترتبة على مجازفة المهاجرين غير القانونيين، بأكثر مما وصفه مهاجر نيجيري في كتاب بعنوان "A Gamble with death"، أي "مقامرة مع الموت"، فالمهاجر يخوض مقامرة مع الموت، حيث يتعرض لصعوبات متعددة، بداية من مخاطر السفر في الصحراء وصولًا إلى نقطة الانطلاق عبر البحر المتوسط، حيث يتعرض لمخاطر من عصابات التهريب والاتجار في البشر مما يوقعه أسيراً في قبضة التنظيمات الإرهابية المسلحة المنتشرة في منطقة الساحل.[2]

وتصور حوادث غرق قوارب المهاجرين وعمليات الإنقاذ، مدى صعوبة التعرض للموت فيما بين عامي 2015و2017، حيث توضح الإحصاءات، تحسن وضع المهاجرين عبر البحر المتوسط هذا العام، وباختلاف واضح عن الأعوام السابقة، خاصة مع زيادة عدد الممرات البحرية، وإذا ما نظرنا إلى زيادة نسبة عدد الغرقى والمفقودين في أبريل 2015 والتي بلغت أربعة أضعاف، مقارنة بنفس الشهر هذا العام. وقد أظهرت الإحصاءات كذلك أن عدد الموتى والمفقودين خلال شهر يونيو/حزيران الماضي، كان الأعلى مقارنة بنفس الشهر من الأعوام السابقة، حيث وصل إلى نحو 500 غريق ومفقود. كما أوضحت الإحصاءات انخفاض عدد الموتى والمفقودين خلال العام الماضي، عن عام 2015 بفضل الجهود التي قامت بها دول الاتحاد الأوروبي لإنقاذ المهاجرين.. وتخشي منظمة العفو الدولية من زيادة عدد الغرقى والمفقودين هذا العام بعد مقتل ما يقرب من 2000 شخص خلال النصف الأول منه، مما ينذر بارتفاع عدد الغرقى خلال 2017 إلى ما لا يقل عن 5000 شخص. ويرجع سبب ارتفاع نسبة الوفيات إلى تدهور أوضاع رحيل المهاجرين منذ 2016، إضافة إلى لجوء الدول الأوروبية إلى تدمير سفن المهاجرين في إطار مكافحة الاتجار في البشر، الامر الذي دفعهم إلى إستعمال القوارب المطاطية لتهريب اللاجئين والمهاجرين غير القانونيين. **وأوضحت منظمة العفو الدولية أن عمليات الإنقاذ التي قام بها الاتحاد الأوروبي خفضت نسبة الوفيات من 6% إلى 8% خلال عام 2015**[3]

أما فيما يتعلق بطريق البر، فإن أرقام المنظمة الدولية للهجرة، أظهرت ازدياد حركة الهجرة عبر البر بنسبة 78% هذا العام، حيث بلغ عدد الواصلين إلى أوروبا براً حوالي 25,665 شخصاً، مقابل 14406 شخصاً عام 2017. بينما ارتفع عدد الوفيات بين المهاجرين واللاجئين براً إلى 108 حالة وفاة مقابل 96 حالة عام

1 أزمة المهاجرين :جنّة أوروبا تتحوّل إلى جحيم – ميم | مجلة المرأة العربية
https://meemmagazine.net/2017/09/28/%D8%A3%D8%B2%D9%85%D8%A9-%D8%A7%D9

2- سليم شنة، مسارات الهجرة في الجزائر المعاصرة: أفارقة جنوب الصحراء.
https://journals.openedition.org/insaniyat/15663

3 هل يسجل 2017 رقما قياسيا في عدد ضحايا الهجرة عبر المتوسط؟
https://al-ain.com/article/migrants-mediterranean-are-victims

غير القانونيين والرحلة 2017، وغالبية الضحايا بسبب حوادث الطرق، حيث تكدّس اللاجئين والمهاجرين في شاحنات النقل أو بسبب الغرق في الأنهار وقنوات المياه خلال رحلتهم من شرق أوروبا إلى غربها.[1]

ومن ناحية أخرى فقد لقي أكثر من ألف ومئة مهاجر سري حتفهم غرقاً في البحر الأبيض المتوسط، حيث انقلبت السفينة التي كانت تقلهم قبالة السواحل الليبية خلال النصف

الثاني من شهر أبريل الماضي، نتيجة تصادم مع مركب تجاري بحري، وحسب تصريحات متنوعة فإن رحلة الموت، كانت أرباحها تقدر بين مليون وخمسة ملايين يورو، بالنسبة للقائمين عليها، حيث تندرج هذه الحادثة ضمن عنوان واحد إنها «تجارة الموت» وتجارة بأحلام الهاربين من براثن الفقر أو الحروب. ومنذ بداية سنة 2015 توفي حوالي 1600 مهاجر، وهي أرقام مفزعة، تؤكد لنا مدى تفاقم ظاهرة الهجرة غير القانونية إلى أوروبا، حيث إن المهاجرين غير القانونيين، اتضح أن غالبيتهم من الجنسيات السورية والسودانية والصومالية والفلسطينية.

وقد أدّى عدم وجود منافذ قانونية للأراضي الأوروبية إلى تقوية شبكة الإتجار بالبشر.. حيث دعا المنتدى الاورومتوسطي إلى تغيير السياسات الأوروبية للهجرة، وإعادة النظر في دور وكالة «فرونتكس» والتي تضاعفت ميزانيتها مع تضاعف أعداد الموتى من المهاجرين، وارتفاع الخسائر البشرية.. كما دعا إلى رؤية جديدة لمعالجة هذه الظاهرة[2].

وفيما يتعلق بحجم الوفيات وفقا لتقدير مؤسسات أورومتوسطية بارزة نوجز نتائجها فيما يلي[3]:

- لوحظ في نوفمبر 2018، وجود تقرير لأسوشيتد برس يوثق وفاة أو اختفاء أكثر من 56800 مهاجر في جميع أنحاء العالم منذ عام 2014، أي ضعف الرقم الرسمي الصادر عن منظمة الهجرة الدولية، حيث ضاع عدد كبير منهم في الصحارى أو سقطوا فريسة مهربي البشر.

- و العدد الذي طرحته منظمة الهجرة الدولية حتى الأول من تشرين الأول/أكتوبر، تجاوز 28500 حالة. ولكن أسوشيتد برس وضعت ما يقرب من 28300 شخص إضافي من المهاجرين الموتى أو المفقودين، جمعته من خلال معلومات وفرتها مجموعات دولية أخرى مثل سجلات الطب الشرعي

---

1 المرصد الأورومتوسطي لحقوق الإنسان- 2018 عام خذلان أوروبا للمهاجرين. ..
https://euromedmonitor.org/ar/article/2698/-2018-
%D8%B9%D8%A7%D9%85-%D8%AE%D8%B

2 تجارة الموت في المتوسط ومسؤولية أوروبا
http://tanwair.com/2015/06/%D8%AA%D8%AC%D8%A7%D8%B1%D8%A9-%D8%A7%D9

3 ضحايا الهجرة غير الشرعية ..وفيات خارج السجلات ـ الحرة
https://www.alhurra.com/a/%D8%B6%D8%AD%D8%A7%D9%8A%D8%A7-%D8%A7%D9%84%D

وتقارير المفقودين وسجلات الوفيات وفحص بيانات آلاف المقابلات مع المهاجرين.

- و من ناحية أخرى، أجرى رئيس مركز الهجرة المختلطة مسحا لأكثر من 20 ألف مهاجر في مشروع " ماي" منذ عام 2014، يقول إنه "بغض النظر عن المكان الذي يتوقف فيه النقاش حول إدارة عملية الهجرة برمتها... فهؤلاء ما زالوا كائنات بشرية تتنقل". وأضاف قائلاً " سواء كانوا لاجئين أو أشخاصاً يتنقلون بحثاً عن عمل، فهم بشر".

- ولوحظ أن المفقودين بينهم أطفال، واستنادا لرحلات متجهة فقط إلى أوروبا، مما جعل الصليب الأحمر الدولي، يعلن فقدان نحو 2773 طفلا و2097 بالغا.

(5-6) العبودية الحديثة:

إن نجاح المهاجرين غير القانونيين في الوصول إلى أوروبا، بحثاً عن عمل وسكن في ظروف شديدة الصعوبة، وقبول وظائف دنيا، لا يقبلها الأوربيون، من هنا تبدأ رحلة المعاناة والتي نوجز عناصرها عبر نماذج **عدة، فيما يلي:**

- في العاصمة البلجيكية بروكسل، لوحظ تجدد بناء محطة مترو آرلوا وهو مثالًا مثيراً للسخط. حيث يعمل المهاجر غير القانوني، بأجر يومي وفي وضع إقامة غير قانونية حيث لا يوجد لديه أوراق ثبوتيه، وفي ظروف عمل مأساوية، حيث كان يعمل عدة أشهر في الأنفاق ويتقاضى مقابل ذلك 50 يورو يوميا وفضلا عن ذلك كلّه، فالخوف يستوطنه بسبب الخشية المستمرة من أن تلقي أجهزة الأمن القبض عليه. وأسرد أحدهم قائلا: كانوا يتصلون بنا للعمل حين لا يقدر الآخرون على القيام بمهمة العمل التي أوكلت إليهم، فهناك دائما خطر داهم، من أن تكون عرضة للطرد في أي وقت، لذلك تكون مضطرا للعمل دون أن تتفوه بكلمة اعتراض، فحياتنا غير مستقرة يستوطنها الخوف. ولقد قمت في يوم ما بالعمل لمدة 24 ساعة، ودون توقف.

- واستناداً إلى أحدث تقرير صدر عن المجلس الأوروبي، فإن الاتجار بالبشر يعرف انتشاراً شديداً عبر القارة، وأن معظم الضحايا، هم عادة من المهاجرين غير القانونيين، حيث يعيش معظمهم في ظروف مهنية غير مستقرة، ويمثل الحصول على فرصة عمل كابوساً بالنسبة لهؤلاء البشر.

- وأوضحت جمعيةSURYA والتي تقوم بمساعدة ضحايا الاتجار بالبشر حيث التعرض للاستغلال. وتقوم الجمعية بتوفير الإقامة والدعم. حيث أوضح مديرها كريستيان مولديرز،أن الوضع الاقتصادي، يمثل عنصر أساسي في ارتفاع معدلات الاتجار بالبشر. ومن خلال هذا التضخيم لمسألة الهجرة غير القانونية، فإننا سنشهد مزيداً من الأشخاص من ذوي أصول أجنبية يتعرضون للاستغلال بل وللموت البطيء.. ومن ثم فإن الأزمة الاقتصادية تجعلنا بحاجة إلى عمال يعملون بمقابل زهيد للغاية.

غير القانونيين والرحلة

- وعملت بلجيكا أيضاً على مكافحة الهجرة غير القانونية من خلال الجهود التي تبذلها السلطات والهيئات غير الحكومية من أجل مكافحة الاتجار بالبشر، ووضع تشريعات صارمة حيال هذا الموضوع وعملت أيضاً على إنشاء مراكز متخصصة توفر الدعم للضحايا، لكن الصعوبات عديدة وبخاصة تلك المتعلقة بإدانة المتاجرين بالبشر والمهربين بشكل عام، كما يشرح لنا المدعي العام بمدينة لياج "كورز" والذي عقب بقوله " أن ما يصرحون به سيكون غير مستوعب فهم يعانون من إجهاد ما بعد الصدمة".

و يدعو التقرير العديد من الدول إلى تعزيز تشريعاتها وتحسين التنسيق بين المنظمات غير الحكومية والنقابات والقطاع الخاص لوقف أساليب الاتجار بالبشر [1].

(7-5) التهريب:

(1-7-5) التهريب إلى البحر المتوسط عبر ليبيا:

وتوضح روايات أحد المهاجرين غير القانونيين والذي يروي تجربته، بأن والديه قد قدما إلى ليبيا من السودان واستقرا في مدن الشرق الليبي للعمل، ورغم ولادته في ليبيا، إلا أنه لم يتمكن من الحصول على الجنسية وأوراق الهوية، لكن الأحداث التي عرفتها البلاد جعلته يفكر في المخاطرة والهجرة رغم أنه كان يعلم مدى إمكانية أن يلقى حتفه في رحلة العبور غير القانونية، ويرى بقائه في ليبيا بمثابة مصيرًا أسودًا، وأسرد قائلاً:

- المركب الذي يقلنا، من النوع القديم ولم يكن كبيرا، وبه طابق واحد فقط، وكان يحوي حوالي 700 مهاجر غير قانوني بداخله، لكن أكثر ما حزّ في نفسه أن المهربين عاملوهم وكأنهم بضاعة؛ كما جاء على ألسنتهم، خوفاً من فضح أمرهم، ويبدو أن وراءهم مجموعات قوية يمكن أن تكون من القوات البحرية أو من تنظيم داعش، فالكل مستفيد من هذه التجارة وهناك تنسيق وتعاون بين الكل والربح مشترك فيما بينهم.

- وفي حوالي الساعة الثالثة صباحا، أطلق القبطان وهو تونسي الجنسية محركات المركب، البحر هادئ، الطقس بارد وظلام الليل حالك، فأي إنارة من المركب قد تتسبب في فضح أمره،حيث خيّم الصمت على المهاجرين، الكل يفكر في مصيره وفي نهاية هذه المغامرة ويعانق أحلامه، وبين الحين والآخر يرتفع صوت أحدهم بالدعاء وبقراءة آيات من القرآن الكريم.

- وبعد 10 ساعات من بداية الرحلة، دخل المركب إلى المياه الإقليمية الإيطالية وبعد بعض الكيلومترات أوقفه القبطان في عرض البحر، لقد تم

---

1 سياسة كيف يُستغلّ المهاجرون غير الشرعيين أثناء العمل بأوروبا؟11/7/2018
https://arabic.euronews.com/2018/05/22/illegal-immigrants-abused-in-european-working-mark

اكتشاف أمرهم من قبل الشرطة الإيطالية عندما حلقت طائرة الهليكوبتر فوقهم لتأخذ صوراً للمركب وتعود أدراجها مما أثار الزعر بين مستقلي المركب.

- و بقي المركب معلقا في البحر لليلة كاملة، فقدنا الأمل من الحياة، لم يكن هناك لا أكل ولا شرب ولا أغطية وما إلى غير ذلك من احتياجات أخرى إلى أن جاءت قوارب النجدة من إيطاليا وقامت بالتدخل وإسعاف الحالات العاجلة من كبار السن والأطفال وإطعام كل الموجودين.

- واحتجزت القوات الحربية الإيطالية المركب القادم من ليبيا وأفرغت حمولته من المهاجرين غير القانونيين في مركب آخر، قبل أن يتم نقلهم إلى السواحل الإيطالية ثم إيوائهم في فنادق، حتى يتم البت في أمرهم.

- وعند الشاطئ كانت الصدمة الكبيرة ليوسف " راوي الموقف " حيث خيبة الأمل، إنه في جزيرة سردينيا، والتي لم تكن يوما إيطاليا حلمه، فهو يرى في بريطانيا، الدولة التي يستطيع فيها تحقيق طموحاته ويبني فيها مستقبله، أما في هذه الجزيرة فقد أصبح مهدداً بالعقاب أو بإعادة ترحيله إلى ليبيا، لكنه عازم على التشبث بتحقيق حلمه.

- وقد هربت من الفندق برفقة بعض المهاجرين الآخرين واضطرينا للمبيت في الشارع 5 ليال دون أكل أو شرب ثم التجأنا إلى السفر عبر القطارات بعد أن اشترى لنا أحدهم تذاكر، انتقلنا في البداية إلى روما ثم إلى النمسا وفي محطة ميونيخ تفطنت إلينا الشرطة الألمانية واحتجزتنا لساعات في أحد السجون ليأخذونا بعدها إلى معسكر للاجئين والمهاجرين.

يعيش يوسف الآن في معسكر إيواء اللاجئين والمهاجرين بمدينة هانوفر على الرغم من أن السلطات الألمانية أمنت لهم راتبا شهريا ب 300 يورو ووفرت لهم مدارس لتعلم اللغة الألمانية من أجل الاندماج، قبل النظر في إمكانية منحهم الإقامة، إلا أنه لم يتأقلم مع هذا الوضع، ويرغب في العودة إلى ليبيا. [1]

ومن ناحية أخرى، جرت عملية إنقاذ كبيرة في البحر المتوسط لأكثر من 700 مهاجر يُعتَقَد أنهم لقوا حتفهم غرقًا قبالة سواحل ليبيا، بعد أن استقلوا مركبًا للهجرة لا يسع سوى لمائتي فرد، محاولين الوصول إلى جزيرة صقلية، فقد بدأت المركب في الغرق على بُعد 96 كيلومترًا من الساحل الليبي، و193 كيلومترًا من جزيرة لامبدوسا الإيطالية، لتصل أعداد الوفيات بسبب الهجرة إلى 1،500 خلال 2015، بعد أربعة أشهر فقط، في مقابل 3،000 في عام 2014 بأكمله. وقد قامت شبكات تهريب المهاجرين بوضعهم بهذا الشكل في مراكب الهجرة مقابل الحصول على أرباح خيالية، حيث تُقدّر تكاليف مركب كهذا بحوالي عشرة آلاف دولار، في حين

1" أريد فقط العودة .."مهاجر سري يروي رحلة العذاب من ليبيا أغسطس 2014   CNN Arabic
https://arabic.cnn.com/world/2016/08/18/libya-germany-suffering-journey

غير القانونيين والرحلة

يقوم كل مهاجر بدفع حوالي ألف دولار، مما يعني حصول المهرّبين على أكثر من نصف مليون دولار من مئات الركاب، ليحققوا أرباحًا خيالية دون الاهتمام بأرواح المهاجرين[1]

أما عن تكلفة الرحلة عند بعض العصابات المسلحة التي تتعامل في مجال تهريب أفراد العائلات المهاجرة واللاجئة إلى أوروبا- بريطانياً على سبيل المثال بطريقة غير قانونية بواسطة المراكب-، لقاء ألفين وخمسمائة جنيه استرليني للشخص الواحد، في حين أن التهريب بواسطة الشاحنات عبر النفق تصل تكلفته إلى عشرة آلاف جنيه إسترليني، وفقا لتحقيق صحفي أجرته صحيفة The Sunday Mirror، وأن تهريب الأبوين يكلف خمسة آلاف جنيه للفرد الواحد، ويتم عمل خصم على الأطفال يصل إلى خمسين في المئة، وتتم طرق التهريب بواسطة قوارب مطاطية ومراكب صغيرة في رحلة محفوفة بالمخاطر تمتد على مسافة اثنين وثلاثين كيلومترا[2]

حيث تقف ميليشيات من «فجر ليبيا» وراء موجات الهجرة غير القانونية للأفارقة، والتي تتم من الساحل الليبي باتجاه دول الاتحاد الأوروبي عبر قوارب الموت، وتبدأ رحلتهم من مطار معيتيقة في العاصمة طرابلس الذي تسيطر عليه ميليشيات «فجر ليبيا»، حيث وصلت أعداد كبيرة من السوريين والفلسطينيين إلى هذا المطار، ومن ثم ينقلهم أشخاص تابعون لميليشيات «فجر ليبيا» إلى المدن المجاورة كزوارة وصرمان وصبراته ومصراته، ويضطر الحالم بالهجرة إلى دفع مبلغ بين2000 دولار إلى 3000 دولار... مع أن بعض العصابات تستغل الأموال

لحسابها الذاتي، فإن بعض التقارير أشارت إلى تورط جماعات متطرفة تستغل هذه العائدات في تمويل تنظيمها وشراء الأسلحة وتمويل العمليات الإرهابية. وحسب مصادر إعلامية ليبية فإن «أنصار الشريعة» وتنظيم «داعش» الإرهابي في صرمان وزوارة يستغلان هذه التجارة لدعم المسلحين[3]

و قد نبهت المنظمة الدولية للهجرة مؤخراً بشأن مخاطر تنامي الانتهاكات الفظيعة بحق المهاجرين غير القانونيين عبر البحر الأبيض المتوسط، من دون أن تحدد الجهات المعنية بهذا التنبيه نقلاً عن مختصين قولهم، إن المسئول الأول عن هذه الانتهاكات هي عصابات تهريب البشر، فضلاً عن تباطؤ بعض حكومات الدول عن القيام بأدوارها لحماية هؤلاء المهاجرين. حيث تبدأ رحلة برية طويلة وشاقة وخطرة لمهاجرين غير قانونيين من دول الكاميرون والنيجر والسنغال ودول أخرى، للوصول إلى الدول المطلة على البحر الأبيض المتوسط، تمهيداً لعبورهم البحر

---

1 جدل الهجرة يشتعل مجددًا بعد غرق مركب أمام سواحل ليبيا | نون بوست
http://www.noonpost.com/content/6332

2 عواقب الهجرة غير الشرعية إلى أوروبا - أخبار الآن 30 ديسمبر 2018 صحيفة The Sunday Mirro

3 تجارة الموت في المتوسط ومسؤولية أوروبا
http://tanwair.com/2015/06/%D8%AA%D8%AC%D8%A7%D8%B1%D8%A9-%D8%A7%D9

ليقعوا ضحية وفريسة لعصابات تستولي على أموالهم وتعذبهم وتقتلهم أحياناً أو تكتفي بسرقة نقودهم وطعامهم وشرابهم وتتركهم ليموتوا جوعاً وعطشاً. وأن الناجين من هذه العصابات، وهم قلة قد يتمكنون من الوصول إلى ليبيا أو الجزائر أو تونس أو المغرب أو مصر لينتهي الحال بهم على الأغلب ضحايا لأعمال أشبه بالعبودية، في ظل ظروف حياتية قاسية، إذ يتم زجهم بأعمال البناء والزراعة والأشغال الشاقة مقابل أجور قليلة لا تكفي لتوفير أدنى مستوى من المعيشة اللائقة بالبشر[1].

(5-7-2) التهريب إلى أوروبا عبر تركيا:

تصاعدت موجة الهجرة غير القانونية من تركيا إلى الجزر اليونانية عبر بحر إيجه، خاصة بعد تعليق السلطات التركيّة، إجراءات الاتفاق الأوروبي- التركي، بشأن إعادة المهاجرين واللاجئين الواصلين إلى الجزر اليونانيّة بطريقةٍ «غير قانونية»، مُقابل استقدام مهاجرين آخرين من مُخيّمات الهجرة واللجوء من تركيا إلى دول الاتحاد الأوروبي من جديد. وقد ساهم هذا الإتفاق في وجود تشديدات أمنيّة على الحدود، ورغم ذلك سلك المهاجرون واللاجئون المُقيمون في تركيا مؤقتاً، طريقين رئيسيين للهجرة إلى أوروبا، الأول منهما: عن طريق البرّ من مدينة اسطنبول التركيّة والمعروفة باسطنبول الأوروبيّة. وتمثل الثاني في طريق البحر، عبر مدينة إزمير في جنوب تركيا," معقل المهربين". واستقل المهاجرون ما يُعرف بـ «البلم» المطاطي عند واحدة من نقاط التهريب القريبة من البحر، ليتوجهوا صوب إحدى الجزر اليونانيّة الشهيرة مثل: متليني، كيوس، كوس، ساموس، ليروس.

و جاء على لسان بعض المهاجرين واللاجئين الفلسطينيين الشبّان اللحظات التي قضوها في عرض بحر إيجه على قاربٍ مطاطي من تركيا، بهدف الهجرة إلى أوروبا عن طريق البحر، بأنها «رحلة الهروب من الموت، إلى الموت[2]:

- و أردفوا قائلين: خرجنا من قطاع غزّة أواخر مايو (أيار) الماضي، وقد كلّفنا عبور معبر رفح مبالغ باهظة حيث تم اتفاق مكاتب التنسيق مع الاستخبارات المصريّة لإدخالنا ثم ترحيلنا إلى مطار القاهرة، ومن هناك تم حجز تذاكر السفر إلى تركيا». وبعد الوصول إلى تركيا، حاولنا الهرب عبر مدينة اسطنبول التركيّة الغربيّة إلى بلغاريا، عن طريق أحد الأنهار، ثم وصلنا إلى البر ولكن المحاولة باءت بالفشل، وخسرنا مبالغ ماليّة كبيرة، تم دفعها للمهرّب سلفاً. ولكن السلطات التركيّة ألقت القبض علينا، ثم أطلقت سراحنا بعد يوم واحد من الاحتجاز، مما دفعنا إلى البحث عن طريق آخر، فكان الخيار مدينة إزمير في الجنوب التركي، ثم ذهبنا إلى" ساحة بصمانة " في إزمير،واتفقنا هناك مع مهرّبٍ كي ينقلنا عبر زورق مطاطي إلى جزيرة

1الهجرة عبر ليبيا.. "مُجازفة نهايتها الموت" | قناة 218ديسمبر 2018
https://www.218tv.net/%D8%A7%D9%84%D9%87%D8%AC%D8%B1%D8%A9-

2 جهاد أبو مصطفى: الهجرة غير الشرعية من غزّة إلى أوروبا: الشباب... - فلسطين تشرين 2016
http://palestine.assafir.com/Article.aspx?ArticleID=3637

غير القانونيين والرحلة

ساموس اليونانيّة مقابل 500 دولار أميركي للشخص الواحد. وأبلغنا المهرّب أن نغلّف أشيائنا المهمّة في أكياس بلاستيك مقاومة للمياه، ونبقى على وضع الاستعداد، للانتقال إلى نقطة التهريب في أيّ لحظة مساءًا، ووجوب أخذ الحيطة والحذر».

- و قد اتصل المهرّب بنا عند الساعة الحادية عشرة مساءًا، وأبلغنا أن سائقاً سينقلنا إلى موقع قريب من نقطة التهريب، وهو شقّة سكنيّة تخص أحد المهربين، حيث تم تجميع المهاجرين واللاجئين فيها، استعداداً لساعة الانطلاق، بإتجاه الشاطئ في شاحنة مغلقة. وعند الثانية فجراً، وصلت الشاحنة وركبنا فيها واحداً تلو الآخر وكدنا نختنق من ضيق الشاحنة وكثرة عدد المهاجرين واللاجئين».

- ثم نزلنا في مزرعة، لتجهيز سترات النجاة، ولكي نتأقلم نفسياً لركوب البلم، الذي وجدَ في نهر صغير يؤدي إلى الشاطئ مباشرة، حيث تم نقلنا إلى هذه النقطة، خوفاً من أن يكتشف أمرنا خفر السواحل، خاصة أنه يكثّف دورياته هذه الأيام. وفي نحو الثالثة فجراً، انطلق البلم المطاطي من النهر الصغير بإتجاه الشاطئ، متجهين نحو الجزيرة اليونانيّة، رغم أن السائق لا خبرة له في ذلك، خاصة ونحن في بحر إيجة، مما أشعرنا بالقلق.

- وحانت لحظات العبور من بحر إيجه إلى الجزيرة اليونانيّة، حيث أصابنا الرعب، وأخبرنا المهرب أن الركاب سيكونون 30 فرداً فقط، وفوجئنا بأننا 54 لاجئاً ومهاجر، على متن قاربٍ مطاطيّ لا يتجاوز طوله ثمانية أمتار. الكل يقرأ القرآن، يذكرون الله، يسبّحونه، يبكون، ويندمون. البحر كان أسوداً مظلماً، ومخيفاً، لا نرى سوى منارة يونانيّة بعيدة جداً. وقد انطلقنا من نقطة تركية تبعد عن الجزيرة حوالى 26 كيلومتراً، حتى لا يكتشف أمرنا خفر السواحل التركي، رغم أنّ هناك نقاطاً أقرب بكثير لكنها تخضع للمراقبة. وبعد ساعة من الانطلاق في البحر، أضاء الخفر التركي علينا كشّافاً ضخماً، وأصبحنا نقطة مضيئة في وسط البحر، قبل أن نصل إلى المياه الإقليميّة اليونانيّة. قلنا حينها: انتهى أمرنا، وستتم إعادتنا إلى تركيا، لكن الخفر تركنا، ربما علم أننا قد اقتربنا من المياه الإقليمية اليونانية.

- و بعد نحو 4 ساعات من الإبحار، بدأنا نرى جزيرة ساموس اليونانية بشكل واضح. ومع شروق الشمس، بات كل شيء واضحاً، فعمّت الفرحة القارب المطاطي، الكلّ يخرج هاتفه من بين لفافات البلاستيك ويطمئن أهله وأصدقائه، وبدأ سائق البلم هنا بالبحث عن مكان للنزول فيه، لأن الجزيرة صخريّة، ولا نستطيع النزول في الجرف. فانطلقنا صوب الميناء، وهناك تسلّمنا خفر السواحل اليوناني، والذي قام بدوره بأخذنا إلى مركز اللجوء والهجرة الوحيد على الجزيرة، بالقرب من سفح الجبل. وهناك وجدت عدة منظمات حقوقية ودولية، أخبرونا عن حقوقنا القانونية، وعن الأوضاع، خاصة بعد تعليق الاتفاق الأوروبي التركي. وأفادوا بأنه يجب علينا إما تقديم

طلب لجوء إلى اليونان، أو البقاء في المخيم إلى أن يجدّ جديد بشأن إجراءات اللجوء. وأوضح أمجد " راوي الموقف أن السلطات اليونانيّة ترفض منح أي لاجئ الورقة التي تُعرف باسم «الخارطيّة»، وهي رقم يُسمح لحامله بالتجوّل داخل اليونان، أو الانتقال من الجزيرة إلى العاصمة أثينا: «ب ولكن بوجود إغلاق للحدود اليونانية مع مقدونيا،و أصبحنا عالقين في الجزيرة. ولم نكن نتوقع ذلك، ولم نعرف أننا سنبقى هنا، كنا نظن أننا سنحصل على الخارطية وننتقل إلى أثينا. ومن هناك، نكمل طريقنا. لكن الأوضاع صارت سيئة جداً في الجزر اليونانية.

- ولا يُسمح لنا في ساموس بمغادرة المخيم والتجول في الجزيرة إلا بعد مرور 25 يوماً على وصولنا. خياراتنا صارت قليلة جداً بعد تعليق الاتفاق. وأصبح من حقنا، أن نُقدّم على لمّ الشمل إن كان أحد أقاربنا بالدرجة الأولى في دولة أوروبيّة. ولا يُسمح لنا بالتقدّم على برنامج إعادة التوطين الذي أعلنته الأمم المتحدة، لأننا جئنا بعد منتصف مارس 2015، وقت توقيع الاتفاق.

- تأخذ إجراءات التقديم على اللجوء في اليونان وقتاً طويلاً، لأن الجهات المعنيّة تُعطي المواطن السوريّ الأولويّة في حقّ اللجوء والمعاملات الرسميّة في الجُزر اليونانيّة. مما يحفز البعض إلى الهروب. والإجراءات القانونيّة هنا تأخذ وقتاً طويلاً يفوق الستّة أشهر. ولم يكن هذا هدفنا ولم يكن طموحنا تقديم طلب لجوء إلى اليونان، التي تعاني من المشاكل الإقتصادية، وعدم وجود إمتيازات بها.

- حاول البعض الخروج من الجزيرة على متن باخرة تجاريّة أكثر من مرّة، لكن السلطات اليونانية أمسكت به وسجنته ستّة أيام في المرتين: «الكثيرون هنا يحاولون الهروب إما عبر البواخر التجاريّة، أو عن طريق الاختباء في الشاحنات التي تقلّها الباخرة إلى أثينا، أو عن طريق هويات مزوّرة. لكن كلّ الطرق باتت مكشوفة للشرطة، وأصبح الخروج من هذه الجزيرة صعباً للغاية ولم يكن هذا ما نسعى إليه.

- وقد وقع العديد من المهاجرين واللاجئين في الجزر اليونانيّة ضحية عمليّات نصب واحتيال من قبل المهربين الذين يستغلون حاجة اللاجئين والمهاجرين بهدف الانتقال إلى أثينا ودول أوروبا الغربيّة. فتنشط عصابات التهريب في المناطق التي يعلق فيها المهاجرون واللاجئون،ولا يستطيعون الخروج منها، كالجزر اليونانيّة، ومدينة «سالونيك» اليونانيّة المُحاذية للحدود المقدونيّة،حسب رواية أحد المهاجرين.

- ومن المفارقات العجيبة التي حدثت، اتفاق شاب مهاجر مع مهرّب، قبل عدّة أيام على نقله بباخرة سياحيّة من الجزيرة إلى أثينا، وأخبره المهرّب أنّه نسّق مع رجال الشرطة الذين يقفون أمام الباخرة ويفحصون حجوزات السفر ليتغاضوا عن أمره فيلتحق بالركّاب المسافرين، مقابل ألف يورو يدفعها مقدماً، وأسرد قائلاً: «دفعت المبلغ المطلوب، وأعطاني المهرب تكت لصعود

غير القانونيين والرحلة

الباخرة، لكني وجدت الكثير من رجال الشرطة هناك بلباس مدني، أعطيتهم الحجز الذي أعطاني إياه المهرب، فطلبوا جواز سفري للتأكّد من مطابقة الاسم. حين أخبرتهم بأني لا أملك جواز سفر، أخذوني لمركز الشرطة، وتم حبسي خمسة أيام بسبب النصب الذي يمارسه المهربون هناك.

• و مهاجر آخر وقع ضحية لمهربي البشر، إذ أنه خسر كامل المبلغ الذي دفعه للمهرب الذي اختفى من الجزيرة بعد النصب عليه هو، وعدداً من اللاجئين الآخرين، ذاكراً أنّ «اللاجئين يخشون إخبار الشرطة أنهم تعاملوا مع مهربين، حتى لا يسوء الوضع أكثر، ويحاكموا بتهمة التهرب من الإجراءات القانونية».

• والملاحظ أن الروايات عديدة من جانب المهاجرين واللاجئين العالقين في جزيرة «ساموس» اليونانيّة، وهناك أحاديث وشائعات متفرقة يسمعونها مؤخراً تتعلّق ببنية السلطات اليونانيّة منحهم حق الإقامة القانونية في اليونان لمدة عام، وذلك يسري على كل من تقدّم بطلب لجوء في اليونان، إلّا أن تلك الأنباء لم يتم تأكيدها من قبل دوائر اللجوء والهجرة في الجزيرة اليونانية.

• ويتوزع المهاجرون واللاجئون في اليونان على قسمين رئيسين، الأوّل منهما يمثل في: اللاجئون والمهاجرون الموجودون في الجُزر اليونانيّة المُحاذية للساحل التركي الغربي، أما القسم الثاني فمكوّن من اللاجئين والمهاجرين في البرّ اليونانيّ، الذين حصلوا من قبل على «خارطيّة» يونانيّة، ولكنهم علقوا في المدن اليونانيّة القريبة من الحدود المقدونيّة بفعل إغلاق الحدود. حيث تَمَّ إقامة مُخيّمات مؤقتة لهم لحين حلّ مشكلتهم، وإعادة توزيعهم على دول الاتحاد الأوروبي، وبعدالتنسيق فيما بينهم.

(5-8) الهجرة غير القانونية والإسلامو فوبيا:

لقد أقرّت المستشارة الألمانيّة أنجيلا ميركل، مؤخّراً بمسؤوليّتها عن حالة الاستقطاب في البلاد، خاصة بعد فوز حزبها بالكاد في الانتخابات التشريعيّة مع صعود اليمين المتطرّف المعادي للهجرة. مفسرةً حالة الاستقطاب الّذي تحدّثت عنه بسياستها في استقبال المهاجرين واللاجئين خلال السنوات الأخيرة، وهو ما قدّم بطريقة غير مباشرة، خدمة عظيمة للحزب القومي اليميني المتطرف"، "حزب البديل من أجل ألماني" الّذي تحصّل على أصوات 13.5% من الناخبين في النتائج الأوّليّة للانتخابات، ليحتلّ بذلك المرتبة الثالثة بعد "الاتحاد الديمقراطي المسيحي" الّذي تترأسه ميركل و"الحزب الاشتراكي الديموقراطي" بزعامة مارتن شولتز، ويصبح أوّل حزب ينتمي إلى أقصى اليمين يحصل على تمثيل في البرلمان في تاريخ ألمانيا منذ الحرب العالمية الثانية ومتخذاً موقفاً سلبياً حيال المهاجرين غير القانونيين.

ويطالب هذا الحزب اليميني المتطرّف بإغلاق جميع المساجد وفرض حظر على الآذان، واعتماد اجراءات تضييقية على المهاجرين واللاجئين. وبشعار "الإسلام يدمّر أوروبا، ونحن نفتح أبوابنا (لهم)"، وهو نفس موقف مجموعة

"هوغار سوسيال" اليمينية المتطرفة في مدري. من جهتها، هنّأت زعيمة اليمين الفرنسي المتطرّف مارين لوبان، حزب "البديل من أجل ألمانيا" بالنتيجة التاريخية التي حقّقها في الانتخابات التشريعيّة وكتبت مارين لوبان في تويتر أنّ هذا "الفوز لحزب البديل يعدّ رمزا جديدا لصحوة الشعوب الأوروبيّة."

و حسب استطلاع الرأي، الذي أجرته وكالة الاتّحاد الأوروبي للحقوق الأساسيّة، أنّ 92% من مسلمي أوروبا يواجهون تمييزا عنصريّا بما في ذلك اعتداءات لفظيّة وجسديّة. وأفاد الاستطلاع الذي شارك فيه نحو 10 آلاف مسلم، من 15 دولة أوروبية أن 53% من المسلمين في أوروبا تعرضوا لمضايقات لكون اللافتات على منازلهم تحمل اسماء اسلامية فقط. وأشار الاستطلاع إلى أن 39% من المشاركين بالبحث، عانوا من التمييز العنصري بسبب مظهرهم الخارجي عند سعيهم للحصول على عمل، كانت للنساء الحصة الأكبر، بنحو 35.%. كما لفت الاستطلاع إلى «تعرّض نحو 94% من النساء المحجّبات المشاركات في الاستطلاع لاعتداءات ومضايقات تراوحت بين الجسديّة واللفظيّة مما يوضح الموقف العدائي تجاه المسلمين.

ومن أجل نظرة حيادية عن موضوع الهجرة غير القانونية، يجب إعادة النظر في الخطاب السياسي وفي الخطاب الإعلامي في الدول الأوروبية اللذين يعالجان الهجرة عموماً بصورة سلبية (الهجرة غير القانونية، ومشكلات الاندماج، والإرهاب والجريمة، والمخدّرات...). ومن المؤسف أن تركز الدراسات والتقارير على هذا الجانب السلبي، محاولةً إبراز مدى غلو تكلفة الهجرة، حيث تظل البحوث التي تتناول الجوانب الإيجابية للهجرة غير القانونية قليلة.

وللناحية الجيوستراتيجية دور فعال، فلا يمكن لأوروبا أن تستمر في ازدهارها مع إدارة ظهرها لجيرانها في جنوب المتوسط. إذ أنه يمثل الطريق الأنجح لتحقيق السلم والرخاء المشترك في الحوض المتوسطي، مما يسهم في تعزيز التعاون في كافة المجالات وتحقيق معنى الشراكة.[1]

الخلاصة:

- يوجد اختلاف كبير في نسبة الاختلال النوعي بين المهاجرين غير القانونيين، ويمكّن أن نميز ما بين هجرة غير قانونية شبه ذكورية في ثلاثة دول، وارتفاع كبير للذكورة وتراجع أنثوي حيث يتراوح ما بين خمسة وسبعة أمثال حجم عدد المهاجرات الإناث في ست دول، وتوازن نوعي مختل بنسبة كبيرة في إحدى عشرة دولة، وتوازن نوعي مختل جزئياً تمثّل في (157 ذكراً/ 100 أنثى) في إثنتا عشرة دولة.

- و لوحظ أن أعمار المهاجرين غير القانونيين إلى قارة أوروبا تراوحت ما بين

---

1 أزمة المهاجرين سبتمبر 28, 2017 :جنّة أوروبا تتحوّل إلى جحيم – ميم | مجلة المرأة العربية

https://meemmagazine.net/2017/09/28/%D8%A3%D8%B2%D9%85%D8%
A9-%D8%A7%D9

غير القانونيين والرحلة

الربع (27%) للأطفال(أقل من 18 عاما) وما يقرب من ثلاثة أرباع (73%) للشباب الذين يزيدون عن ثمانية عشر عاما ويقلون عن 34 عاما. ومن الملاحظ غياب المهاجرين في مرحلة الشيخوخة والكهولة حتى الناضجون الكبار أيضاً غائبون، حيث نجد أن الأطفال المهاجرون نصفهم (52.%) على أعتاب مرحلة الشباب ما بين(17-18 عاما)،وخمسهم (21.4%) من الفتيان ما بين(14-17 عاما)، ويبقى الربع لجملة الأطفال الذين يقلون عن ثمانية عشر عاماً بنسبة (24.8%). وعن العمل في بعض الدول الأوروبية، نجد:" أن العمل عند الألماني – كما رأيته- دعامة حياته، وهو لا يتحرج، ويتأفف ولا يستنكف من أداء أي عمل، ما دام عملاً شريفاً، يكفل له حقه في العيش، والاحتفاظ بكرامته "[1].

- و تتعدد أشكال معاناة المهاجرين في جميع مراكز الرحلة؛ فقد أدى انهيار نظام العدالة في ليبيا إلى وجود انتهاكات وتجاوزات خطيرة معوقة لحقوق الإنسان. كما يتجمع مئات المهاجرين من إفريقيا جنوب الصحراء في مخيم عشوائي بالدار البيضاء في ظروف مأسوية، ويعانون من ظروفاً صعبة بمركز كارا دي مينيو بصقلية وهو واحد من أكبر مراكز استقبال اللاجئين في أوروبا، ما دعا مؤخراً وزارة الداخلية عزمها إغلاق المركز بحلول نهاية العام.

- كما سجلت عمليات مداهمة حكومية مكثفة ومستمرة لتجمعات المهاجرين في المغرب وتكديسهم في الحافلات مكبلين بالأصفاد دون اتباع الإجراءات القانونية الواجبة، ودون التحقق من وثائقهم القانونية، واحتجازهم بطريقة غير لائقة.

- و الملاحظ أن معاناة المهاجرين تصل إلى أقصاها بوفاتهم غرقا أو عطشى، وتسجل المفوضية السامية للأمم المتحدة لشؤون اللاجئين مصرع الكثير منهم، ولكن عبور الصحراء بحسب تقرير أمانة الهجرة المختلطة الإقليمية "أكثر خطورة" من عبور البحر الأبيض المتوسط. ففي نوفمبر 2018 صدر تقرير لأسوشيتد برس يوثق وفاة أو اختفاء أكثر من 56800 مهاجر في جميع أنحاء العالم منذ عام 2014، حيث ضاع عدد كبير منهم في الصحارى أو سقطوا فريسة مهربي البشر. المفقودون بينهم أطفال، واستناداً إلى رحلات متجهة فقط إلى أوروبا، أبلغ الصليب الأحمر الدولي بفقدان 2773 طفلا و2097 بالغا.

- وعندما ينجح المهاجرون غير القانونيين في الوصول إلى أوروبا، يواجهون ظروفاً صعبة تمثلت في البحث عن عمل وسكن، حيث رحلة المعاناة بكافة أنواعها في العديد من هذه الدول. رغم أن هذه الدول تعمل على تعزيز

____

[1]) أحمد قاسم جودة. الناس والحياة في ألمانيا" تأملات وانطباعات"، المطبعة العالمية، القاهرة، الطبعة الأولى، 1963، ص95.

تشريعاتها وتحسين التنسيق بين المنظمات غير الحكومية والنقابات والقطاع الخاص لوقف أساليب الاتجار بالبشر.

• وأظهر استطلاع للرأي، أجرته وكالة الاتّحاد الأوروبي للحقوق الأساسيّة، أنّ 92% من مسلمي أوروبا يواجهون تمييزا عنصريّا شديداً، خاصة من الأحزاب المتطرفة في الدول الأوروبية، مما ينذر بعواقب وخيمة.

* * *

الفصل السادس

...الإرهاب واستراتيجيات المواجهة

واستراتيجيات المواجهة

توطئة:

يناقش هذا الفصل الأخير توطن المهاجرين غير القانونيين في المهاجر الأوروبية، ووضع الإرهاب كأكبر المخرجات السلبية لعدم التكيف، وأخيراً استراتيجيات المواجهة.

ويتضمن ستة مباحث رئيسية؛ هي التفضيل الهجري وأقليات المهاجرين، والهجرة غير القانونية والارهاب وتهديدات الأمن الأوروبي، وإستراتيجية المواجهة لدى لاتحاد الأوروبي، وتجريم الهجرة غير القانونية، والاتفاقيات والهجرات غير القانونية، وتقييم أثر المواجهة والاتفاقيات.

(1-6) التفضيل الهجري وأقليات المهاجرين:

يتناول مبحث التفضيل الهجري وأقليات المهاجرين موضوعات هامة مثل الجاليات الأجنبية الأكثر شيوعاً، والمكون النسبي للسكان المولودين من الخارج، ومعدل ازدياد عدد المهاجرين إلى الدول الأوروبية.

(1-1-6) الجاليات الأجنبية الأكثر شيوعًا:

من الجدول رقم(43) الذي يوضح دول الأصول الأكثر شيوعًا من الأجانب وفقاً لمحال ولادتهم في عام 2015، (الأمم المتحدة)، والشكل رقم ( ) صمم بواسطة التشيكي ياكوب ماريان، استخدمت بيانات من شعبة الأمم المتحدة للسكان، فضلاً عن دراسة للأمم المتحدة عام 2015 **ومنهما نستخلص عدة حقائق هامة:**

- دول الأصول الأكثر شيوعًا من الأجانب بمعدل خمس دول؛ فينتشر البوسنيون في دول يوغسلافيا وكرواتيا وسلوفينيا وموسوفو والجبل الأسود، كما ينتشر الروس في أوكرانيا وليتوانيا ولاتفيا وأستونيا وبلغاريا، وينتشر الأوكرانيون في بولندا وروسيا ومولدوفا والبوسنة والهرسك ولوكسمبرج.

- دول الأصول متوسطي الشيوع من الأجانب بمعدل ثلاثة دول؛ فينتشر الألمان في الدانمارك والنمسا وسويسرا، وينتشر الألبان في دول اليونان ومقدونيا وقبرص.

- دول أصول أقل شيوعاً بمعدل إثنتين وتقتصر على الرومانيون وينتشرون في المجر وإيطاليا.

- تنفرد ثلاثة عشرة دولة بجالية أجنبية واحدة سائدة؛ منها ثلاثة دول عربية فينتشر المغاربة في أسبانيا والجزائريون في فرنسا وسوريا في تركيا، وباقي الدول توجد بكل منها جالية واحدة من داخل أوروبا.أنظر جدول رقم **(43).**

- " تنتاب إنجلترا الآن ومنذ فترة طويلة نزعة عنصرية قوية ترى أن الجنس الأنجلوسكسوني هو أفضل وأرقى الاجناس وإن كانت هذه النزعة أقل حدة منها في فرنسا التي تضطهد العمال المغاربة ومنها في ألمانيا التي تضطهد العمال الأتراك فإن هذا لا يُعني وجود تلك النزعة العنصرية التي تنهي

أسطورة التسامح وحرية العقيدة والرأي في أوروبا"[1]. وقد أثر ذلك على إعتبارها كوجهة للمهاجرين غير القانونيين.

جدول **43** دول الأصول الأكثر شيوعاً من الأجانب في عام 2015 (الأمم المتحدة)

دول الأصول	الدولة	دول الأصول	الدولة	دول الأصول	الدولة
التشيك	سلوفاكيا	روسيا	اوكرانيا	البوسنة	يوغسلافيا
المغرب	اسبانيا	روسيا	لتوانيا	البوسنة	كرواتيا
الجزائر	فرنسا	روسيا	لاتفيا	البوسنة	سلوفينيا
فنلندا	السويد	روسيا	استونيا	البوسنة	كوسوفو
استونيا	فنلندا	روسيا	بلغاريا	البوسنة	الجبل الاسود
سوريا	تركيا	اوكرانيا	يولندا	المانيا	الدانمارك
اليونان	البانيا	أوكرانيا	روسيا	المانيا	النمسا
بولندا	ايسلندا	اوكرانيا	مولدوفا	المانيا	سويسرا
الهند	بريطانيا	كرواتيا	البوسنة والهرسك	البانيا	اليونان
بريطانيا	أيرلندا	اوكرانيا	لوكسمبرج	البانيا	مقدونيا
ايطاليا	بلجيكا	رومانيا	المجر	البانيا	قبرص
تركيا	هولندا	رومانيا	إيطاليا	بولندا	النرويج
مولدوفا	رومانيا	أنجولا	البرتغال	بولندا	المانيا
المصدر: اعتماداً على الخريطة التالية.					

1) ياسر حسين. الإسلام."مستقبل أوروبا"، دار الأمين، طبع. نشر. توزيع، الجيزة، مصر، الطبعة الأولى1418ه-1997، ص57.

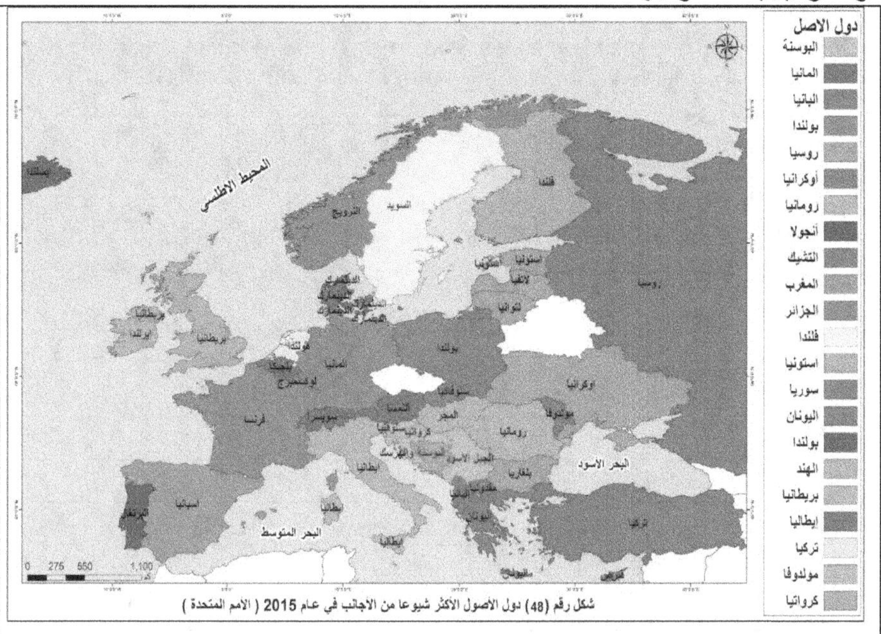

شكل رقم(48) دول الأصول الأكثر شيوعا من الأجانب وفقا لمحال ولادتهم في عام 2015

2016-7-22[1] الهجرة الى أوروبا **موضحة** في ثلاث خرائط -عرب فيد **ArabFeed**
http://www.arabfeed.com/2016/07/22/%D8%A7%D9%84%D9%87%D8%
AC%D8%B1%D8%A9-%D8%A7

(6-1-2) المكون النسبي للسكان المولودين من الخارج:

تختلف نسبة السكان المولودين في الخارج من جملة سكان الدول الأوربية من دولة إلى أخرى، أنظر جدول رقم (44) والشكل رقم (49) اللذان يوضحان نسبة السكان المولودين في الخارجمن مجموع سكان الدولة، ويمكن نستخلص النقاط التالية:

- دول ترتفع بها نسبة السكان المولودين في الخارج من جملة سكانها ارتفاعاً كبيراً: حيث تمثل أكثر قليلاً من نصف(52%) جملة سكان أندورا التي تقع على الحدود بين فرنسا وأسبانيا، وأكثر من خمسي جملة سكان لوكسمبرج (45.9%) عاصمة الاتحاد الأوروبي، وأكثر من ربع (29.6%) جملة سكان دولة سويسرا من إقليم أوروبا الألبية.

- دول تتراوح نسبة السكان المولودين في الخارج من جملة سكانها ما بين 15 و20% من جملة سكانها: وتضم النمسا من إقليم أوروبا الألبية (بنسبة تزيد عن سدس سكانها- 17.4%)، والسويد (16.9%) من شمالها، وأيرلندا وأستونيا (15.8% لكل منهما) من غرب وشمال شرقها على التوالي.

- دول تتراوح نسبة السكان المولودين في الخارج من جملة سكانها ما بين 10 و15% من جملة سكانها: وتضم أربعة عشر دولة، فرنسا وبريطانيا وألمانيا وبلجيكا وهولندا من إقليم غرب أوروبا، وفرنسا وأسبانيا من إقليم البحر المتوسط جنوب أوروبا، والنرويج من شمالها، والجبل الأسود واليونان وسلوفينيا من أوروبا البلقانية، وأخيراً كرواتيا ولاتيفيا وأوكرانيا من شرق أوروبا.

- دول تتراوح نسبة السكان المولودين في الخارج من جملة سكانها ما بين 5 و10% من جملة سكانه: وتضم ست دول، وهي إيطاليا والبرتغال من جنوب أوروبا، ويوغسلافيا ومقدونيا من البلقان وروسيا شرقاً وفنلندا شمالاً.

- بينما تنخفض نسبة السكان الأجانب المولودين بالخارج عن خمسة في المئة في ثمانية دول تتركز في البلقان وشرق أوروبا وإقليم الألب.

جدول **44** نسبة نسب عدد السكان الموليدين في الخارج عام 2015

%	الدولة	%	الدولة	%	الدولة	%	الدولة
4.5	المجر	10.8	أوكرانيا	13.6	كرواتيا	52.0	اندورا
						45.9	لوكسمبرج
3.8	تشيكو سلوفاكيا	11.8	هولندا	13.4	بريطانيا	29.6	سويسرا
3.2	سلوفاكيا	9.5	ايطاليا	13.3	الجبل الاسود	17.4	النمسا
1.8	البانيا	8.6	يوغسلافيا	13.0	لاتيفيا	16.9	السويد
1.3	بلغاريا	8.2	روسيا	12.4	بلجيكا	15.8	ايرلندا
1.1	رومانيا	7.9	البرتغال	12.4	اسبانيا	15.8	استونيا
0.9	البوسنة	6.2	مقدونيا	11.7	روسيا البيضاء	14.5	فرنسا
		5.8	فنلندا	11.3	سلوفينيا	14.5	المانيا
		5.4	ليتوانيا	11.2	اليونان	14.4	النرويج

واستراتيجيات المواجهة

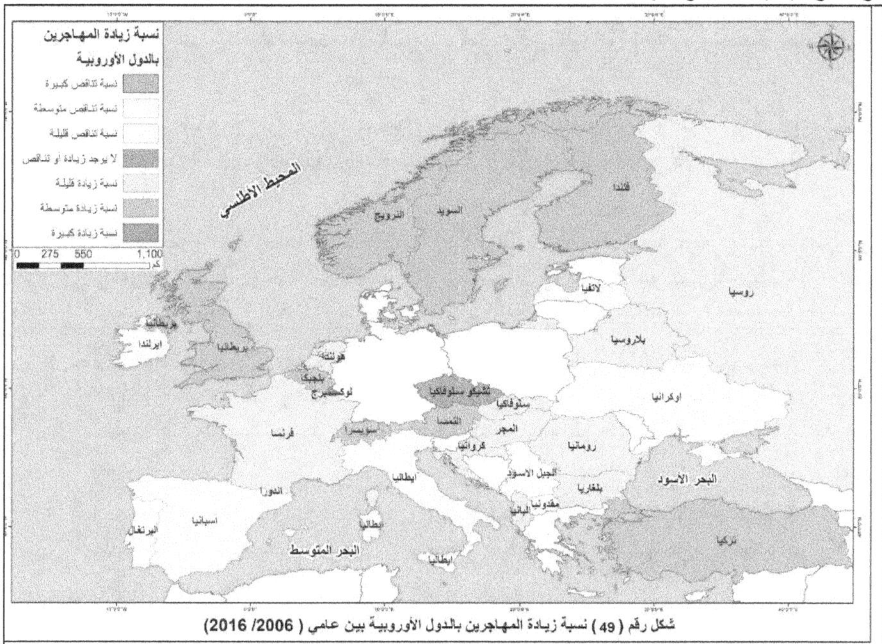

شكل رقم (49) نسبة زيادة المهاجرين بالدول الأوروبية بين عامي (2006/ 2016)

شكل رقم(49) دول الأصول الأكثر شيوعا من الأجانب وفقا لمحال ولادتهم في عام 2015

22-7-2016[1] الهجرة الى أوروبا موضحة فى ثلاث خرائط -عرب فيد **ArabFeed**
http://www.arabfeed.com/2016/07/22/%D8%A7%D9%84%D9%87
%D8%AC%D8%B1%D8%A9-%D8%A7

(6-1-3) معدل ازدياد عدد المهاجرين إلى الدول الأوروبية:

لا يتجاوز عدد المهاجرين من خارج أوروبا نحو 13 مليون نسمة، بنسبة 3,5% من سكان الاتحاد الأوروبي. وقد ازداد عدد المهاجرين إلى النصف خلال خمس عشرة سنة، ولاسيَّما بسبب التدفق الهائل للمهاجرين القادمين من أوروبا الشرقية ودول البلقان بعد سقوط جدار برلين عام 1989، والحرب في يوغوسلافيا، لكن نسبة هؤلاء المهاجرين يظل أقل من 6,6 %من الأجانب الذين يعيشون في الولايات المتحدة الأمريكية[1].

1- تجارة الموت في المتوسط ومسؤولية أوروبا
http://tanwair.com/2015/06/%D8%AA%D8%AC%D8%A7%D8%B1%D8%A9-%D8%A7%D9
9-%D8%A7%D9

يوضح الجدول رقم (45) والخريطة شكل رقم (48) معدل ازدياد عدد المهاجرين إلى الدول الأوروبية فيما بين عامي 2015 و2016، ومنهما نستخلص عدة حقائق:

- ارتفع عدد المهاجرين في لوكسمبرج من دول البنيلوكس ارتفاعاً كبيراً فيما بين عامي 2015 و2016، بنسبة 13.4% وهو معدل لا يقارن ببقية دول القارة.

- مجموعة من دول سجلت معدلات زيادة للمهاجرين بنسبة تراوحت ما بين 2 و4% سنويا، وضمت خمس دول هي:النرويج والسويد وبلجيكا من إقليم شمال أوروبا، والنمسا وسويسرا من دول أوروبا البلقانية.

- دول سجلت معدلات موجبة للمهاجرين إليها تقل عن 2% سنويا، وضمت 16 دولة، منها تركيا وفنلندا وبريطانيا حيث تراوح المعدل ما بين 1إلى 2% سنوياً، بينماسجلت نحو ثلاث عشرة دولة سجلت معدلات قلت عن واحد في المئة.

- أما بقية الدول الأوروبية فقد سجل مهاجريها معدلات نمو سالبة، منها 14 دولة قلت معدلات نموها عن -1%، بينما تناقص عدد المهاجرين بحدة في ثلاثة دول هي يوغسلافيا وأسبانيا وأندورا.

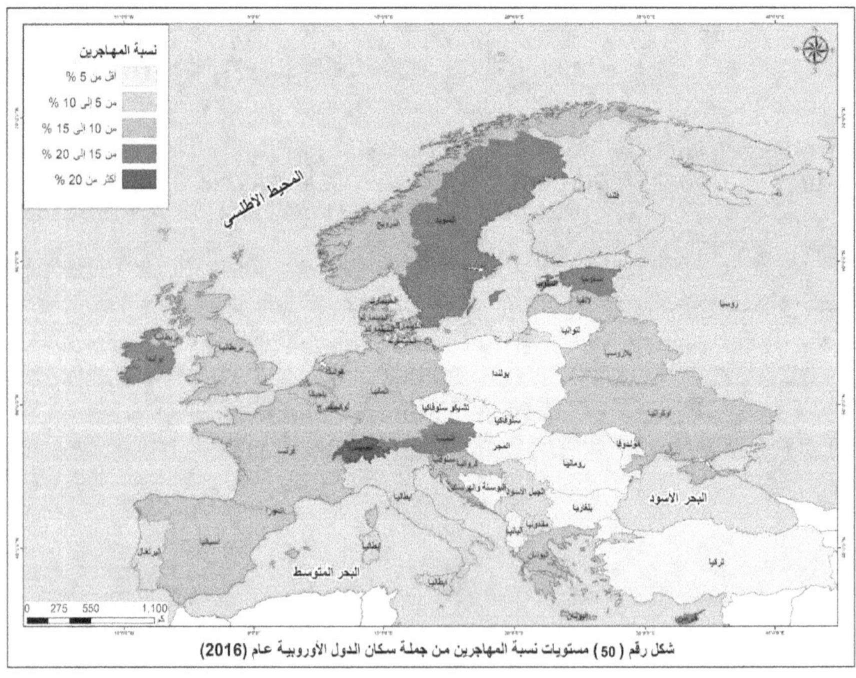

شكل رقم (50) مستويات نسبة المهاجرين من جملة سكان الدول الأوروبية عام (2016)

جدول 45 نسبة زيادة المهاجرين بالدول الأوروبية بين عامي 2015 و2016

واستراتيجيات المواجهة

%	الدولة	%	الدولة	%	الدولة	%	الدولة
0.1-	ايطاليا	0.2	روسيا البيضاء	0.7	بلجيكا	13.4	لوكسمبرج
0.1-	مقدونيا	0.1	ايسلندا	0.7	البرتغال	3.6	النرويج
0.3-	أوكرانيا	0.0	تشيكو سلوفاكيا	0.6	كرواتيا	3.9	سويسرا
0.3-	ليتوانيا	0.1-	لاتفيا	0.5	فرنسا	2.7	بلجيكا
0.5-	الجبل الاسود	0.1-	ايطاليا	0.5	سلوفاكيا	2.2	النمسا
0.6-	ايرلندا	0.1-	مقدونيا	0.4	بلغاريا	2.1	السويد
0.7-	البرتغال	0.1-	اليونان	0.4	روسيا	1.9	تركيا
01.3-	اسبانيا	0.3-	مولدافا	0.3	رومانيا	1.1	فنلندا
2.8-	يوغسلافيا	0.3-	استونيا	0.2	البانيا	1.1	بريطانيا
-14.7	اندورا	0.1-	لاتفيا	0.2	المجر	0.9	هولندا
المصدر: اعتمادا على الحريطة التالية.							

(6-2) الهجرة غير القانونية والارهاب وتهديدات الأمن الأوروبي
يتناول مبحث الهجرة غير القانونية والارهاب وتهديدات الأمن الأوروبي، عدة نماذج متمثلة في:

(6-2-1) نماذج الإرهاب:
تواجه أوروبا التفاعل بين ثلاثة نماذج للإرهاب[1]، تتداخل في تداعياتها الأمنية، والسياسية والاجتماعية.

النموذج الأول: التحاق أوروبيين من أصول عربية-إسلامية، بالتنظيمات "الارهابية: وما لذلك من تهديد مباشر للأمن القومي الأوروبي خاصة مخاطر تنفيذ العائدين من ميادين القتال، هجمات مركزة، كما حدث في بلجيكا وفرنسا، ويطرح هذا "النموذج" مشاكل عدة للدول الأوروبية متمثلة في:

✓بعض هذه الدول التي تحارب الإرهاب، "تصدر" مقاتلين يدعمون صفوف تنظيمات إرهابية تحاربها قواتها المسلحة.

✓عودة بعضهم إلي الدول الأوروبية، مما يهدد الأمن الأوروبي، خاصة أن هؤلاء تلقوا تدريباً عسكريا في مسارح "القتال" التي مروا بها، وبالتالي الهجمات التي قد ينفذونها ستكون محكمة (من حيث الأداء والتنفيذ)، ومضرة للغاية من حيث الخسائر البشرية.

✓التخوف من مشاركة هؤلاء وبفعالية -بحكم تجربتهم- في تجنيد شباب آخرين للقتال في الخارج، أو لتكوين خلايا "جهادية" مدربة لتنفيذ عمليات علي التراب الأوروبي.

✓وجود هذه الظاهرة بحد ذاتها دلالة علي اختراق اجتماعي، وأمني ووجود خلايا تجنيد سرية، سواء عن بعد (عبر الإنترنت، وشبكات التواصل الاجتماعي) أو عبر اللقاء المباشر.

---

[1]مارس 7, 2019د. يوسف يونس يكتب – الارهاب وتهديدات الامن الاوروبى | مركز الناطور...
http://natourcenter.com/%D8%AF-%D9%8A%D9%88%D8%B3%D9%81-%D9%8A%D9%8

النموذج الثاني تمثل في: ظهور الإرهاب المحلي، أي انخراط مواطنين أوروبيين، من أصول عربية – إسلامية، في تنظيمات إرهابية:

وتنفيذ عمليات ضد بلدانهم .ففي السابق، كانت العناصر الإرهابية تأتي بالأساس من خارج أوروبا، لكن ظاهرة الإرهاب المحلي استفحلت أخيراً، مما يجعل من الصعوبة محاربتها،فالأجهزة تتعامل مع مواطنين أوروبيين، وفي إطار دولة القانون، ومن ثم فمن الصعب مراقبتهم، وتقفي أثر تحركاتهم بشكل محكم. لذا، من المطلوب أن توضع تشريعات جديدة لتوسيع صلاحيات الأجهزة الأمنية.

النموذج الثالث: تمخض عن التفاعل بين هذه النماذج الفرعية للإرهاب ظاهرة جديدة،ألا وهي: الإرهاب الفردي المعزول:

جرت العادة علي أن تكون الأعمال الإرهابية نتيجة انتماء أفراد إلي خلية أو تنظيم معين يجندهم ويغذيهم بالفكر الجهادي، ويزودهم بالدعم الضروري لتنفيذ عمليات خطط لها التنظيم من قبل، بعيداً عن التراب الأوروبي، لكن يتم تنفيذها بواسطة موفدين أو محليين. وهذا النوع من الإرهاب تعودت أجهزة الشرطة والمخابرات علي التعامل معه، لإمكانية تحديد مسئولية وهوية الضالعين في هذه العمليات، بفضل ''هرمية'' الخلية، وتخصص كل واحد من أفرادها في عمل معين متمثل في (تخطيط، دعم لوجيستي، تنفيذ...). إلا أن نمط العمل عرف تطوراً في الآونة الأخيرة من حيث الأداء والنوعية، وهذا ما كشفته العديد من العمليات الارهابية الاخيرة من جهة قيام أفراد بعمليات، دون أن يكون وراءهم تنظيم محدد يدعمهم، بمعني أن التوافق – الاقتناع الأيديولوجي-، بمنطق تنظيم ما، ينشط علي آلاف الأميال من أوروبا، ممايساعد في تنفيذ عمليات إرهابية.

هذا وقد أجمعت غالبية الدول في الاتحاد الأوروبي، على رفض الهجرة غير القانونية سواء القادمة من جزئها الشرقي أو تلك التي تأتي من الضفة الجنوبية للمتوسط، رغم استثناء بعض الحالات التي تسمح فيها نفس هذه الدول بمرور انتقائي للكفاءات والأدمغة المتميز، التي تمثل أساس منفعة كبيرة لهذه الدول.

(6-2-2) تهديدات الهجرة غير القانونية:
ويمكن اختصار تلك التهديدات في النقاط التالية:

الإخلال بالنواحي الأمنية:
نظراً لكون المهاجرين غير القانونيين لا يحملون هويات إثبات الشخصية، وهذا يعني أنه في حالة ارتكابهم للجرائم لا يمكن التعرف على المرتكب الحقيقي لهذه الجرائم وبالتالي تفشي العادات الإجرامية في المجتمعات الأوروبية.

الإخلال بالوضع الاقتصادي:
رغم أن المهاجرين غير القانونيين، يعتبرون أهم مصدر لليد العاملة الرخيصة، إلا أن هذا في حد ذاته يعد خللاً أساسياً في سوق العمل الأوروبية، مما يؤدي لوجود منافسة قوية للأيدي العاملة المحلية، وبالتالي انتشار العمالة العشوائية غير الضرورية، ذات الإنتاجية المنخفضة وظهور سوق ظل موازية للعمالة المتسللة

واستراتيجيات المواجهة

والتي تقبل بأجور أقل، وكذا شروط قاسية للعمل، مما يؤدي إلى تفشي البطالة في الدول الأوروبية، حيث العمالة الرخيصة.

مشكلة الأقليات:

إن نهاية الحرب الباردة بين الكتلة الشرقية والكتلة الغربية وما حملته من تغيرات في الساحة الدولية، والتي أدت بدورها إلى تصاعد الأفكار القومية، التي خلقت العديد من الحروب والنزاعات داخل حدود الدولة الواحدة وبالتالي، أصبح للهجرة غير القانونية، تأثير على النمو الديموغرافي وكذا الواقع السكاني في أوروبا، والذي أدى بدوره، هو الآخر، إلى خلق أقليات تطالب بحقوقها، مما يعني أن الهجرة غير القانونية أصبحت أزمة ومشكلة تهدد أوروبا في عقر دارها. حيث أن تعرض المهاجرين غير القانونيين إلى الإقصاء من الحياة الاجتماعية وسوء المعاملة والتهميش، يؤدي بالأفراد إلى المطالبة بحقوقهم، نتيجة للأوضاع المتردية التي يعيشونها، مما يساهم في بروز العنصرية، حيث أصبح المهاجرون غير القانونيين، يوبخون على كل ما يحدث من مشاكل سواء التعامل بالمخدرات، أو الجريمة المنظمة، أو تفشي ظاهرة التسول، مما ساعد الأحزاب اليمينية المتطرفة في استغلال هذه الأوضاع لصالحها، وبالتالي زيادة التشديد والتعقيد، وكان ذلك، بداية من عام 1975.

مشاكل النفقات:

زيادة النفقات، والتي أثقلت كاهل دول الإتحاد الأوروبي، والتي تمثلت أوجه صرفها في: تشديد الإجراءات على الحدود وملاحقة المهاجرين غير القانونيين واحتجازهم وإعادة تسفيرهم،مما أوجب على الدول الأوروبية، تحديد ميزانية كاملة لمثل هذا النوع من العمل.

مشاكل اجتماعية:

ارتبطت ظاهرة الهجرة غير القانونية بالعديد من المشاكل، كتجارة المخدرات القادمة من بعض دول الشرق الأوسط، وشمال إفريقيا، وأفغانستان، وشرق أوروبا وأمريكا اللاتينية، بإتجاه أوروبا الغربية من خلال التنقل عبر: روسيا، وتركيا وجنوب البحر المتوسط. وارتبطت هذه الظاهرة بمشاكل أخرى انتشرت بكثرة في المجتمع الأوروبي وأصبحت بذلك تهدد استقراره وأمنه والتي تمثلت في شبكات التجارة بالبشر والدعارة، وأنشطة هذه الشبكات دولية، وتضم أفراد من جنسيات مختلفة سواء من دول المنشأ، أو دول العبور أو دول الوصول، وبالتشارك مع عصابات الجريمة المنظمة، كما ترتبط الهجرة غير القانونية بجرائم التزوير، والرشوة، والاختلاس، وجرائم الاعتداء على الأشخاص، وسرقة الأموال.

الأمن الأوروبي والتوتر في الشرق الاوسط وشمال افريقيا:

فقد شكل شبح حدوث هجرة جماعية غير قانونية، من شمال افريقيا، إلى أوروبا بالنسبة للمسئولين الأوروبيين،أمراً مفزعاً، على الرغم من الاتفاق بين الاتحاد الاوروبي وتركيا، بخصوص ضبط الهجرة الغير القانونية، عبر الاراضي التركية باتجاه اوروبا، والذي انعكس بدوره، على ضبط الحدود الأوروبية، عبر اليونان، مما

ساهم في اعادة تفعيل خط الهجرة البديل، والقادم من شمال افريقيا، وعزز احتمالات ان يشهد جنوب البحر المتوسط تدفقاً للمهاجرين.

وهناك تخوفات من احتمالات قيام التنظيمات الإرهابية باستغلال تلك المنطقة، كقاعدة انطلاق، لإرسال مقاتليها الى عمق الاراضي الاوروبية، مستغلين تدفق موجات المهاجرين. كما حدث في عهد سابق، عندما تم إدخال مقاتلين من سوريا والعراق   عبر   الأراضي التركية الى عمق أوروبا، مستغلينالأوضاع السائدة في تلك المنطقة، حيث النزاعات المسلحة.

وجاءت هذه التحركات لتعكس تزايد طبيعة التهديدات، والتي بات يشكلها هذا التنظيم، خاصة في هذه المنطقة التي كانت تشكل ''الحضن الدافىء'' للقارة الأوروبية، لتتحول الى ''الحضن الساخن'' بما يحمله من تواجد للتنظيمات الإرهابية المختلفة، مما أوجد منافذ لعمليات

الهجرةغير القانونية عبر شمال افريقيا، ومنها الى أوروبا، وفتح المجال أمام انتقال العشرات من العناصر الارهابية الى القارة العجوز، لتعمل كخلايا نائمة، لمراكز إرهابية.

و من ناحية أخرى، هناك بعض السياسات الغربية والتي ترى، أن في استمرار الأزمة الليبية، فرصة لها لضمان السيطرة على السوق البترولية، من خلال نظام البيع خارج السوق، بالتنسيق مع الكثير من المليشيات المحلية والقبلية المتصارعة في ليبيا. مما يعرقل إقامة حكومة ليبية مركزية مدعومة بجيش مركزي قوي قادر على السيطرة على الأوضاع في ليبيا، وانهاء حالة الفوضى القائمة. فالذهب الأسود في تلك البقاع، وتكالب الغربيين عليه، بطريقة أو بأخرى، ساهم بدوره، في تنامي ظاهرة " الجماعات المسلحة"، والتي ساهمت بدورها، هي الأخرى، في تنامي ظاهرة الهجرة غير القانونية، إلى العمق الأوروبي، وبالتالي زيادة التوتر والقلاقل السياسية، وتنامي مخاطر الارهاب داخل العمق الليبي، والذي سيؤثر على التوجهات الأوروبية في المنطقة.

القنبلة الملوثة(السلاح المستقبلي للجماعات الإرهابية):
حيث بدأت مساعي " تنظيم القاعدة " إلى امتلاك أسلحة الدمار الشامل، بأنواعها المختلفة، فأهداف التنظيم واضحة، حيث يعمل على مجابهة النظام العالمي والذي يسيطر عليه الغرب، وخاصة الولايات المتحدة الامريكية " المسيطرة على مقدرات الأمور في العالم " تحت مسمى النظام العالمي. وأيضاً اتخاذ موقفاً سلبياً، حيال الأنظمة الحاكمة في العالم العربي والإسلامي.

ونظرًا للأهمية القصوى لتلك الأسلحة، فإن مسألة تنظيم وإدارة الأبعاد التسلحية غير التقليدية للتنظيم تُوكل للمستويات العليا،مع استئثار القيادات باختيار مواقع وتوقيت العمليات الإرهابية التي يتم التخطيط لها. وهناك عدة مؤشرات، تدل على سعي التنظيم، لامتلاك أسلحة الدمار الشامل، ففي بداية عام 1994 بدأت محاولات تنظيم القاعدة للحصول على اليورانيوم من السودان، والحصول على

واستراتيجيات المواجهة

أسلحة نووية من دول الاتحاد السوفيتي سابقاً، فالحصول على أسلحة الدمار الشامل يعد من صميم أهداف التنظيم، لحماية العالم الإسلامي، من وجهة نظر التنظيم. وتم الإستعانة بالكثيرين، للوصول إلى الهدف، حيث تم التدريب على استخدام الأسلحة الكيماوية والبيولوجية، بل والقنابل الذكية، والوصول إلى التعاون النووي، مع دول وسط آسيا، خاصة باكستان. والقيام بتجربة نووية تفجيرية في الصحراء. وأعلن "الظواهري" عن إمكانية حصول أي فرد عادى على أسلحة الدمار الشامل إذا كان يملك 30 مليون دولار بمجرد اللجوء إلى منطقة آسيا الوسطى أو الاتصال بأحد العلماء في دول الاتحاد السوفيتي سابقاً، حيث توجد كميات كبيرة من القنابل والأسلحة الذكية. ففي منتصف عام 2002، تم عمل تجارب على استخدام الأسلحة الكيماوية والبيولوجية في معسكر شمال شرق العراق.

السمة الغالبة للنهج الذي يتبعه تنظيم القاعدة، هو السعي للحصول على أسلحة الدمار الشامل. الفتاكة، وبالرغم من فشل تنظيم القاعدة في الوصول الى تحقيق حلمه، نتيجة عدم قدرة التنظيم على التوصل إلى تلك التكنولوجيا المتقدمة في ظل تكثيف سبل ووسائل واستراتجيات الإرهاب الأمر الذي أعاق التنظيم عن المضي قدمًا نحو تطوير هذا النوع من الأسلحة الفتاكة. مما زعزع الأمن والسلم في منطقة الشرق الأوسط ووسط، آسيا وساهم في ظهور تيارات هجرة مختلفة، من دول " أفغانستان والعراق وسوريا وشمال أفريقيا، نحو أوروبا.

ومما زاد الأمر سوءًا، سعي الإرهابيين إلى امتلاك مواد نووية أو جرثومية أو إشعاعية واستخدامها في شن هجمات إرهابية، خاصة بعد ظهور تنظيم داعش، وممارساته الإرهابية في المنطقة.

فالتكنولوجيا المتوفره حاليا تمكن الأرهابيين من الحصول على المواد النووية والجرثومية والمواد المشعة بكل سهوله، وخاصة بعد أن أصبحت التكنولوجيا الحديثة بأيدي تنظيم الدولة الأسلامية "داعش.. "[1]

و لكن دول العالم الكبرى سعت مؤخراً لإسقاط، تنظيم الدولة وأيضاً تنظيم القاعدة، حفاظاً على مقدرات الشعوب.

(6-3) إستراتيجية المواجهة لدى الاتحاد الأوروبي:

وجاءت قمة دول الاتحاد الأوروبي حول الهجرة غير القانونية "حاسمة" في 2018/6/28، وسط انقسامات بين الدول الأعضاء،حيث توصل قادة الاتحاد الأوروبي إلى اتفاق بشأن الهجرة، وتعزيز أمن الحدود، باستقبال المهاجرين، من خلال إنشاء مراكز داخل دوله بطريقة تطوعية، للتعامل مع طلبات اللجوء.ورغم أن البيانات المتوفرة حاليا لا تشير إلى وجود أزمة لجوء في الاتحاد الأوروبي، لكن التحرك الأوروبي يأتي في إطار تحريض الشعبويين اليمينيين الذين يريدون رفع مستوى شعبيتهم.ورفض قادة دول مجموعة فيسغراد (بولندا والمجر وتشيكيا

---

1 مارس 7, 2019د. يوسف يونس يكتب – الارهاب وتهديدات الامن الاوروبى | مركز الناطور (3)...
http://natourcenter.com/%D8%AF-%D9%8A%D9%88%D8%B3%D9%81-%D9%8A%D9%8

وسلوفاكيا) المشاركة في سياسة الاستقبال.

وينطوي الحل الوسط الذي تم التوصل إليه على "مقاربة جديدة"، من خلال دعم الاتحاد الأوروبي لخفر السواحل الليبي لصد المهاجرين داخل البحر قبل وصولهم إلى أوروبا، وكذلك إنشاء معسكرات للمهاجرين خارج أوروبا،خاصة في شمال أفريقيا بهدف ردع المهاجرين غير القانونيين عن اجتياز المتوسط.كما اتفق الزعماء على تشديد مراقبة الحدود وزيادة التمويل المقدم لتركيا والمغرب وبلدان أخرى في شمال أفريقيا لمنع الهجرة إلى أوروبا.وسيتم تنفيذ ذلك "في إطار القوة المتعددة الأطراف لمكافحة الهجرة غير القانونية.

وتسعى أوروبا لإنشاء معسكرات للمهاجرين غير القانونيين في شمال أفريقيا ومنها ليبيا والمغرب وتونس من خلال إقامة شراكة مع أفريقيا، رغم الحالة الامنية المتردية في ليبيا.و أن قادة الاتحاد الأوروبي وافقوا على زيادة التمويل لإسبانيا والمغرب، بهدف مساعدة الدولتين على التعامل مع تدفق المهاجرين واللاجئين الذين يقصدون الطريق بين البلدين للعبور إلى أوروبا.وفي مصر، يوفر الاتحاد الأوروبي وألمانيا خاصة منح دراسية للاجئين والمهاجرين، لمنعهم من التفكير في الهجرة إلى أوروبا.

وهناك مقترح لإنشاء مراكز خاضعة لسيطرة الاتحاد الأوروبي، في البلدان التي ترغب في بنائها، بحيث يوضع فيها المهاجرون بعد وصولهم، على أن تجري لهم   عملية   فرز المهاجرين غير القانونيين، الذين ينبغي ترحيلهم عن أولئك الذين يحق لهم طلب اللجوء، ويمكن توزيعهم ونقلهم إلى دول أوروبية أخرى وذلك أيضا يتم على أساس "تطوعي".

وكانت إيطاليا قد رفضت في وقت سابق الموافقة على نص للقمة بشأن الأمن والتجارة، إلى أن يتعهد بقية الزعماء بمساعدة إيطاليا في التعامل مع المهاجرين غير القانونيين الوافدين عبر البحر المتوسط،والبلاد المتحملة لأكبر عبء وبالنظر إلى عدد السكان مثل اليونان، كما أن غالبية المهاجرين غير القانونيين، تأتي في هذه الأثناء إلى اسبانيا وبعدها تأتي إيطاليا.[1]

جاءت قرارات القمة ببنود مشددةً ومبنية على:

■ رفض استقبال المزيد من المهاجرين غير القانونيين؛ وأكدت على تشديد الحراسة والرقابة على حدود دول الاتحاد الأوروبي الخارجية، والعمل على

1تعرف على آخر احصائيات المهاجرين في أوروبا Euronews
https://arabic.euronews.com/2018/07/09/the-last-figures-of-the-migration-enforcement-in-the- MD
5تعرف على الـ12 بندا لتنظيم قوانين دخول المهاجرين إلى أوروبا - اليوم...
https://www.youm7.com/story/2018/6/29/%D8%AA%D8%B9%D8%B1%D9%81-%D8%B9

واستراتيجيات المواجهة

إلقاء القبض على القوارب والبواخر، التي تقل المهاجرين واللاجئين وعودتها إلى المواقع التي جاءت منها، وكرسالة شديدة اللهجة للمهربين، بإفشال مخططاتهم.

- كما خرجت القمة بقرار يقضي بإنشاء مراكز إقليمية للمهاجرين واللاجئين، خارج الاتحاد الأوروبي، وبخاصة في دول العبور، دون تسميتها، والأرجح أن تكون دول شمال أفريقيا، التي استشعرت ذلك من البداية، مبديةً رفضاً قاطعاً لذلك. مع العلم أن القمة خرجت بنحو 12 بنداً، تم الإتفاق عليها، لتنظيم قوانين دخول المهاجرين إلى أوروبا.

- وأكدت القمة على أن تطبيق سياسة الاتحاد الأوروبى، يعتمد على منهج شامل للهجرة، حيث يتضمن تحكم أفضل بالحدود الخارجية للاتحاد الأوروبى، وهو تحدى صعب أمام كل دول الاتحاد الأوروبى.

- وصمم المجلس الأوروبى على عدم العودة إلى عملية تدفق المهاجرين غير القانونيين، على غرار ما حدث في عام 2015 من دون رقابة، ووجوب الحد من الهجرة غير القانونية.

- أما فيما يتعلق بطرق الهجرة فى البحر المتوسط، فيجب تكثيف الجهود، لوقف وصول اللاجئين والمهاجرين من ليبيا أو أى بلد آخر، حيث تعهد الاتحاد الأوروبى بالوقوف إلى جانب إيطاليا، بخصوص هذا البند.

- و فيما يخص طرق الهجرة عبر شرق المتوسط، فيجب بذل جهود إضافية لتنفيذ الاتفاق الكامل بين الاتحاد الأوروبي وتركيا، ووقف فتح معابر جديدة من تركيا إلى العمق الأوروبى.

- وجوب التعاون مع المنظمة الدولية للهجرة، والمفوضية السامية لشئون اللاجئين بالأمم المتحدة، بهدف ضرب أعمال المهربين نهائياً، وبالتالى الحد من الخسائر البشرية فى المغامرة، والعمل على إزالة الحوافز التى تشجع المهاجرين على الخوض برحلات مجهولة المصير.

- وأما من تم إنقاذهم فى دول الاتحاد الأوروبى ووفقا للقانون الدولى، سيخضعون لتدقيق أمنى، ودعم، وسيتم التمييز بين المهاجرين غير القانونيين، ومن سيتم اعادتهم إلى بلدانهم، والآخرين الذين يحتاجون إلى حماية دولية، حيث سيتم دعمهم، ومحاولة حل مشاكل الإقامة والتي ستكون على أساس تطوعي دون الإخلال ببنود معاهدة دبلن.

- وقد وافق المجلس الأوروبى على إطلاق الدفعة الثانية من مخصصات الدعم للاجئين والمهاجرين فى تركيا، حيث تم دفع نحو 500 مليون يورو من صندوق التنمية الأوروبية الحادى عشر، إلى صندوق ائتمان الاتحاد الأوروبى لأفريقيا.

- وجوب التعاون مع دول شمال أفريقيا، للتصدى لمشكلة الهجرة غير القانونية.

- **و أكد المجلس الأوروبى على الحاجة إلى أدوات مرنة تسمح بالقيام بإجراءات سريعة لمكافحة الهجرة غير القانونية التي تؤرق معظم الدول الأوروبية.**

- ضرورة أمننة وسيطرة الدول الأعضاء على الحدود الخارجية للاتحاد الأوروبي، للحد من تنامي ظاهرة الهجرة غير القانونية.

- أما عن الحالة داخل الاتحاد الأوروبي، فإن تحركات طالبى اللجوء والمهاجرين غير القانونيين بين الدول الأوروبية، قد يحدث الضرر بنظام اللجوء الأوربى وتأشيرة "شنجن". لذا وجب على الدول الأعضاء أن تتخذ كل الإجراءات الداخلية والإدارية للوقوف على هذه التحركات والتعاون فيما بينها لوقفها ومحاولة تقنين هذه التحركات.

- و هناك محاولات حثيثة بين دول الاتحاد بضرورة اصلاح نظام اللجوء فى أوروبا، وأخذ ذلك على محمل الجد، والتوافق حول اتفاقية دبلن، بما يتماشى مع المصلحة العامة لدول الاتحاد.

(6-4) تجريم الهجرة غير القانونية

يناقش هذا المبحث تجريم الهجرة غير القانونية في ثلاثة دول مصر والجزائر من شمال أفريقيا وإيطاليا من الجانب الأوروبي.

(6-4-1) تجريم الهجرة غير القانونية في مصر:

أصدرت محكمة جنايات الإسكندرية، حكمها الأول تطبيقاً للتعديل الجديد في قانون مكافحة الهجرة غير القانونية والصادر برقم 82 لسنة 2016.وجاء الحكم من الدائرة التاسعة برئاسة المستشار محمد أحمد سنجر في الجناية رقم 9387 لسنة 2017 جنايات الجمرك، التي تضم 10 أشخاص (بينهم 6 هاربين) هم مالكي المركب وبحارة وسماسرة، بتهمة تهريب مهاجرين غير قانونيين، بلغ عددهم 97 مهاجرًا من جنسيات مختلفة عربية وإفريقية. حيث" أن القانون نص على معاقبة كل من أسس أو نظم أو أدار جماعة إجرامية منظمة لأغراض تهريب المهاجرين أو تولى قيادة فيها أو كان أحد أعضائها أو منضمًا إليها، وكذلك كل من ارتكب الجريمة أو شرع أو توسط فيها، وكذلك كل من هيأ أو أدار مكانًا لإيواء المهاجرين أو جمعهم أو نقلهم، أو سهل أو قدم لهم أية خدمات مع علمه بالجريمة[1].

وعن التشريعات والاتفاقيات الدولية التي أبرمتها مصر فيما يتعلق بالهجرة غير القانونية، أصدر في نوفمبر/تشرين الثاني 2016، قانون مكافحة الهجرة غير القانونية وتهريب المهاجرين، بعد موافقة البرلمان المصري عليه، ضمن استراتيجية وطنية لمكافحة الظاهرة، تتضمن إنشاء اللجنة الوطنية التنسيقية لمكافحة ومنع الهجرة غير القانونية، والتنسيق مع دول المتوسط الساحلية، وخاصة إيطاليا واليونان وليبيا وقبرص، بهدف تأمين الحدود الساحلية ومنع الهجرة غير القانونية[2].

(6-4-2) تجريم الهجرة غير القانونية في إيطاليا:

حيث صوت البرلمان الإيطالي في 2014،لصالح عدم تجريم الهجرة غير القانونية، حيث عدل قانوناً بتصنيف دخول حدود البلاد بشكل غير قانوني باعتباره

---

[1] **جدل الهجرة يشتعل مجددًا بعد غرق مركب أمام سواحل ليبيا | نون بوست**
http://www.noonpost.com/content/6332

[2] جراءات خلصت مصر من الهجرة غير الشرعية
https://arabic.sputniknews.com/arab world/201802211030244934-
%D8%A5%D8%AC%D8%B1Top of Form

واستراتيجيات المواجهة

جريمة إدارية، بدلاً من أن يكون جريمة جنائية. وبهذا لن يعاقب الأشخاص الذين لا يحملون تصاريح إقامة، إلا أنهم لا يزالون يواجهون الطرد. وسيمنح النواب الحكومة مهلة 18 شهراً لتطبيق التعديل.[1] وكانت إيطاليا قد قامت مسبقاً بتوقيع عدد من الاتفاقيات مع السلطات الليبية،و ذلك على الرغم من توفر إرهاصات، توحي بتعرض المهاجرين واللاجئين وطالبي اللجوء لانتهاكات جسيمة في ليبيا خلال الفترة الواقعة ما بين عامي 2006و2010.

(6-4-3) تجريم الهجرة القانونية في الجزائر:

وتعتبر أرقام المهاجرين غير القانونيين المنطلقين من الجزائر، أقلّ مما هو الحال عليه في جارتيْها "تونس" و"المغرب". وقد سنّت السلطات الجزائرية قوانين صارمة سنة 2008لمحاربة الهجرة غير القانونية " الحراقة "؛ حيث تم تجريم كل من يحاول الهجرة بطريقة غير قانونية، بالسجن لفترة تتراوح ما بين 3 إلى 9 أشهر، أما عناصر شبكات الهجرة فتصل عقوبتهم إلى 5 أعوام سجن[2]

(6-5) الاتفاقيات والهجرات غير القانونية:

يتناول هذا المبحث نماذج من الاتفاقيات المبرمة بشأن الهجرة غير القانونية؛ مثل أثر إتفاقية شنغن، وإتفاقية الاتحاد الأوربي وتونس.

(6-5-1) أثر إتفاقية شنغن:

لم تعرف أزمة الهجرة السريّة تصاعداً لافتاً إلا مع مطلع عقد التسعينيات من القرن الماضي، ويعود ذلك بالأساس إلى توقيع دول الإتحاد الأوروبي لإتفاقية "شنغن "عام 1985، والتي ألغت عمليات المراقبة والقيود على حركة انتقال المواطنين داخل الاتحاد الأوروبي، بالتزامن مع تشديدها على الحدود الخارجية للقادمين من خارجه.وهو ما أدى بدوره إلى تعقيد إجراءات السفر والدخول إلى القارّة، وبعد أن كان جواز السفر كافياً لمواطني الكثير من الدول حول العالم لدخول الدول الأوروبية، أصبح ذلك يتطلب الحصول على تأشيرة "شنغن"، والتي وُضعت لها شروط وقيود ليست سهلة، مما دفع الراغبين بالهجرة إلى اللجوء إلى الوسائل غير القانونية والهجرة السريّة[3].

(6-5-2) إتفاقية الاتحاد الأوربي وتونس:

وفي آذار (مارس) عام 2014 وقعت دول الاتحاد الأوروبي اتفاقية مع تونس، مماثلة للّتي وقعتها قبل ذلك بعام مع المغرب، بحيث يتم بموجبها أيضاً تسهيل منح

1إيطاليا تلغي عقوبة الهجرة غير الشرعية والبحرية تنفذ المئات
https://www.dw.com/ar/%D8%A5%D9%8A%D8%B7%D8%A7%D9%84%D9%8A%D8%A7-%

2الهجرة غير الشرعية.. جغرافيا سماسرة الموت
https://www.hafryat.com/ar/blog/%D8%A7%D9%84%D9%87%D8%AC%D8%B1%D8%A9-%D

3الهجرة غير الشرعية.. جغرافيا سماسرة الموت
https://www.hafryat.com/ar/blog/%D8%A7%D9%84%D9%87%D8%AC%D8%B1%D8%A9-%D

تأشيرات الدخول للتونسيين مقابل التصدي للهجرة غير القانونية.[1]

(6-6) تقييم أثر المواجهة والاتفاقيات

انحصر تقييم أثر المواجهة والاتفاقيات على الدور المزدوج للمغرب، وعرقلة جهود الإنقاذ وتخفيض أعداد الواصلين إلى أوروبا.

(6-6-1) المغرب والدور المزدوج:

أصبحت القوة الاستعمارية السابقة لشمال المغرب فجأة أكثر من أرض الميعاد، خاصة إسبانيا وفرنسا، أصبحتا شعاراً لمطالب الشباب المغربي. وإرهاصات ذلك، تمثلت في مقتل البحرية الملكية في 26 سبتمبر/ أيلول الطالبة حياة بلقاسم من تطوان والتي كانت متوجهة إلى إسبانيا، حيث تم التشويش على النشيد الوطني المغربي يومين بعد ذلك بملعب سانية الرمل بالمدينة. وقد رفع أنصار الفريق المحلي أيضاً العلم الإسباني وجابوا به الشوارع، هاتفين "فيفا إسبانيا" ومطلقين وعوداً بالانتقام للطالبة التي قتلت بالرصاص، كما تم تكسير مرافق عامة وحيوية بالمدينة، ونتيجة لذلك، تمت إدانة 14 عنصراً منهم في يوم 25 أكتوبر/ تشرين الأول، بتهم عدة، منها "إهانة الرموز الوطنية"، وتم الحكم عليهم بالسجن لمدد تتراوح ما بين شهر و10 أشهر. أما سفيان النكاد الذي دعا إلى التظاهر عبر الفايسبوك فقد حكم عليه بالسجن لمدة عامين.[11]

وقد لعب المغرب أمام تزايد ضغط الهجرة غير القانونية بمهارة على وترين: الأول منهما تمثل في: عدم تعزيز وسائل مكافحة الهجرة غير القانونية، وبتخاذل رهيب في السماح بعبور المهاجرين غير القانونيين إلى الجانب الأسباني ومنه إلى أوروبا. ونالت فرنسا نصيبها من ذلك، حينما صعد مئات الأفارقة من جنوب الصحراء نحو الحدود الفرنسية في الصيف والخريف على أمل عبورها. ففي الموقع الحدودي إنداي وحده حيث ازدادت عمليات الطرد بنسبة 59% من جملة المهاجرين، وأرجعت باريس في نفس التوقيت، ما يقرب من 9038 مهاجر نحو إسبانيا وهم في غالبيتهم من الدول الأفريقية جنوب الصحراء. وتمثل الثاني في: **قيام حكومة الرباط أحياناً بالمراقبة البحرية عندما يكون هناك رهان يستحق العناء.**

ومن ناحية أخرى صرح خالد زروالي، مدير الهجرة في وزارة الداخلية المغربية، في حوار مع وكالة إيفي الإسبانية: "(...) بدأت ترتيباتنا (للمراقبة البحرية) تبدو قاصرة، مع أنها ترتيبات يشارك فيها 13 ألف رجل وتصل ميزانيتها إلى 200 مليون أورو في السنة". وأضاف بأن "التعاون مع جيران الشمال الشرقي إيجابي ولكنه يحتاج إلى إعادة دراسة أمام خطورة الوضع". وخلُصَ إلى القول:"نحن بحاجة إلى مواد ومعدات وموارد مالية ليست بالقليلة.

وأضاف قائلاً: الترتيبات الأمنية يشوبها الفساد، حيث تناوب الموظفونالذين فرضتهم الرباط، أدى إلى إعاقة عملية الضبط الأمني. وإتضح ذلك من خلال تقرير

1الهجرة غير الشرعية.. جغرافيا سماسرة الموت
https://www.hafryat.com/ar/blog/%D8%A7%D9%84%D9%87%D8%AC%D8%B1%D8%A9-%D

واستراتيجيات المواجهة

للمخابرات الألمانية، مفاده بأن لمهربي البشر "اتصالات جيدة" مع السلطات المحلية المغربية وأنهم يحصلون مسبقا على معلومات حول مسارات وساعات مرور الدوريات الساحلية في المناطق التي يتم العبور منها..

وعن الموقف الإسباني، فقد قدمت الحكومة الاشتراكية الإسبانية دعما غير مشروط تقريباً لجارتها في الجنوب لأنها مرعوبة من طرف المغرب. فبالنسبة لها تعد المملكة المغربية ضرورية لاحتواء الهجرة غير القانونية والمكافحة الفعالة للإرهاب. ولم تحتج الحكومة الإسبانية على تدفق المهاجرين غير القانونيين من قبل المغرب خاصة بعد تنصيب سانشيز، وأيضا لم تحرك ساكناً، عندما قامت الرباط في يوم الفاتح أغسطس بغلق مركز الجمرك التجاري بجيب مليلية دون أن تُعلم مدريد بذلك مسبقا. وقد أدى هذا القرار الأحادي الجانب إلى غلق المدينة التي يقطنها 85 ألف نسمة. فالجمرك التجاري تم استحداثه بموجب المعاهدة الإسبانية المغربية لفاس ل 1866وقد تم فتحه فعليا بعد ذلك بقليل[1].

ومن ناحية أخرى فقد تم إحباط نحو76 ألف محاولة هجرة غير قانونية إلأوروبا، سواء عن طريق رجال الدرك أو عناصر البحرية الملكية المغربية، وهو ما يتم بشكل يومي تقريبا منذ الصيف الماضي.ويعني هذا الرقم أن هناك ما متوسطه 230 محاولة يومية للهجرة غير القانونية يتم التصدي لها من قبل السلطات المغربية[2].

(2-6-6)عرقلة جهود الإنقاذ وتخفيض أعداد الواصلين:

وصف المرصد الأورومتوسطي لحقوق الإنسان عام 2018 بأنه عام خذلان أوروبا للمهاجرين وطالبي اللجوء خاصة للذين سلكوا طريق البحر المتوسط للوصول إلى الدول الأوروبية، حيث تعرقلت جهود الإنقاذ في البحر الأبيض المتوسط بشكل غير مسبوق وانخفضت أعداد المهاجرين وطالبي اللجوء بفعل مجموعة من الاتفاقات المجحفة التي قام بها الاتحاد الأوروبي مع الدول التي كان ينطلق منها المهاجرون، فيما بقيت أعداد الغرقى إلى مجموع الواصلين عند ذات المستوى للعام 2017، مسجلة 2262 غريقاً ومفقوداً على مدار العام 2018، أي بنسبة 1.9% غريق من المجموع الكلي في ذات العام والبالغ عددهم 116,295 شخص، رغم جهود بعض المنظمات في محاولة إنقاذهم.

لم نشهد فقط اتفاقيات بين الاتحاد الأوروبي والدول التي ينطلق منها المهاجرون واللاجئون من ذلك، ولا حتى تقاعساً فقط في عمليات الإنقاذ، بل شهدنا كذلك تجريماً وملاحقة ومنعاً لعمليات الإنقاذ الأخرى التي تقوم بها سفن تجارية وعسكرية أو منظمات غير حكومية. ولفت التعاون الأورومتوسطي إلى أن نجاح الاتحاد الأوروبي في تخفيض أعداد الواصلين إلى أوروبا بنسبة 34% في هذا العام

---

1 181 نوفمبر 2018إسبانيا: أرض الميعاد الجديدة للشباب المغرب
https://orientxxi.info/magazine/article2763
2مسارات الهجرة غير النظامية في المتوسط تغرق المغرب بـ"الحراكين(26 يناير2018) "
https://www.hespress.com/societe/416688.html

مقارنة بالعام الماضي، أي بانخفاض قدره 56 ألفا في هذا العام مقارنة بالذي سبقه، و246 ألفاً مقارنةً بالعام 2016، جاء نتيجة تقليص عمليات الإنقاذ الرسمية في البحر المتوسط إلى أبعد مدى ممكن، ونقل مهمة الإنقاذ إلى خفر السواحل الليبي الذي يعاني من نقص كبير على المستوي الفني والمعدات، فضلاً عن إعادة المهاجرين وطالبي اللجوء إلى ليبيا.

شهدنا كذلك تجريماً وملاحقة ومنعاً لعمليات الإنقاذ الأخرى التي تقوم بها سفن تجارية وعسكرية أو منظمات غير حكومية أو السفن التي تتبع لقوات بحرية أجنبية، والتي كانت تقوم بما يزيد على 40% من مجمل عمليات الإنقاذ في البحر، دون التعاون معها.

و لم تقلل الإجراءات التي يمارسها الاتحاد الأوروبي من أعداد الطامحين في الهجرة أو اللجوء إلى أوروبا، في ظل عدم توقف الأسباب الدافعة للجوئهم وهجرتهم، وهو ما جعلهم يبحثون عن طرق أخرى للوصول إلى أوروبا، كسلوك طريق البحر المتوسط تجاه إسبانيا، من خلال سبته ومليلة، بديلاً عن إيطاليا واليونان، أو سلوك طريق البر عبر الطرق من تركيا إلى اليونان أومن المراكز الساحلية في المغرب.

ووضح المرصد الأورومتوسطي مقارنة بين أعداد القادمين إلى منافذ أوروبا الرئيسة عبر البحر خلال الأعوام الثلاثة الماضية وفقاً للأرقام التي توفرها مفوضية الأمم المتحدة لشؤون اللاجئين (UNHCR)، وأظهرت المقارنة:

جدول **46** مقارنة أعداد الواصلين إلى منافذ أوروبا عبر البحر (2016-2016-2018)

اليونان			أيطاليا			أسبانيا			جملة الواصلين عبر البحر		
2018	2017	2016	2018	2017	2016	2018	2017	2016	2018	2017	2016
32497	29718	173450	23371	119369	181436	65383	22103	8162	116295	172301	362753

- انخفاض أعداد اللاجئين والمهاجرين غي القانونيين القادمين إلى اليونان في العامين الماضيين بشكل كبير مقارنة بالعام 2016، وذلك إثر الاتفاق الأوروبي التركي الذي وقع في ذلك العام.حيث تم التوقيع في مارس/ أذار 2016 على إتفاقية بين الإتحاد الأوروبي والحكومة التركية بشأن المهاجرين واللاجئين. وجاءت هذه الإتفاقية إستجابة لظروف خاصة عاشتها أوروبا مع قدوم مئات الآلاف من المهاجرين إبتداء من العام 2015 الذين عبروا بحر إيجه محاولين الوصول إلى الجزر اليونانية بالرغم من مخاطر الغرق.
- وعلى الجانب الآخر والذي يخص إيطاليا فقد انخفضت أعداد القادمين فقط في العام الأخير، وذلك إثر الاتفاق مع خفر السواحل الليبي لكي يقوم هو بعمليات الإنقاذ ورفضت السلطات الإيطالية استقبال المهاجرين وطالبي اللجوء الذين تم إنقاذهم، بسبب أعدادهم الغفيرة.
- ارتفعت نسبة الواصلين إلى إسبانيا هذا العام إلى قرابة الضعفين مقارنة بالعام السابق. وارتفعت حركة الهجرة من سواحل لبنان باتجاه شواطئ قبرص،

واستراتيجيات المواجهة

حيث كانت غالبيتها عبر قوارب صيد غير مؤهلة تعرّض حياة المهاجرين واللاجئين لخطر الغرق في مياه المتوسط.

أما فيما يخص طريق البر، أظهرت أرقام المنظمة الدولية للهجرة:

✓ ازدياد حركة الهجرة غير القانونية عبر البر بنسبة 78% هذا العام، حيث بلغ عدد القادمين إلى أوروبا براً حوالي 25,665 شخصاً، مقابل 14406 شخصاً في عام 2017.

✓ بينما ارتفع عدد الوفيات بين المهاجرين واللاجئين براً إلى 108 وفاة مقابل 96 عام 2017، بسبب حوادث الطرق أو كنتيجة تكدس المهاجرين في شاحنات النقل أو بسبب الغرق في الأنهار وقنوات المياه خلال الرحلة، ما بين شرق أوروبا وغربها.

وقد جاء نجاح دول الإتحاد الأوروبي بخفض أعداد المهاجرين غير القانونيين على حساب انتهاك روح اتفاقية عام 1951، الخاصة بوضع اللاجئين والمهاجرين، حيث منعت أوروبا اللاجئين والمهاجرين الهاربين من ويلات الحروب في دول الشرق الأوسط وأفريقيا من الوصول إلى أراضيها، ومن أهم الامثلة على ذلك:

أ- ضربت إيطاليا بنصوص الإتفاقية عرض الحائط،حيث تم إعادة نحو 108 مهاجر غير قانوني من المياه الإقليمية إلى ليبيا عبر قارب إيطالي، وهو ما يمثل خرقاً للمادة 33 من الاتفاقية الخاصة بوضع اللاجئين والمهاجرين والتي تنص على أنه "لا يجوز لأية دولة متعاقدة أن تطرد لاجئاً أو مهاجراً أو ترده بأية صورة من الصور إلى حدود الأقاليم التي تكون حياته أو حريته مهددتين فيها بسبب عرقه أو دينه أو جنسيته أوانتمائه إلى فئة اجتماعية معينة أو بسبب آرائه السياسية.

ب- ومن ناحية أخرى، فقد تم عرقلة عمل سفينة الإنقاذ "أكواريوس" التابعة لمنظمة أطباء بلا حدود، وكذلك سفن الإنقاذ الأخرى في موانئ إيطاليا ومالطا،فقد حُظر وقيّد عملهم بإجراءات قانونية معقدة أو تعرضها للاحتجاز، واتضح موقف السفن التجارية، من خلال توقفها عن المساهمة في عمليات الإنقاذ إثر الخسائر المالية الكبيرة التي تكبدتها، نتيجة تأخر السماح لها بإنزال المهاجرين واللاجئين الذين تكون قد قامت بإنقاذهم. وكان يجب على السفن حماية وإنقاذ المهاجرين واللاجئين في عرض البحر من الغرق، وذلك وفق ما نصت عليه الاتفاقية الدولية لسلامة الأرواح في البحر (SOLAS)، والتي أكد الفصل الخامس منها على واجب البحّارة، في إنقاذ العالقين والمعرضين لخطر الموت في عرض البحر.

ت- احتجاز سفن غير حكومية قامت بإنقاذ اللاجئين والمهاجرين في البحر، وتعرض فريقها أو العاملين في المنظمات التي تتبع لها، لتحقيق طويل وإجراءات قضائية، ومن أمثلة ذلك منع السلطات المالطية سفينتي إنقاذ تتبعان منظمات ألمانية غير حكومية ("سي-ووتش" و"لايف لاين") من مغادرة ميناء جزيرة فاليتا، إضافة إلى طائرة استطلاع مدنية، وإجراء إيطاليا

213

تحقيقيات مع 20 موظفاً يعملون في منظمات "أنقذوا الأطفال" و"أطباء بلا حدود" ومجموعة "يوغيند ريتيت" الألمانية، مما ساهم في تعقيد قضية المهاجرين واللاجئين.

ث- تخاذل أوروربا في التعاون مع حرس السواحل الليبي التابع لحكومة الوفاق الوطني، خاصة في عمليات الإنقاذ، وتعرض اللاجئين والمهاجرين لخطر الموت وخاصة الحكومة الإيطالية، ما هو إلا طرق تعذيبووصول للموت، بأيد أوروبية مختفية وفي صورة قفازات ليبية. حيث يفتقد خفر السواحل الليبي لمركز التنسيق البحري مع أوروبا، وأيضاً مع وجود نقص في الوقود والمعدات، بما يعيق التغطية المستمرة لنداءات الاستغاثة ويضعف الاستجابة لها، فضلاً عن أن الأشخاص الذين يتم إنقاذهم يكونون عرضة لانتهاكات قاسية من قبل قوات خفر السواحل الليبية في مراكز الاحتجاز التي يتم نقلهم إليها، حيث أنها تفتقد للأدمية.

وقد رحّب المرصد الأورومتوسطي باستجابة البرلمان الأوروبي مؤخراً للمطلب الذي نادى به المرصد ومنظمات حقوقية أخرى على مدار السنوات الماضية، والذي يتعلق بتشريع إصدار " تأشيرات إنسانية أوروبية"، بما يتيح سهولة الوصول إلى القارة العجوز، عبر تقديم طلب للحصول على الحماية الدولية، مما يساهم في تقليل عدد المفقودين أو المعرضين للموت، عبر الوسائل والطرق التي تقودهم إلى أوروبا. وأيضاً تقليل تعرضهم لخطر الإتجار بالبشر، بل ومكافحة تهريبهم.داعياًالمفوضية الأوروبية إلى الإسراع في الاستجابة للبرلمان وتقديم مشروع متكامل وعاجل لتفعيل إصدار هذا النوع من التأشيرات، تخفيفاً لحدة الموقف.

ولقد قيمت شئون الهجرة في المرصد الأورومتوسطي موقف الجزائر وتونس الرافض لقبول أي ضغوطات أوروبية لإنشاء مراكز أستقبال للمهاجرين غير القانونيين على أراضيها، إلا بعد تلقي الدعم المالي المؤهل لذلك. كما أدين استمرار الجزائر بإجراءات طرد المهاجرين الأفارقة التي انتهجتها منذ عام 2014، حيث طردت آلاف المهاجرين الأفارقة منذ بداية عام 2018 إلى دولتي النيجر ومالي، ومنعت أيضاًمهاجرين غير قانونيين فلسطينيين وسوريين ويمنيين من طلب حق اللجوء، داعين الجزائر إلى احترام المواثيق والمعاهدات الدولية المتعلقة باللاجئين والمهاجرين، والنظر في طلبات أولئك الذين تقدموا بطلبات لجوء.

وطالب المرصد الأورومتوسطي لحقوق الإنسان، المجتمع الدولي بالعمل مع آليات الاتحاد الأوروبي لضمان الإعادة الفورية والمباشرة لجهود الإنقاذ في البحر الأبيض المتوسط." أخذت هذه المرحلة طابعاً أمنياً صارماً لجأت من خلاله الدول الاوروبية إلى نهج سياسة أمنية صارمة عبر تنفيذ مقررات " القانون الجديد للهجرة " والذي يستند إلى تبني إجراءات صارمة بخصوص مسألة التجمع العائلي وإبرام

واستراتيجيات المواجهة

إتفاقيات مع دول الجنوب حول ترحيل المهاجرين غير الشرعيين"[1]. كما دعا المرصد الأورومتوسطي، الأحزاب الأوروبية إلى التوقف عن استخدام المهاجرين غير القانونيين واللاجئين كورقة ضغط سياسي في الإنتخابات المحلية لبلدانهم، حيث تسبب ذلك في رفع مستوى الكراهية والعنصرية تجاه اللاجئين في مختلف الدول الأوروبية[2].

(7-6) عدم التكيف والإرهاب

وجد العرب والمسلمون في أوروبا منطقة لجوء من الحروب الأهلية المحلية، والصراعات العسكرية، والتحولات السياسية والجغرافية، حيث يمتد تاريخ الهجرات إلى مرحلة ما قبل التصنيع، ولم يقتصر الأمر على أوروبا بل شمل أمريكا اللاتينية والبلدان الأنجلوساكسونية، وصولاً إلى الهجرات في القرنين التاسع عشر والعشرين، والتي شكّلت أجيالاً متعاقبةً، اندمجت في المجتمعات وانخرطت في النظام المؤسسي المجتمعي بشكلٍ عام، ولهذا تاريخ يمكن قراءته بشكلٍ موسع في كتاب" :تاريخ الهجرات الدولية" لأستاذة التاريخ المعاصر في جامعة تورينو في إيطاليا. مثل باولا كورتي، التي لها كتب سابقة عن "بلدان المهاجرين"، و"المجتمع الريفي"، وفيها بدأت بتاريخ الهجرات إلى أوروبا عن العديد من المجتمعات،عبر القرون المختلفة.

أما فيما يخصّ العرب والمسلمون، فإن توالي الهجرات المليونية بسبب المشكلات والأزمات، فجّر الكثير من الأسئلة التي تتعلق بسياسات الاجتماع، وعلاقات الأفراد، ومستوى الاندماج. وقد شكّلت نكبة فلسطين، ومن ثم الحرب الأهلية اللبنانية عام 1975، وصولاً إلى الحرب السورية عدداً من الأجيال المهاجرة التي تتعدد بأنماط ثقافتها، وأشكال انتمائها. ثم إن الأزمات تتفاوت -على سبيل المثال- بين الحالة في فرنسا عنها في ألمانيا أو هولندا، بحسب مستوى تنامي المشاعر المحافظة في كل مجتمع، ولكن مع الحرب السورية بدت الإشكاليات والأسئلة أكثر وضوحاً، ويمكن تلخيص أبرزها بثلاث قضايا جوهرية وهي :

• تتجه نسبة كبيرة من المسلمين إلى الانعزال عن المجتمعات، خاصة مع وجود أعداد كبيرة منهم، تمكّنهم من إيجاد كيانات معزولة ومنفصلة، فيرتبطون ببعضهم أكثر من اندماجهم بمجتمعهم، واتضح ذلك في ألمانيا، حيث يقل اندماج المهاجرين غير القانونيين واللاجئين، رغم وجود العديد من المؤتمرات التي تدعو للاندماج برعاية المستشارة الألمانية أنجيلا ميركل، ولكن العوائق كثيرة ومنها "عدم الرغبة" كما يعبر جيم أوزديمير زعيم حزب الخضر الألماني. وأيضاً، نفس السياق في فرنسا وهولندا وبريطانيا،

---

[1] طارق عبد الحميد الشهاوي.الهجرة غير الشرعية "رؤيا مستقبلية"، دار الفكر الجامعي، الأسكندرية، الطبعة الأولى،2009،ص 39.

[2] 2019-01-08 لمرصد الأورومتوسطى لحقوق الإنسان- 2018 عام خذلان أوروبا للمهاجرين...
https://euromedmonitor.org/ar/article/2698/-2018-
%D8%B9%D8%A7%D9%85-%D8%AE%D8%B

لأن الإندماج مشكلة ليست اجتماعية وإنما هي مشكلة أيديولوجية تعود للمسلمين أنفسهم، ولطبيعة رؤيتهم للبلد المضيف وكيف يرونه أو يصنفونه.

• فمشكلات الهوية في الهجرات الأخيرة بدت واضحةً، وذلك بسبب ارتباط العديد من المهاجرين بأدبيات وأيديولوجيات، فمعظم اللاجئين والمهاجرين غير القانونيين، لديهم توجهاتهم السياسية، وانتماءاتهم ليست دينية بحته وإنما تتخذ طابع أيديولوجي معاصر، فالذين يخرجون منهم عن النسق العام والأيديولوجي، للتعاليم الدينية الوسطية، يقومون بتحطيم محلاتٍ تبيع المحرمات، وقاموا بخرق القوانين من أجل فكرة فقهية. فمثلاً في الأول من أكتوبر (تشرين الأول) عام 2017 بدأ منع النقاب في الأماكن والمباني العامة في النمسا، وبحسب الوكالات فإن: ''إجراء اتخذه الائتلاف الوسطي الحاكم وسط نقاش حول اندماج المهاجرين وموقع المسلمين في المجتمع. وهذا المنع الساري في فرنسا وبلجيكا وبلغاريا، يندرج في إطار ''قانون الاندماج'' الذي صوت عليه البرلمان في منتصف مايو (أيار) من العام نفسه. فلسوف يصبح الحضور الإسلامي في أوروبا أكثر أهمية في المستقبل، رغم ما يصحبه من تحديات متعددة الأوجه متصلة بالإقامة وسياسات الدمج، وهي تحديات ستواجه الأوروبيين والمسلمين في أوروبا.

• أما عن موضوع اللغة والذي أخذ حيّزاً من الدراسة المجتمعية في الدول الديموقراطية، مثلاً الفيلسوف الألماني يورغن هابرماس والذي إعتبر: أن على ألمانيا وفرنسا أن تصوغا سياسة أوروبية أكثر فعالية وذات منظور مستقبلي إزاء أزمة اللاجئين والمهاجرين غير القانونيين الحالية، حيث يجب أن ينصب التركيز على هذه السياسة بهدف التعاون بشكل أفضل، تجاه مشكلة الهجرة غير القانونية واللاجئين، ولقد قالها بوضوح: ''لا بدَّ لنا من أنْ نتوقَّع من كلِّ شخصٍ نستقبله أنْ يلتزم بقوانيننا أو أنْ يتعلم لغتنا. ولا بدَّ لنا فيما يخص الجيل الثاني -على الأقل- أنْ ننتظر منه أن يكون قد رسخ مبادئ ثقافتنا السياسيَّة عموماً''. وهذا تأكيد على وجوب تعلم المهاجر واللاجىء للغة وثقافته وتاريخ، بلد المقصد، لئلا يتحول المكان إلى موقع عيش فقط. ومن الأمثلة الأخرى في هذا السياق: توضيح الفيلسوفة الأمريكية "مارثا نوسباوم"في كتابها ''التعصب الديني الجديد -مخرج من سياسة الخوف'' تسوق مقارنةً بين وضع المهاجرين غير القانونيين في أوروبا وأمريكا، فتقول: ''في الولايات المتحدة الأمريكية يتم تشجيع الأفراد اجتماعياً وقانونياً على العيش وفق تعاليمهم الدينية، طالما أنهم لا يسببون بذلك ضرراً لأحد، بطبيعة الحال يحق للدول وضع قواعد رشيدةٍ ومحايدةٍ للهجرة. ولكن ما يبدو لي سياسةً خاطئةً تماماً، حيث استقبال البشر ومن ثم معاملتهم وكأنهم يشكِّلون خطرًا على المجتمع المضيف والذي مثل مقصدهم.

هذه معضلات أساسية، ولكن من الواضح أن العوائق صعبة بسبب العدد الكبير، وغلبة فكرة حق اللجوء على آليته، وانعدام الآفاق بالأزمات المرتبطة بالهجرة، كل ذلك يجعل دقّ ناقوس الخطر من قبل المفكرين والفلاسفة والسياسيين المحافظين أمراً

واستراتيجيات المواجهة

له مبرراته، وما لم يقم المفكرون المسلمون العقلاء -وهم قلة في أوروبا- بتهيئةٍ نفسية لتغيير النظرة المسلمة للآخر، فإن الوضع سيكون أكثر صعوبةً لأن عدم الاندماج يعني تنامي التيارات المضادة للاجئين والمهاجرين غير القانونيين، وهذا يجعل الدول بين خيارين: إما اندماج المهاجر واللاجئ، أو التأثير على نمط العيش في المجتمع، ولهذا آثاره السلبية على المجتمعات المضيفة[1].

(6-8) آثار الهجرة غير القانونية

قام الباحث سليم شنه بإيجاز الآثار الإيجابية والسلبية للهجرة في مجموعة من النقاط البارزة نوجزها فيما يلي[2]:

(6-8-1) الآثار الإيجابية للهجرة:

- و تمثل ذلك في إمكانية أن ينعكس هذا الوضع، على بلد المنشأ بشكل غير مباشر من خلال التحويلات المالية إلى أسرهم هناك، ففي عام 2013 بلغت نسبة التحويلات المالية للمهاجرين الأفارقة إلى بلدانهم الأصلية حوالي 61 مليار دولارأمريكي، وهذا الرقم شكل حوالي 19% من الناتج المحلي الاجمالي لأفريقيا في تلك السنة. ووفقًا لتقرير البنك الدولي الصادر في 2017، فإن أجمالي التحويلات المالية للعملة الأجنبية في الدول النامية بلغت 429 مليار دولار، وهي تشكل رافد مستقر للعملات الأجنبية أكثر من الاستثمارات وتشكل أكثر من ثلاثة أضعاف المساعدات التنمويةالرسمية التي تقدمها الدول الغنية إلى الدول الفقيرة.

- انخفاض نسب البطالة عن كاهل حكومة المنشأ، وكذلك إعادة التوزيع السكاني بين الدول ذات الكثافة السكانية العالية وبين غيرها من دول المقصد من ذات الكثافة السكانية الأقل (نسبة إلى الموارد والقدرات الاقتصادية الخاصة بهذه الدول).

- في المجتمعات الصناعية المتقدمة والتي تعاني من انعكاس الهرم السكاني، وازدياد نسبة كبار السن مقارنة بنسب الشباب المؤهل لسوق العمل، فإن الهجرة تنعكس إيجابيًا على بلد المقصد في مجالات التنمية وإيجاد أيدي عاملة شبابية، خاصة في المهن التي لا تروق، لقاطني بلد المقصد.

- مشاركة المغتربون في التنمية، عبر ضخ الاستثمارات الوطنية وإقامة مشروعات في بلدانهم الأصلية.

- العودة الدائمة أو المؤقتة إلى بلدانهم كخبراء وأيدي عاملة مدربة .

1المهاجرون في أوروبا :تحديات الاندماج وعائق الهوية – مركز المسبار للدراسات أكتوبر,٢٠١٨..
https://www.almesbar.net/%D8%A7%D9%84%D9%85%D9%87%D8%A7%D8%A C%D8%B

2سليم شنة، مسارات الهجرة في الجزائر المعاصرة: أفارقة جنوب الصحراء وجزائريون نحو المنفى، باريس،2016.

● " ومما يجدر بالذكر تلك الموازنة التي عقدها جرجي زيدان بين الأسس الأخلاقية التي تقوم عليها حضارة الغرب والأسس التي قامت عليها حضارة العرب في الماضي، فمدنية العرب أساسها مناقبهم في صدر الإسلام، كالأريحية، والنجدة، وحسن الجوار، والوفاء، والحلم، وكرم الخلق ونحوها. وهذا مما لا يلائم المدنية الحديثة التي تقتضي الحقوق والواجبات"[1].

(6-8-2)الآثار السلبية للهجرة:

✓ إن مشكلة الهجرة غير القانونية واللجوء، لا يمكن وصف الآثار المترتبة عليها ومدى معاناة المهاجر غير القانوني بأكثر مما وصفه مهاجر نيجيري في كتاب بعنوان"A Gamble with death" ، أي "مقامرة مع الموت"، فالمهاجر إنما يخوض مقامرة مع الموت، حيث يتعرض لصعوبات متعددة، بداية من مخاطر السفر في الصحراء وصولًا إلى نقطة الانطلاق عبر البحر المتوسط، فيمكن أن يتعرض لمخاطر من عصابات التهريب والاتجار في البشر، ويمكن أن يقع أسيراً في قبضة التنظيمات الإرهابية المسلحة المنتشرة في منطقة الساحل والصحراء، وفي لقاء لمؤلف الكتاب كيلوتشي جودلاك أونيوهمع قناة دوتشي فيله الألمانية، أعرب فيه عن مدى المخاطر التي تواجه المهاجر في رحلته، ونصح كل الأفارقة بألا يفكروا في رحلة الموت، فعواقنها لا يعلمها إلا الخالق.

✓تأثيرات المهاجرين السلبية على بلدان المعبر والمقر المؤقت، تشكل عبئاً اقتصادياً على دول المعبر والمقر المؤقت، مما يعرض أصحاب القضية، لأخطار محدقة.

✓ مدى الانتهاكات لحقوق الإنسان الذي يتعرض لها المهاجر على طول رحلته.

✓ هجرة العقول والأدمغة، حيث يُشير تقرير تقرير الاتحاد الأفريقي إلى أن حوالي 70.000 من الأيدي العاملة المهرة والمدربة، يهاجرون من أفريقيا كل عام، وخاصة من مجال الصح، مما سبب العديد من المشاكل لدول المنشأ.

✓ المشكلات الاجتماعية التي تترتب عليها الزيادة في أعداد المهاجرين غير القانونيين والنظر إليهم كمنافسين للأيدي العاملة في بلد المقصد، حيث يمكن أن تؤثر علي هيكل الأجور والرواتب وفرص العمل بالنسبة للسكان المحليين ويعزز روح العنصرية.

✓صعوبات الاندماج بالنسبة للمهاجرين غير القانونيين واللاجئين في المجتمعات الجديدة، ووقوعهم فريسة للتنظيمات المتطرفة نتيجة فشلهم في الاندماج في المجتمعات الجديدة، فيتحولوا للعنف ضد القيم الغربية. ويمكن أن يؤدي إلى خلل بالتركيبة الديموغرافية لبلاد المقصد، بالإضافة إلى أن مشكلات

---

[1] جرجي زيدان. رحلة إلى أوروبا(1912)، حررها وقدم لها: قاسم وهب، المؤسسة العربية للدراسات والنشر، المركز الرئيسي، بيروت- لبنان،الطبعة الأولى، 2002،ص15.

واستراتيجيات المواجهة الاندماج، والتي تؤدي بدورها،هي الأخرى، إلى رغبة المهاجرين في فرض ثقافاتهم المحلية على المجتمعات الجديدة.

✓والناحية الصحية، طفت هي الأخرى على السطح، من خلال تقرير الاتحاد الأفريقي إلى أن أحدى الآثار السلبية للهجرة، هو تفشي بعض الأمراض، مثل فيروس إيبولا الذي انتقل من (غينيا وسيراليون وليبيريا) إلى دول أخرى كالسنغال ونيجيريا، وهو ما آثار مخاوف عدةمن تفشي الوباء في القارة والعالم، بجميع دوله.

✓انتشار جماعات التهريب والمخدرات والجريمة المنظمة والإرهاب والاتجار بالبشر، وتنقل العناصر الإرهابية داخل مراكز المهاجرين غير القانونيين واللاجئين، والذين يعملون على تنفيذ أجندات التنظيمات الإرهابية[1].

الخلاصة:

- دول الأصول الأكثر شيوعاً من الأجانب بمعدل خمس دول، ودول الأصول متوسطي الشيوع من الأجانب بمعدل ثلاثة دول، ودول الأصول الأقل شيوعاً بمعدل إثنتين، بينما تنفرد ثلاثة عشرة دولة بجالية أجنبية واحدة سائدة.

- المكون النسبي للسكان المولودين من الخارج:دول ترتفع بها نسبة السكان المولودين في الخارج من جملة سكانها ارتفاعاً كبيراً، لتمثل أكثر قليلا من نصف السكان(52%)، وأخرى ما بين 15 و20% من جملة السكان، وأيضاً دول تتراوح النسبة فيها ما بين 10 و15% وما بين 5 و10%، وأخيراً تنخفض نسبة السكان الأجانب المولودين بالخارج عن خمسة في المئة، في ثماني دول، متمثلة في البلقان وشرق أوروبا وإقليم الألب.

- معدل ازدياد عدد المهاجرين إلى الدول الأوروبية فيما بين عامي 2015 و2016، بلغ ما نسبته 13.4% في دول بعينها، وما بين 2 و4% سنوياً في أخرى، وهناك دول تقل عن 2% سنويا،، ودول أخرى تراوحت النسبة فيها بين 1إلى 2% سنويا، بينما سجلت 14 دولة، نسبة قلت معدلات نموها عن -1%، وتناقصت أعداد المهاجرين بحدة في ثلاثة دول.

- تواجه أوروبا التفاعل بين ثلاثة نماذج للإرهاب، تتداخل في تداعياتها الأمنية، والسياسية والاجتماعية. النموذج الأول منها تمثل في: التحاق أوروبيين من أصول عربية-إسلامية، بالتنظيمات ''الارهابية''، وما لذلك من تهديد مباشر للأمن الأوربي خاصة مخاطر تنفيذ العائدين من ميادين القتال هجمات، كما حدث في بلجيكا وفرنسا، ويطرح هذا ''النموذج'' مشاكل سياسية عدة للدول الأوروبية

1-المرجع السابق مباشرة

- تتعدد تهديدات الهجرة غير القانونية ما بين الإخلال بالنواحي الأمنية،والإخلال بالوضع الاقتصادي، ومشكلة الأقليات، ومشاكل النفقات،ومشاكل اجتماعية، والامن الأوروبي، والتوتر في الشرق الاوسط وشمال افريقيا، والقنبلة الملوثة السلاح المستقبلي للجماعات الإرهابية.

- إستراتيجية المواجهة لدى لاتحاد الأوروبي تتمثل في استقبال المهاجرين يكون على أساس تطوعي، وإنشاء مراكز داخل دوله للتعامل مع طلبات اللجوء، ووجود دعم الاتحاد الأوروبي لخفر السواحل الليبي لصد المهاجرين داخل البحر قبل وصولهم إلى أوروبا، وكذلك معسكرات للمهاجرين خارج أوروبا خاصة في شمال أفريقيا بهدف ردع المهاجرين غير القانونيين عن اجتياز المتوسط، وتشديد مراقبة الحدود وزيادة التمويل المقدم لتركيا والمغرب.

- جاء نجاح دول الاتحاد الأوروبي بخفض أعداد المهاجرين،على حساب انتهاك روح اتفاقية عام 1951 الخاصة بوضع اللاجئين والمهاجرين، حيث منعت أوروبا اللاجئين والمهاجرين غير القانونيين الهاربين من ويلات الحروب في دول الشرق الأوسط وأفريقيا من الوصول إلى أراضيها.

عدم التكيف والإرهاب ويمكن تلخيص أبرزها بثلاث قضايا أساسيةهي:تتجه أعداد ليست قليلة من المسلمين إلي الانعزال عن المجتمعات، وأيضاً مشكلات الهوية في الهجرات الأخيرة بدت واضحةً، وأخيراً موضوع اللغة الذي أخذ حيّزاً من التناول والدراسة من قبل دول المقصد.

* * *

الخاتمة

لقد أصبحت الهجرة غير القانونية موضوع اهتمام كبير للمجتمع الدولي لكثرة المخاطر التي ارتبطت بها ويعتبر البحر المتوسط بإمتداده العام من الشرق للغرب وتفرعاته منطقة نموذجية تنشط بها الظاهرة نظراً لموقعه البيني بين يابس ثلاث قارات هي آسيا وأفريقيا وأوروبا، وتعد الأخيرة قارة الجذب بينما تسود القارتان الأوليتان ظروف طاردة، ومن ثم عبور المهاجرين للبحر المتوسط مطلب وهدف لحركة العابرين فيما بين الجنوب والشمال، وفيما بين الشرق والغرب.

يتعلق البحث بتقييم ظاهرة الهجرة غير القانونية عبر البحر المتوسط فيما بين مواطن قدومها بقارات العالم النامي ومقاصدها بالقارة الأوروبية في القرن الحادي والعشرين، ويستهدف تقييم الأبعاد التوزيعية للهجرة غير القانونية، والكشف عن طرق الهجرة إلى أوروبا ومسالكها ومعابرها والأهمية النسبية لكل منها عبر الزمن، والوقوف على العوامل المؤثرة في أحجامها النسبية وشدة تياراتها وتغير مسالكها، وتحديد أسباب فشل عدم استكمال رحلات المهاجرين إلى أوروبا، ومعايشة ظروف رحلات المهاجرين على المعابر وخصائصهم النوعية والعمرية للمهاجرين، والتعامل مع المهربين وفرق المواجهة، ومعاينة حالات توطن واستقرار المهاجرين غير القانونيين في المهاجر ومدى تكيفهم وحالات الارهاب التي ترتبط بوجودهم، وأخيراً استراتيجيات المواجهة.

النتائج

فيما يتعلق بالفصل الأول **"الأبعاد التوزيعية للمهاجرين غير القانونيين في القارة الأوروبية بالعقد الأخير"**، ويستهدف الوقوف على نصيب دول وأقاليم القارة الأوروبية من الهجرة غير القانونية، وتقييم النمط التوزيعي للهجرة غير القانونية في الحيز المكاني لدول القارة، وكثافة المهاجرين بالمجتمع المضيف، وتحديد نطاقات التفاعل الهجري بين الدول المستضيفة للمهاجرين غير القانونيين من خلال المحددات الرئيسية –الحيز المساحي والحدود البرية والبحرية التي تحددها والحجم السكاني والقدرة الاقتصادية من خلال مصطلح الدخل والناتج القومي، وكلها عوامل تسهم في تحديد مستويات نطاقات الهجرة غير القانونية. **وخلص الفصل بالنتائج التالية:**

- بلغ جملة حجم الهجرة غير القانونية في أوروبا السنوات العشر الأخيرة ما يزيد عن سبعة ملايين مهاجر غير قانوني (7.2 مليون)، تمثل سبع (14%) جملة عدد سكان القارة الأوربية عام 2017.

- تجسدت المقاصد الكبرى للمهاجرين غير القانونيين في ثلاثة دول (اليونان-المانيا-فرنسا)، وقد استقبلت أكثر من نصف (53.2%) حجم المهاجرين بحجم يقترب من أربعة ملايين مهاجر (3.83 مليون مهاجر). كما نجد ثلاثة دول أخرى استحوذت على ما بين ربع وخمس (22.8%) حجم المهاجرين، وهي أسبانيا وإنجلترا والمجر.

- على مستوى الكتل الرئيسية داخل قارة أوروبا، يستأثر الاتحاد الأوروبي على غالبيتهم (95.2%)، بينما تختص خمس دول خارجه بالباقي (4.8%)، وتشمل سويسرا والنرويج وأيسلندا وليختنشتاين.

- وبمقارنة نسبة الهجرة غير القانونية بالعقد الأخير ومثيلتها في عام 2017 يتضح استمرار تدفق الهجرة بنسب كبيرة تزيد عن معدلها في العقد الأخير ككل.

- تعبر كثافة المهاجرين غير القانونيين في الحيز المكاني للمقاصد الهجرية صورتهم الانتشارية في وطنهم الجديد، وترتفع كثافاتهم بين مهاجر غير قانوني لكل كيلومترين في بلجيكا، وثلاثة مهاجرين لكل كيلومترين مربعين في مالطا، وتتفاوت حتى تصل أدناها لتقترب من الصفر في كل من السويد وفنلندا.

- يعبر المهاجرون غير القانونيين الحدود خلسة في رحلتهم بين دولة المنشأ والارسال الهجري إلى دولة المقصد الهجري، ومن ثم يلعب طول الحدود المحيطة دورا في كثافة الهجرة، فكلما كانت قصيرة كلما أمكن التحكم بها والحد من الهجرة غير القانونية، والعكس كلما طالت الحدود تطلبت عدداً كبيراً من نقاط الحراسة والحماية. ترتفع لتبلغ مهاجر واحد لكل 33-37 متر طولي من الحدود، وتتمثل لتشغل نطاقا عرضيا يمتد بين شرق وغرب أوروبا وتصل أدناها مهاجراً واحداً لكل 12.5 متر طولي من الحدود بدول الشمال.

- إذا كانت كثافة المهاجرين غير القانونيين في الحيز المكاني لدول المقاصد الهجرية تعبر عن الصورة الانتشارية على الأرض، فإن الكثافة بالنسبة للمجتمع المضيف له أهميته في مدى تفاعل المهاجرين غير القانونيين ومجتمع دولة المقصد الهجري، فنجدها مرتفعة باليونان وقبرص؛ فقد بلغت كثافة المهاجرين غير القانونيين 15.6 ألف مهاجر في الأولى أي 156 مهاجر غير قانوني لكل ألف نسمة من سكانها، تنخفض في قبرص إلى 73 مهاجر لكل ألف نسمة من سكانها. تنخفض لتقل عن 160 مهاجر لكل مائة ألف نسمة في لاتفيا، والدنمارك، ورومانيا، وليختنشتاين، وأيسلندا.

- يعتبر العامل الاقتصادي الدافع الأول نحو الهجرة عموما والهجرة غير القانونية خصوصاً، وحتى نتعرف على تأثيره نعرض فيما يلي لكثافة المهاجرين غير القانونيين منسوبة للدخل أو الناتج المحلي، تصل أقصاها عندما تراوحت كثافة الهجرة غير القانونية بالنسبة لدخل دول المقصد الهجري بين 57-58 مهاجر لكل مليار دولار من الناتج المحلي بدولة المقصد الهجري، وتضم اليونان وقبرص، وتتدرج في الانخفاض حتى تصل أدناها عندما تقل عن عشرة مهاجرين لكل مليار دولار من الناتج المحلي بدولة المقصد الهجري، وتضم تلك الفئة تسع دول؛ لاتفيا، ولوكسمبرج، ورومانيا، والسويد، وفنلندا، والدنمارك، وهولندا، وإيرلندا، وايسلندا.

- أمكن تحديد مستويات نطاقات الهجرة غير القانونية وفقا لخمسة مؤشرات هي التوزيع النسبي والكثافة المكانية للمهاجرين وكثافة المهاجرين بالنسبة لطول الحدود وسكان ودخل المقاصد الهجرية، وقد تم تمييز خمسة نطاقات هجرية غير قانونية:

نطاقالهجرةالأكثرقوة:

يمتد هذا النطاق في محور عرضي شرقي-غربي من فرنسا حتى المجر، وتنفصل عنه اليونان جنوباً. يضم سبع دول تمثل فقط خُمس (21.9%) جملة عدد دول القارة، ولكنه استقبل أكثر من ثلثي (68.9%) جملة عدد المهاجرين غير القانونيين الذين نجحوا في الدخول إلى أوروبا. ويتكون من اليونان وفرنسا وقبرص من إقليم البحر المتوسط الأوروبي، وألمانيا، وبلجيكا من إقليم غرب أوروبا، والنمسا، والمجر من شرق ووسط أوروبا.

نطاق الهجرة الكبير:

ويتمثل في النطاق المحيط بالنطاق الأول الأكثر قوة، يضم أيضا سبع دول مثل النطاق الأكثر قوة ولكنها تمثل أيضا 21.9% من جملة دول القارة، ولكن نصيبيه من المهاجرين غير القانونيين يبلغ ثُلث نصيب النطاق الأول، فقد استقبل أكثر من خُمس (22.7%) جملة عدد المهاجرين غير القانونيين إلى أوروبا. ويتألف هذا النطاق من مالطا وإيطاليا واسبانيا من إقليم البحر المتوسط، وسويسرا وسلوفينيا وبولندا من وسط وشرق أوروبا، وأخيراً انجلترا من غربها.

نطاق الهجرة المتوسط:

تتخلل دول هذا النطاق النطاقين السابقين وهوامشهما،ويضم من الدول خمس دول، تمثل سبع(15.6%) جملةعدد دول القارة، ولكنه استقبل نسبة محدودة من المهاجرين غير القانونيين إلى أوروبا تبلغ (2.2%) من جملتهم. ويتألف من البرتغال وكرواتيا من إقليم البحر المتوسط، وسلوفاكيا والتشيك في شرق أوروبا، وليتوانيا من شمال أوروبا.

نطاق الهجرة الأقل قوة:

يضم ثمانية دول، تمثل ربع (25.0%) جملة عدد دول القارة، تتركز في الهوامش الشرقية والشمالية من القارة الأوروبية واستقبل نسبة محدودة لم تتجاوز الخمسة في المئة (4.9%) من جملة المهاجرين غير القانونيين إلى أوروبا، ويتألف من بلغاريا، وإيرلندا، ولوكسمبرج، والنرويج، واستونيا، وليختنشتاين، ورومانيا، وهولندا.

نطاق الهجرة الأضعف:

يضم هذا النطاق خمس دول، تمثل 15.6% من جملة عدد دول القارة، واستقبل هذا النطاق بدوله الخمس نسبة محدودة تبلغ (3.4%) جملة المهاجرين غير القانونيين إلى أوروبا، ويتألف من الدنمارك، والسويد، ولاتفيا، وأيسلندا، وفنلندا، وهي تقع جميعاً شمال القارة الأوروبية في شبه جزيرة اسكندنافيا وحوض البحر البلطي.

فيما يتعلق بالفصل الثاني " طرق الهجرة غير القانونية إلى أوروبا "اخترق المهاجرون البحر المتوسط للوصول إلى أوروبا. وتعددت الطرق والمسالك عبر المعابر البحرية والبرية. **وخلص الفصل بالنتائج التالية:**

- هناك خمسة مسارات رئيسية للهجرة تمثل التدفقات العالمية الكبيرة. وهي (1) مسار شرق البحر الأبيض المتوسط. (2) ومسار البحر الأبيض المتوسط. (3) مسار أمريكا الوسطى. 4. (مسار جنوب شرق آسيا. (5) مسار جنوب أفريقيا.

- تتعدد طرق الهجرة غير القانونية إلى أوروبا عبر البحر المتوسط لتشمل سبعة طرق أو مسارات من الاتجاهات الجغرافية المختلفة، وهي؛ طريق الحدود الشرقية، وطريق شرق البحر الأبيض المتوسط، وطريق غرب البلقان، والطريق الدائري من ألبانيا إلى اليونان، وطريق بوليا وكالابريا، وطريق غرب أفريقيا، وطريق غرب البحر الأبيض المتوسط.

- استقطب طريقان فقط لأكثر من ثلاثة أرباع حجم الهجرة غير القانونية إلى أوروبا عام 2018 عبر البحر المتوسط، وهما طريقا شرق وغرب البحر المتوسط، بنسبة 38% لكل منهما يليهما طريق وسط البحر المتوسط الذي سلكه أقل قليلاً من سُدس جملة الهجرة غير القانونية العابرة للبحر المتوسط إلى أوروبا، أما بقية الطرق والمعابر الأربعة فلم تظفر بأكثر من خمسة في المئة

- أدى الإغلاق شبه الكلي لطريق الهجرة في المنطقة الوسطى من البحر المتوسط، بين ليبيا -وبشكل ثانوي تونس- وإيطاليا إلى زيادة الضغط على الجهة الغربية من المتوسط. فقد صمدت الجزائر حيث تتحكم إلى حد ما في شواطئها، على عكس المغرب الذي يسجل ازدياداً هائلاً في حركة الهجرة غير القانونية. وأصبحت إسبانيا البوابة الرئيسية للهجرة غير القانونية إلى أوروبا، متقدمة بكثير على إيطاليا واليونان.

- كما تمثل الجزائر مقصد تلقائي جديد كمحطة عبور. كما ترتبط الهجرة غير القانونية عبر ليبيا بالتهريب.

- كما تعد مصر بلد عبور يثير القلق، وإيطاليا دولة العبور.

فيما يتعلق بالفصل الثالث " العوامل المؤثرة في الهجرة غير القانونية" ترتبط قضية الهجرة إلى أوروبا بالمسألة السكانية بالقارة، لتراجع النمو السكاني لدرجة تناقصه عبر نصف القرن الأخير، ومن ثم فإنها تلبي حاجة الشعوب الأوروبية للعمالة لكي تحافظ على تقدمها. وقد استهدف الفصل أيضا إستكشاف أثر تفاوت ثقافات شعوب الدول والأقاليم الأوروبية على الهجرة غير القانونية، وأهمية التباعد وإمكانية الوصول في حركة الهجرة غير القانونية، وتختلف العوامل المؤثرة في الهجرة عن دوافعها، فالأخيرة ترتبط بالحدث(الهجرة) مباشرة، بينما تقف الأولى بمثابة الدوافع والمؤثرات في النسق الكلي وعلى المدى الطويل. **وخلص الفصل بالنتائج التالية:**

- تظل بواعث الهجرة غير القانونية قائمة وقوية في ظل اختلال التوازن بين

المواليد والوفيات، فقد انعكست معدلات الخصوبة الحالية في أوروبا على الفترة التي تلزم لتضاعف السكان، ووفقا لموقفها من الدورة الديموغرافية؛ وهذا ما يعرف بالمجتمع الصناعي المتطور. ويتوقف مستقبل السكان على مقدار الزيادة الطبيعية، وتكاد تقترب المواليد من الوفيات وبالتالي فإن الأوضاع الراهنة للزيادة السكانية محدودة، وبالتالي فإن حجم السكان اعتماداً على الأوضاع الراهنة في المستقبل لن يتغير كثيراً عن حالته حالياً. ولكن سيتناقص السكان عام 2025 في كثير من الدول الأوروبية، بينما يظل السكان في بقية القارة في احجامها الحالية نظراً لتجمد الزيادة الطبيعية بها.

- وتظل المسافة عامل حاسم في تدفقات الهجرة غير القانونية تجاه أوروبا. فيختلف النمط التوزيعي لكثافة الهجرة غير القانونية بالتباعد من القارة تجاه خارجها، فتظهر الكثافة مرتفعة لأقصاها في النطاق البعدي الأول صفر- 2000 كم (100 مهاجر غير قانوني لكل ألف ك م2)، تنخفض انخفاضا حادا إلى عشر قيمتها لتبلغ 11 مهاجر غير قانوني لكل ألف ك م2)، ثم 2.5 و1.5 11 مهاجر غير قانوني لكل ألف ك م2) في النطاقين البعديين التاليين (4-6/6-8 ألف كم) على التوالي.ومن ثم يجب أن يكون الظهير الخلفي جنوب وشرق البحر المتوسط في نطاق الرعاية القصوى بالنسبة لقارة أوروبا إذا كانت ترغب في السيطرة على تدفقات الهجرة غير القانونية.

- يظل الضغوط الاقتصادية والفوارق بين أوروبا في الشمال وأفريقيا في الجنوب أهم دوافع الهجرة غير القانونية، فيكفي النظر إلى الفرق بين مجموع حجم الناتج المحلي الإجمالي (GDP) لاقتصادات دول الاتحاد الأوروبي الـ 28 والبالغ نحو 17.3 تريليون دولار، والتي يبلغ مجموع تعداد سكانها نحو نصف المليار، وبين مجموع حجم الناتج المحلي الإجمالي لدول الاتحاد الإفريقي الـ 55مجتمعة، والذي لا يتجاوز 2.24 تريليون دولار، مع عدد سكان يتخطى الـ 1.3مليار نسمة الدافع الأكبر والأول في توجيه الهجرة من الجنوب للشمال، ولا سبيل في إيقافه بدون تضييق الفوارق الاقتصادية بينهما.

يدور الفصل الرابع " **تقييم اتجاهات وأسباب فشل الهجرة غير القانونية**" حول الأبعاد التوزيعية لحجم حالات فشل المهاجرين غير القانونيين في دخول القارة الأوروبية على المداخل البرية والبحرية والجوية بالعقد الأخير، كما يستهدف الوقوف على التقييم النسبي لتطور أسباب رفض الدخول بمداخل المقاصد في العقد الأخير، والتعرف عن قرب على أسباب رفض المهاجرين غير القانونيين وفقاً لمصادرهم بين العامين الأخيرين؛ سواء كانت وثائق مزورة، أوالعودة الاجبارية، أو العودة الطوعية، أو رفض دخول، أو العودة الفعالة، أو العودة الصادرة، أو الميسرين، أو دخول سري (بحري -بري). وخلص الفصل **بالنتائج التالية:**

- بلغت جملة عدد من صدر في حقهم أمر مغادرة أو تم رفض دخولهم 869080 مهاجر غير قانوني في العقد الأخير،627570 مهاجر (70.2%) منهم عبر المداخل البرية، 194835 (22.4%) عبر المداخل الجوية، وأخيراً46675 (5.4%) على المداخل البحرية.

- ظلت نسبة من صدر في حقهم أمر مغادرة بين المهاجرين غير القانونيين لدى الإتحاد الأوروبي شبه ثابتة مع الميل نحو الانخفاض حتى عام 2013، ولكنها بدأت في الارتفاع وتصل لقمتها عام 2015، ورغم انخفاضها النسبي في العام التالي(2016) ولكنها تظل مرتفعة نسبياً، واستمرت في الانخفاض حتى بلغت أدناها في عام 2018.

- يبقى أسباب رفض الدخول والتي تراوحت بين أربعة أسباب، وهي إما بسبب لا تأشيرة صالحة أو تصريح الإقامة (49.7%)، بسبب عدم وجود وثيقة للسفر صالحة (45.9%)، أو بسبب تأشيره زائفة أو تصريح إقامة زائف (2.8%) وأخيرا بسبب وثيقة سفر مزورة (1.6%).

يعرض الفصل الخامس" **المهاجرون غير القانونيين والرحلة** " للخصائص النوعية للمهاجرين العمرية للمهاجرين،ومعاناة المهاجرين غير القانونيين في المخيمات ومراكز الاحتجاز الليبية، وقضايا ظهرت نتيجة حركة الهجرة غير القانونية مثل وفيات المهاجرين، والعبودية الحديثة، والتهريب على الطرق والمعابر الرئيسية، وخلص الفصل **بالنتائج التالية:**

- توجد تفاوت كبير في نسبة الاختلال النوعي بين المهاجرين غير القانونيين، ويمكن أن نميزبين هجرة غير قانونية شبه ذكورية في ثلاثة دول، وارتفاع كبير للذكورة وتراجع أنثوي بما يتراوح بين خمسة وسبعة أمثال حجم عدد المهاجرات الإناث في ست دول، وتوازن نوعي مختل بنسبة كبيرة في إحدى عشرة دولة، وتوازن نوعي مختل جزئياً (157 ذكراً/ 100 أنثى) في إثنتا عشرة دولة.

- يتراوح أعمار المهاجرين غير القانونيين إلى قارة أوروبا مابين الرُبع (27%) للأطفال(أقل من 18 عاماً) وما يقرب من ثلاثة أرباع (73%) للشباب اللذين يزيدون عن ثمانية عشر عاما ويقلون عن 34 عاماً. ومن الملاحظ غياب مهاجرين في مرحلة الشيخوخة والكهولة حتى الناضجون الكبار غائبون. حتى الأطفال المهاجرون نجد نصفهم (52.%) على أعتاب مرحلة الشباب(17-18 عاماً)، وخمسهم (21.4%) من الفتيان (14-17 عاماً)، ويبقى رُبع جملة(24.8%) للأطفال المهاجرين الذين يقلون عن ثمانية عشر عاماً.

- تتعدد أشكال معاناة المهاجرين في جميع مراكز الرحلة؛ فقد أدى انهيار نظام العدالة في ليبيا إلى حالة من الإفلات من العقاب يتعرض خلالها المهاجرون إلى انتهاكات وتجاوزات خطيرة لحقوق الإنسان، كما يتجمع مئات المهاجرين من إفريقيا جنوب الصحراء في مخيم عشوائي بالدار البيضاء في ظروف مأسوية، ويعانون من ظروف صعبة بمركز كارا دي مينيو بصقلية وهو واحد من أكبر مراكز استقبال اللاجئين والمهاجرين غير القانونيين في أوروبا،ما دعا مؤخراً وزارة الداخلية عزمها إغلاق المركز بحلول نهاية العام.

- كما سجلت عمليات مداهمة حكومية مكثفة ومستمرة لتجمعات المهاجرين في المغرب وتكديسهم في الحافلات مكبلين بالأصفاد دون اتباع الإجراءات القانونية الواجبة، ودون التحقق من وثائقهم القانونية، واحتجازهم.

- تصل معاناة المهاجرين إلى أقصاها بوفاتهم غرقاً أو عطشى، وتسجل المفوضية السامية للأمم المتحدة لشئون اللاجئين مصرع الكثير منهم، ولكن عبور الصحراء بحسب تقرير أمانة الهجرة المختلطة الإقليمية "أكثر خطورة" من عبور البحر الأبيض المتوسط. ففي نوفمبر 2018 صدر تقرير لأسوشيتد برس يوثق وفاة أو اختفاء أكثر من 56800 مهاجر في جميع أنحاء العالم منذ عام 2014، ضاع عدد كبير منهم في الصحارى أو سقطوا فريسة لمهربي البشر.المفقودون بينهم أطفال، واستناداً لرحلات متجهة فقط إلى أوروبا، أبلغ الصليب الأحمر الدولي بفقدان 2773 طفلاً و2097 بالغاً.

- عندما ينجح المهاجرون غير القانونيين في الوصول إلى أوروبا، يبحث عن عمل وسكن في ظروف ضيقة، وتبدء رحلة المعاناة وتصل لدرجة دعوة عديد من الدول إلى تعزيز تشريعاتها وتحسين التنسيق بين المنظمات غير الحكومية والنقابات والقطاع الخاص لوقف أساليب الاتجار بالبشر.

- أظهر استطلاع للرأي، أجرته وكالة الاتّحاد الأوروبي للحقوق الأساسيّة، أنّ 92% من مسلمي أوروبا يواجهون تمييزا عنصريّا.

يناقش هذا الفصل الأخير" **التوطن في المهاجر والارهاب واستراتيجيات المواجهة"** ويتضمن التفضيل الهجري وأقليات المهاجرين، والهجرة غير القانونية والارهاب وتهديدات الأمن الأوروبي، وإستراتيجية المواجهة لدى لاتحاد الأوروبي، وتجريم الهجرة غير القانونية، والاتفاقيات والهجرات غير القانونية، وتقييم أثر المواجهة والاتفاقيات، وخلص الفصل **بالنتائج التالية:**

- دول الأصول الأكثر شيوعاً من الأجانب بمعدل خمس دول، دول الأصول متوسطي الشيوع من الأجانب بمعدل ثلاثة دول، دول أصول أقل شيوعاً بمعدل إثنتين، تنفرد ثلاثة عشرة دولة بجالية أجنبية واحدة سائدة.

- المكون النسبي للسكان المولودين من الخارج:دول ترتفع بها نسبة السكان المولودين في الخارج من جملة سكانها ارتفاعا كبيرا لتمثل أكثر قليلا من نصف(52%)، وأخرى بين 15 و20%، وبين 10 و15% وبين 5 و10%، وأخيرا تنخفض نسبة السكان الأجانب المولودين بالخارج عن خمسة في المئة.

- معدل ازدياد عدد المهاجرين إلى الدول الأوروبية فيما بين عامي 2015 و2016، بنسبة 13.4%، بين 2 و4% سنويا،، وتقل عن 2% سنويا، بين 1 إلى 2% سنويا، وسجلت 14 دولة قلت معدلات نموها عن 1-%، بينما تناقص المهاجرين بحدة في ثلاثة دول.

- تواجه أوروبا التفاعل بين ثلاثة نماذج للإرهاب، تتداخل في تداعياتها الأمنية، والسياسية ـ الاجتماعية النموذج الأول: التحاق أوروبيين من أصول عربية- إسلامية، بالتنظيمات "الارهابية"، وما لذلك من تهديد مباشر للأمن الأوربي خاصة مخاطر تنفيذ العائدين من ميادين القتال هجمات، كما حدث في بلجيكا وفرنسا، ويطرح هذا "النموذج" مشاكل عدة للدول الأوروبية.

- تتراوح تهديدات الهجرة غير القانونية بين الإخلال بالنواحي الأمنية،و الإخلال بالوضع الاقتصادي، ومشكلة الأقليات، ومشاكل النفقات، ومشاكل اجتماعية، والأمن الأوروبي، والتوتر في الشرق الاوسط وشمال أفريقيا، والقنبلة الملوثة السلاح المستقبلي للجماعات الإرهابية.

- إستراتيجية المواجهة لدى لاتحاد الأوروبي تتمثل في استقبال المهاجرين يكون على أساس تطوعي، وإنشاء مراكز داخل دوله للتعامل مع طلبات اللجوء، وإنشاء دعم الاتحاد الأوروبي لخفر السواحل الليبي لصد المهاجرين داخل البحر قبل وصولهم إلى أوروبا، وكذلك معسكرات للمهاجرين خارج أوروبا خاصة في شمال أفريقيا بهدف ردع المهاجرين عن اجتياز المتوسط، وتشديد مراقبة الحدود وزيادة التمويل المقدم لتركيا والمغرب.

- جاء نجاح دول الاتحاد الأوروبي بخفض أعداد المهاجرين جاء على حساب انتهاك روح اتفاقية عام 1951 الخاصة بوضع اللاجئين والمهاجرين غير القانونيين، حيث منعت أوروبا اللاجئين الهاربين من ويلات الحروب في دول الشرق الأوسط وأفريقيا من الوصول إلى أراضيها.

- عدم التكيف والإرهاب ويمكن تلخيص أبرزها بثلاث قضايا أساسية :تتجه أعداداً ليست قليلة من المسلمين إلى الانعزال عن المجتمعات، مشكلات الهوية في الهجرات الأخيرة بدت واضحةً، وموضوع اللغة يأخذ حيّزاً من التناول لهذه الإشكالية.

- " ينبغي علينا أن نزحزح أولاً ثم نتجاوز ثانياً كل الاجهزة المفهومية والمقولات القطعية والتحديدات الراسخة الموروثة عن الماضي، سواء أكان هذا الماضي ينتمي إلى جهة التراث الإسلامي أم إلى جهة التراث الأوروبي – الغربي"(1).

التوصيات

لعبت الهجرة غيرِ القانونية دوراً محورياً في العلاقات المتشعبة بين دول المنشأ ودول المقصد، مروراً بدول العبور التي عانت وستواصل المعاناة بسبب تبعات الهجرة غير القانونية وما تعلق بها من إرهاصات.

وللتنمية بشتى فروعها، هي الأخرى، لها دور فعالٍ خاصة في دول المنشأ والتي لم تفرد لها المجال، مما أثر بشكل مباشر أو غير مباشر على طموحات

---

1 () محمد أركون. الإسلام،أوروبا،الغرب" رهانات المعنى وارادات الهيمنة"، ترجمة واسهام: هاشم صالح،دار الساقي، بيروت- لبنان، الطبعة الثانية،2001، ص9.

الكثيرين، خاصة الشباب منهم، لكي يسلكوا درباً آخر من دروب المجازفة والمخاطرة بالنفس، في سبيل تحقيق الطموح ومن خلال هجرة غير قانونية، غير مدروسة، وبحركة فردية أوجماعية، غير معلومة العواقب.

وخلصت الدراسة بتوصيات عدة، يأمل الباحث تطبيقها، بهدف تقليل المخاطر التي يتعرض لها الكثيرون خاصة من هم في ريعان الشباب. ومن أهم هذه التوصيات:

- العمل على عقد اتفاقيات بين الدول المرسلة والدول المستقبلة للمهاجرين غير القانونيين واللاجئين وفقاً لطبيعة الحاجة.
- السعي نحو التنمية بإقامة المشروعات المختلفة في الدول المرسلة للمهاجرين غير القانونيين بما يهدف إلى وجود فرص عمل يقتات منها الطامحين في اللجوء وفي الهجرة غير القانونية.
- التفرقة بين الوضع القانوني للاجئين، والوضع غير القانوني للمهاجرين غير القانونيين، بما يخفف من حدة المشكلة في الدول المستقبلة لكليهما.
- تقوية أواصر الاندماج السلمي للمهاجرين غير القانونيين في الدول المستقبلة لهم، وتعزيز روح التعاون والألفة بينهم وبين قاطني الدولة الأصليين.
- التوعية لراغبي الهجرة غير القانونية بمدى شدة الأخطار والمشكلات التي ستواجههم خلال رحلتهم.
- تشديد العقوبات على كل من ساهم في عملية تهريب البشر، أو الإتجار بهم، بقوانين رادعة وأكثر صرامة، سواء في دول المنشأ أو دول المقصد أو دول العبور وبخاصة ممتهني تهريب البشر.
- التعاون الأمني والتنسيق المشترك بين الدول المرسلة للهجرة غير القانونية واللاجئين والدول المستقبلة لها، مروراً بدول العبور.
- تقديم الدعم المادي لدول العبور، بهدف إقامة مراكز للهجرة غير القانونية بها، متمتعة بنواحي أمنية وصحية لا تقبل القصور.
- ضرورة التنسيق الكامل بمختلف نواحيه بين دول المنشأ ودول العبور ودول المقصد، حول كيفية الاستفادة من قدرات المهاجرين غير القانونيين.
- وضع خطط إقتصادية متكاملة بين الدول المعنية للهجرة غير القانونية بهدف وجود انتعاش اقتصادي متكامل، خاصة في الدول المرسلة.
- تخفيف حدة التعصب الديني في الدول المستقبلة للمهاجرين غير القانونيين واللاجئين، عبر الاستعانة برجال الدين، حفاظاً على وحدة المجتمع، وبالتزامن مع الاندماج.
- العمل على عدم الانعزالية للمهاجرين غير القانونيين في المجتمع الجديد بالدول المستقبلة لهم وعدم التقوقع بعيداً عن الانخراط في المجتمع الجديد.
- سعي الدول المرسلة للمهاجرين للحد من " هجرة العقول" والعمل على الاستفادة من قدراتهم العلمية وقطع الطريق على استمالة الدول المتقدمة لهم.
- تحديد الدول المستقبلة للهجرة غير القانونية للتخصصات المطلوبة وبالتنسيق مع دول المنشأ بهدف الحد من الهجرة غير القانونية إليها.

- تعزيز روح التعاون بين الدول المعنية بالهجرة غير القانونية ووكالة حماية الحدود الأوروبية "فرونتكس" وأيضاً منظمة أطباء بلا حدود.

- مساهمة الاتحاد الأوروبي في وأد الفتن والصراعات المسلحة والحروب الأهلية في الدول المرسلة للمهاجرين غير القانونيين واللاجئين.

- ضرورة اتفاق دول الاتحاد الأوروبي على التنسيق الكامل فيما بينها، بخصوص توزيع نسب المهاجرين غير القانونيين واللاجئين لديها.

- تعاون الدول المعنية بالهجرة غير القانونية واللاجئين مع المنظمة الدولية للهجرة.

- تدعيم الحوار البناء بين دول شمال المتوسط ودول جنوبه، بهدف الحد من مخاطر الهجرة غير القانونية واللاجئين.

- العمل على زيادة سفن الإنقاذ في جميع أرجاء البحر المتوسط، بهدف تقليل أعداد الغرقى وبالتعاون بين جميع دول الحوض المتوسطي.

- حصر مراكز الهجرة غير القانونية واللاجئين سواء كانت برية أو بحرية في دول العبور وتشديد الرقابة عليها.

* * *

الملاحق

جدول رقم (1) نسبة المهاجرين غير القانونيين في الفئات العمرانية الفترة (2009-2018)

الدولة	أقل من 14	17 /14	أقل من 18	من 18/34	الدولة	أقل من 14	17 /14	أقل من 18	18/34
بلجيكا	0.4	1.5	1.2	2.3	مالطا	0.1	0.2	0.2	0.2
بلغاريا	0.0	0.5	0.2	1.2	هولندا	0.1	0.1	0.2	0.6
التشيك	0.7	0.3	0.5	0.5	النمسا	8.9	8.6	8.4	4.6
الدنمارك	0.0	0.2	0.1	0.1	بولندا	1.4	0.4	0.7	1.7
المانيا	22.6	39.9	29.8	19.7	البرتغال	0.1	0.1	0.1	1.1
استونيا	0.0	0.0	0.0	0.1	رومانيا	0.3	0.2	0.3	0.4
أيرلندا	1.0	0.1	0.5	0.3	سلوفينيا	0.1	0.1	0.1	0.3
اليونان	29.5	15.1	22.8	19.9	سلوفاكيا	0.2	0.1	0.2	0.2
اسبانيا	1.4	0.4	0.9	8.5	فنلندا	1.1	0.5	1.0	0.6
فرنسا	0.9	16.6	8.5	14.5	السويد	10.3	3.1	7.4	2.3
كرواتيا	0.3	0.5	0.3	0.4	انجلترا	13.3	4.6	9.6	7.5
ايطاليا	0.0	0.2	0.2	5.5	ايسلند	0.0	0.0	0.0	0.0
قبرص	0.8	0.3	0.4	0.9	ليختنشتاين	0.0	0.0	0.0	0.0
لاتفيا	0.0	0.0	0.0	0.1	النرويج	0.0	0.0	0.0	0.5
ليتوانيا	0.2	0.1	0.2	0.2	سويسرا	0.1	0.6	0.5	2.1
لوكسمبرج	0.0	0.0	0.0	0.0	تركيا	0.0	0.0	0.0	0.0
المجر	6.1	5.9	5.7	3.7	الجملة	100.0	100.0	100.0	100.0

المصدر: فرونتكس والنسب من حساب الباحث

جدول رقم (2) نسبة المهاجرين غير القانونيين الإناث في الفئات العمرانية بالفترة (2009-2018)

الدولة	أقل من14	من 14/17	أقل من 18	من 18/34	الدولة	أقل من14	من 14/17	أقل من 18	من 18/34
بلجيكا	0.4	2.1	0.9	1.4	مالطا	0.1	0.2	0.1	0.2
بلغاريا	0.0	0.1	0.0	0.9	هولندا	0.1	0.2	0.1	0.5
التشيك	0.6	0.4	0.5	0.7	النمسا	8.9	6.2	7.9	4.4
الدنمارك	0.0	0.1	0.0	0.2	بولندا	1.5	0.9	1.1	2.9
المانيا	22.3	37.9	26.9	27.1	البرتغال	0.1	0.2	0.1	2.0
استونيا	0.0	0.1	0.1	0.1	رومانيا	0.3	0.3	0.3	0.7
أيرلندا	1.1	0.4	0.9	0.6	سلوفينيا	0.1	0.1	0.1	0.4

0.3	0.2	0.2	0.2	سلوفاكيا	16.2	28.2	23.7	29.6	اليونان
0.8	1.1	1.0	1.2	فنلندا	10.1	1.3	0.9	1.5	اسبانيا
4.2	10.0	7.0	11.0	السويد	6.2	1.5	5.2	0.3	فرنسا
10.6	12.3	6.9	14.3	انجلترا	0.2	0.2	0.2	0.3	كرواتيا
0.0	0.0	0.0	0.0	ايسلند	2.1	0.0	0.0	0.0	ايطاليا
0.0	0.0	0.0	0.0	ليختنشتاين	1.5	0.7	0.8	0.9	قبرص
0.7	0.0	0.0	0.0	النرويج	0.0	0.0	0.0	0.0	لاتفيا
2.0	0.4	1.1	0.1	سويسرا	0.2	0.2	0.2	0.2	ليتوانيا
0.0	0.0	0.0	0.0	تركيا	0.0	0.0	0.0	0.0	لوكسمبرج
100.0	100.0	100.0	100.0	الجملة	2.9	4.6	3.5	4.9	المجر

المصدر: فرونتكس والنسب من حساب الباحث

جدول رقم (3) نسبة المهاجرين غير القانونيين الذكور في الفئات العمرانية بالفترة (2009-2018)

من 18/ 34	أقل من 18	14/ 17	أقل من 14	الذكور	34/ 18	أقل من 18	14/ 17	أقل من 14	الذكور
0.2	0.2	0.2	0.1	مالطا	2.4	1.3	1.8	0.4	بلجيكا
0.6	0.2	0.3	0.1	هولندا	1.3	0.3	0.4	0.1	بلغاريا
4.6	8.6	8.5	8.9	النمسا	0.4	0.5	0.2	0.8	التشيك
1.5	0.6	0.2	1.4	بولندا	0.1	0.1	0.2	0.0	الدنمارك
1.0	0.1	0.1	0.1	البرتغال	18.3	31.1	34.7	22.9	المانيا
0.4	0.2	0.2	0.3	رومانيا	0.1	0.0	0.0	0.0	استونيا
0.3	0.1	0.1	0.1	سلوفينيا	0.2	0.4	0.1	0.9	أيرلندا
0.2	0.2	0.2	0.2	سلوفاكيا	20.6	20.7	14.8	29.5	اليونان
0.6	0.9	0.8	1.1	فنلندا	8.2	0.7	0.4	1.3	اسبانيا
1.9	6.4	4.2	9.8	السويد	16.1	11.3	19.2	1.5	فرنسا
6.9	8.5	5.9	12.4	انجلترا	0.4	0.3	0.4	0.3	كرواتيا
0.0	0.0	0.0	0.0	ايسلند	6.2	0.2	0.3	0.0	ايطاليا
0.0	0.0	0.0	0.0	ليختنشتاين	0.8	0.3	0.2	0.8	قبرص
0.5	0.0	0.0	0.0	النرويج	0.1	0.0	0.0	0.0	لاتفيا
2.1	0.5	0.7	0.1	سويسرا	0.2	0.1	0.1	0.2	ليتوانيا

لوكسمبرج	0.0	0.0	0.0	0.0	تركيا	0.0	0.0	0.0	0.0
المجر	6.8	5.5	6.1	3.8	الجملة	100.0	100	100	100.0

المصدر: فرونتكس والنسب من حساب الباحث

جدول رقم (4) نسبة المهاجرين غير القانونيين الذكور في الفئات العمرانية بالفترة (2009-2018)

الدولة	أقل من 14	14/17	أقل من 18	18/34	الدولة	أقل من 14	14/17	أقل من 18	18/34
بلجيكا	0.8	6.6	7.4	85.2	مالطا	2.4	9.8	12.2	75.7
بلغاريا	0.2	3.4	3.6	92.8	هولندا	0.6	4.1	4.7	90.6
التشيك	9.1	4.2	13.2	73.6	النمسا	7.2	12.0	18.7	62.1
الدنمارك	0.5	12.0	12.5	75.0	بولندا	4.9	1.5	5.4	88.3
المانيا	4.9	12.8	17.7	64.5	البرتغال	0.6	1.3	1.6	96.6
استونيا	1.6	4.5	6.2	87.6	رومانيا	4.4	4.0	8.5	83.1
ايرلندا	14.6	2.2	16.8	66.4	سلوفينيا	1.6	4.3	5.8	88.4
اليونان	6.6	5.7	12.2	75.5	سلوفاكيا	3.2	7.6	10.6	78.6
اسبانيا	0.9	0.5	1.4	97.2	فنلندا	7.3	9.5	16.7	66.5
فرنسا	0.5	10.0	9.1	80.4	السويد	14.8	10.9	25.7	48.5
كرواتيا	3.7	8.6	10.1	77.6	انجلترا	7.8	6.4	14.2	71.6
ايطاليا	0.0	0.5	0.6	98.9	ايسلند	0.0	0.0	0.0	100.0
قبرص	5.2	2.7	6.1	86.1	ليختنشتاين	0.0	0.0	13.3	86.7
لاتفيا	0.0	4.1	4.1	91.8	النرويج	0.2	0.7	0.8	98.3
ليتوانيا	5.1	3.3	8.5	83.0	سويسرا	0.2	3.4	3.6	92.8
لوكسمبرج	6.4	5.0	9.1	79.5	تركيا	0.0	0.0	0.0	0.0
المجر	7.1	9.9	17.0	66.1	الجملة	4.6	7.9	12.2	75.4

المصدر: فرونتكس والنسب من حساب الباحث

جدول رقم (5) نسبة المهاجرين غير القانونيين الإناث في الفئات العمرانية بالفترة (2009-2018)

الدولة	أقل من14	14/17	أقل من 18	18/34	الدولة	أقل من14	14/17	أقل من 18	18/34

75.1	12.4	6.3	6.1	مالطا	71.3	14.3	10.0	4.4	بلجيكا
84.8	7.6	4.1	3.5	هولندا	98.0	0.9	1.0	0.2	بلغاريا
44.8	27.1	6.0	22.1	النمسا	66.6	16.8	3.6	13.0	التشيك
77.3	10.2	2.3	10.2	بولندا	84.6	8.3	4.7	2.4	الدنمارك
95.2	2.1	1.1	1.5	البرتغال	59.9	20.0	8.0	12.1	المانيا
75.3	12.4	3.2	9.2	رومانيا	77.7	11.2	6.4	4.7	استونيا
90.1	5.1	1.1	3.7	سلوفينيا	47.9	26.0	3.2	22.9	أيرلندا
70.7	14.1	4.7	10.4	سلوفاكيا	46.0	27.0	6.4	20.6	اليونان
50.5	24.7	6.0	18.8	فنلندا	91.9	4.0	0.8	3.2	اسبانيا
38.4	30.8	6.1	24.7	السويد	85.1	7.2	6.9	0.9	فرنسا
56.2	21.9	3.4	18.5	انجلترا	56.5	18.6	6.3	18.6	كرواتيا
100.0	0.0	0.0	0.0	ايسلند	99.7	0.1	0.1	0.0	ايطاليا
0	0	0	0	ليخنشتاين	74.1	11.5	3.8	10.7	قبرص
98.2	0.8	0.5	0.5	النرويج	96.8	1.6	1.6	0.0	لاتفيا
87.9	6.0	4.6	1.5	سويسرا	60.6	19.8	5.2	14.4	ليتوانيا
0	0	0	0	تركيا	50.0	27.5	5.0	17.5	لوكسمبرج
59.7	20.1	5.7	14.6	الجملة	48.3	25.9	5.6	20.3	المجر

المصدر: فرونتكس والنسب من حساب الباحث

صورة رقم (1) الكثافات الكبيرة للمهاجرين مستخدمين قوارب غير شرعية

صور رقم (2) مظاهر الفقر للمهاجرين غير الشرعيين

صورة رقم (3) حالات الغرق والوفيات التي تحدث للمهاجرين غير الشرعيين

صور رقم (4) أنماط من المراكب غير الشرعية المستخدمة فى الهجرة

صورة رقم (5) المهاجرين غير الشرعيين من الأطفال

صورة رقم (6) اللاجئون في أوروبا (الهروب الكبير)

صورة رقم (7) المساعدات والإعانات المقدمة للمهاجرين وانتشالهم من الغرق

المصادر والمراجع

أولا: المصادر:

(أ) المراجع العربية:

1. (1) فتحي محمد مصيلحى، "مناهج البحث الجغرافي"، مركز معالجـة الوثـائق، شـبين الكـوم، 1994،

2. الاتحاد الأفريقي، تقييم إطار سياسة الهجرة في أفريقيا التابع للاتحاد الأفريقي، 2017.

3. أحمد أبو زيد: الهجرة وأسطورة العودة، عالم الفكر، الكويت، المجلد السابع عشر، العدد الثاني، أغسطس , 1986.

4. إيمان شريف، صفيه عبد العزيز: السياسة الاجتماعية ومواجهة الهجرة غير الشرعية , " المؤتمر السنوي العاشر , " السياسة الاجتماعية وتحقيق العدالة " , المركز القومي للبحوث الاجتماعية ,القاهرة , 26-29 مايو 2008. والجنائية

5. باقر سلمان النجار: حلم الهجرة للثروة ,الهجرة والعمالة المهاجرة في الخليج العربي, مركز دراسات الوحدة العربية , بيروت , 2001.

6. زينب مصطفى، "دوافع الاستخدام: المخدرات والجماعات الإرهابية في أفريقيا"، (القاهرة: المركز العربي للدراسات، 31 مارس 2019)

7. سليم شنة، مسارات الهجرة في الجزائر المعاصرة: أفارقة جنوب الصحراء وجزائريون نحو المنفى، باريس، 2016

8. صفوح خير، "البحث الجغرافي مناهجه وأساليبه"، دار المريخ، الرياض، 1990.

9. عبد الجليل قريرة لحسناوي: أنماط التكيف الاجتماعي للعائدين من المهجر , رسالة ماجستير غير , ,جامعة الفاتح , طرابلس , 1987 كلية التربية. منشورة

10. على الحوات: الهجرة غير الشرعية إلى أوربا عبر بلدان المغرب العربي , منشورات الجامعة المغربية , طرابلس , ليبيا ,2007.

11. على محمد نور: التكيف الاجتماعي للوافدين السودانيين للعمل بالجماهيرية الليبية , رسالة ماجستير. غير منشورة , معهد العلوم الاجتماعية جامعة الفاتح بطرابلس ,ليبيا,1997

12. على معمر عبد المؤمن: التكيف الاجتماعي والثقافي للمهاجرين في المجتمع الليبي , منشورات المركز العالمي لدراسات وأبحاث الكتاب الأخضر , طرابلس , ليبيا , 2006.

13. فتحي أبو عيانة: جغرافية السكان ,دار النهضة العربية , بيروت ,1980

14. فتحي محمد مصبلحي، جغرافية أوربا من منظور جغرافي وتنموي، مطـابع جامعـة المنوفيـة، دار الماجد للنشر والتوزيع، 2004.

15. فتحي محمد مصبلحي، جغرافية السكان: الإطار النظري وتطبيقات عربية، دار الماجد للنشـر والتوزيع، الطبعة الخامسة،2007.

16. فتحي محمد مصيلحي، مناهج البحث الجغرافي، دار الماجد للنشر والتوزيـع، الطبعـة الرابعـة 2006، صص 239-344.

17. كواش زهرة، "إشكاليات الهجرة الأفريقية غير الشرعية"، حوليات جامعة الجزائر (الجزائر: جامعة الجزائر، الجزء الأول، العدد 30، 2016).

18. محمد رشيد الفيل: الهجرة وهجرة الكفاءات العلمية والفنية أو النقل المعاكس للتكنولوجيا , دار مجد لاوى للنشر والتوزيع , عمان , 2000

19. محمد سيد أحمد: الهجرة غير الشرعية بين حلم الشمال والموت غرقا , ندوة الآثار الاجتماعية والاقتصادية والسياسية للهجرة الدولية على المجتمعات " , أكاديمية الدراسات العليا بطرابلس , يوليو 2008 , ص 21.

20. محمد على بهجت الفاضلي، "الفكر الجغرافي الفرنسي ودوره في توجيه الدراسات الحضرية"، المجلة العربية، العدد الثالث والعشرون، 1991.

21. نيفين سعد: عرب المهجر، منشورات معهد البحوث والدراسات العربية، القاهرة , 2005

22. ناصر حامد: المهاجرون في أوربا بين مكافحة الإرهاب ومشكلات الاندماج، مجلة السياسة الدولية، العدد 163 يناير, 2006.

23. وكالة الأمم المتحدة للهجرة، تقرير الهجرة في العالم لعام 2018.

24. اليونسكو: اتفاقية الأمم المتحدة لحقوق المهاجرين , الاتفاقية الدولية لحماية جميع العمال المهاجرين , 2003 وأفراد أسرهم ,منشورات اليونسكو , باريس ,

(ب) المراجع غير العربية:

1. Alioua, M. (2005) 'La migration transnationale des Africains subsahariens au Maghreb. L'exemple de l'étape marocaine.' In *Marges et mondialisation: Les migrations transsahariennes* ,n°185, Maghreb-Machrek

2. Alioua, M. (2005) 'La migration transnationale des Africains subsahariens au Maghreb. L'exemple de l'étape marocaine.' In *Marges et mondialisation: Les migrations transsahariennes* ,n°185, Maghreb-Machrek.

3. Alioua, M. (2009) 'Le passage au politique des transmigrants subsahariens au Maroc.' In A. Benssaâd (éd.) *Le Maghreb à l'épreuve des migrations subsahariennes*, Karthala: 279-303.

4. Arezo Malakooti and (others), "IRREGULAR MIGRATION BETWEEN WEST AFRICA, NORTH AFRICA AND THE MEDITERRANEAN", (Abuja: Altai Consulting for IOM Nigeria, November 2015) P. 6.
United Nation, Department of Economic and Social Affairs, December 2015.
https://www.un.org/en/development/desa/population/migration/data/estimates2/estimates15.asp
Sanford Labovitz&Robert Hagedorn,: Introduction to social research,N.Y, M-cgraw- Hill Book compny, 1976.

5. Bensaâd A. (éd.) (2009) *Immigration sur émigration, le Maghreb à l'épreuve des migrations subsahariennes*, Karthala: 195-214.

6. Bredeloup, S., and O. Pliez. (ed.) (2005) *Migrations entre les deux rives du Sahara* ,Volume 4, n°36. Autrepart, Armand Colin et IRD-éditions.

7. children in transit', Briefing Paper Draft, UNICEF, New York, February 2017

8. Clochard, O. (éd) (2009) et réseau MIGREUROP, *Atlas des migrants en Europe. Géographie critique des politiques migratoires.* Armand Colin.

9. Frontex (European Border and Coastguard Agency), 'Profiting from Misery – How smugglers

_______المصادر والمراجع

10. GADEM, *La chasse aux migrants aux frontières Sud de l'UE: conséquence des politiques migratoires européennes. L'exemple des refoulements de décembre 2006 au Maroc.* [Available to download at: http://www.migreurop.org/IMG/pdf/RAPPORT_GADEM_20_06_2007.pdf].

11. Glick Shiller, N., L. Bash; C. Szanton Blanc, (1995) 'From immigrant to transmigrant: Theorizing transnational migration', *Anthropological Quarterly,* 68: 54.

12. **Kornblum, W., Julian, J.,** Social problems Seventh Edition, Prentice Hall, New Jersey, 1992, p. 241

13. MIGREUROP, *Guerre aux migrants. Le livre noir de Ceuta et Melilla,* 2006. [Available to download at: http://www.migreurop.org/IMG/pdf/livrenoir-ceuta.pdf].

14. Morice, A. (2009) 'Conceptualisation des migrations et marchandages internationaux.' In A. Bensaâd (éd.) *Immigration sur émigration, le Maghreb à l'épreuve des migrations subsahariennes .*Karthala.

15. Report, UNICEF, New York, no. 19, January 2017.

16. Rodier, C. (2006) *Analyse de la dimension externe des politiques d'asile et d'immigration de l'ue. Synthèse et recommandations pour le Parlement européen,* Direction générale pour les politiques externes de l'Union, Bruxelles, 26p.

17. Sassen (2007)*A Sociology of Globalization* ,Contemporary Societies Series. New York: W. W. Norton & Company.

18. Save the Children estimated in 2015 that there were 700 children in immigration detention

19. Tarrius, A., (1989) *Anthropologie du mouvement.* Paradigme éd.

20. United Nations Children's Fund, 'Migrants in Libya: Insights into the experience of women and(Reference: Save the Children, 'Save the Children Egypt-Libya-Tunisia Assessment Report

21. United Nations Children's Fund, 'Refugee and Migrant Crisis Europe', Humanitarian Situation

22. Urry J (2000) .*Sociology Beyond Societies: Mobilities for the Twenty First Century* ,International Library of Sociology Series. London: Routledge. 22 June 2015). Others put the number at 20 children per detention centre at least (Key

(ج) المراجع غير العربية:

- أوروبا تراهن على النموذج المغربي في مكافحة الهجرة غير الشرعية، العرب اللندنية، 9 مايو 2015، متاح على الرابط: https://bit.ly/2E4b7Fj

- عبر مضيق جبل طارق.. هكذا انتعشت الهجرة السرية بين المغرب وإسبانيا، دويتشه فيله، 20 سبتمبر 2018، متاح على الرابط: https://bit.ly/2QxPtL2

- الهجرة غير الشرعية بالمغرب.. من سرية إلى استعراضية مستفزة، دويتشه فيله، 20 سبتمبر 2018، متاح على الرابط: https://bit.ly/2y5tx38

- 2018 تسجل أعلى رقم في تاريخ الهجرة من المغرب إلى اسبانيا وتجاوز عدد الغرقى الـ400، القدس العربي، 5 أكتوبر 2018، متاح على الرابط: http://www.alquds.co.uk/?p=1027295

الهجـــرة غيـــر القانونيـــة عبـــر البحـــر المتوسـط فــي ربــع القــرن الأخيـــر

- المغرب: صدمة إثر مقتل الشابة حياة في البحر وسط تفشي إشاعة "فونطوم"، البي بي سي، 27 سبتمبر 2018، متاح على الرابط:
http://www.bbc.com/arabic/middleeast-45666890

- المغرب: البطالة في صفوف الشباب قنبلة موقوتة وسبب رئيسي للقلق الاجتماعي، فرانس24، 11 فبراير 2018، متاح على الرابط: https://bit.ly/2RyinMr

- تقرير دولي يكشف عن أرقام صادمة حول نسبة الفقر في المغرب، المغرب اليوم، 29 يناير 2017، متاح على الرابط: https://bit.ly/2RvUNQp

- لهذا يرفض المغرب إنشاء مراكز إيواء للمهاجرين السريين، العربي الجديد، 3 يوليو 2018، متاح على الرابط: https://bit.ly/2QzyOGX

- محمد غربي(تنسيق)، الهجرة غير الشرعية في منطقة البحر الأبيض المتوسط...متاح:
https://journals.openedition.org/insaniyat/1532

- قبل أن تهاجر.. هذه خريطة أفضل وأسوأ دول العالم: متاح على
https://www.hespress.com/societe/93428.html

- ماثيو Chwastyk وريان وليامز، ناشيونال جيوغرافيك متاح على:-
http://news.nationalgeographic.com/2015/09/150919-data-points-refugees-migrants-maps-human-migrations-syria-world

- فرونتكس-www.iom.int/news/mediterranean-migrant-flows-iom-update.

- ماثيو Chwastyk وريان وليامز، ناشيونال؛

- جيوغرافيك-http://news.nationalgeographic.com/2015/09/150919-data-points-refugees-migrants-maps-human-migrations-syria-world

- نسمعُ صراخهم... ولكن لا نعلم أين هم"... طريق الهجرة غير الشرعية الى أوروبا سبتمبر ١١, ٢٠١٥
https://www.irfaasawtak.com/a/immigration_map/327937.html

- إسبانيا: أرض الميعاد الجديدة للشباب المغربي18 نوفمبر
https://orientxxi.info/magazine/article27632018

- الجزائر... نقطة انطلاق المهاجرين الجديدة إلى أوروبا أكتوبر2016
https://www.thenewhumanitarian.org/ar/thqyq/2016/10/25/ljzy-r-nqt-ntlq-lmhjryn-ljdyd-l-wrwb

- الهجرة غير الشرعية.. جغرافيا سماسرة الموت
https://www.hafryat.com/ar/blog/%D8%A7%D9%84%D9%87%D8%AC%D8%B1%D8%A9-%D

- تراجع الهجرة غير الشرعية لأوروبا إلى أدنى مستوى منذ خمس سنوات | أخبا
https://www.dw.com/ar/%D8%AA%D8%B1%D8%A7%D8%AC%D8%B9-%D8%A7%D9%8

_________المصادر والمراجع

- جدل الهجرة يشتعل مجددًا بعد غرق مركب أمام سواحل ليبيا | نون بوست
http://www.noonpost.com/content/6332

- تجارة الموت في المتوسط ومسؤولية أوروبا
http://tanwair.com/2015/06/%D8%AA%D8%AC%D8%A7%D8%B1%D8%A9-%D8%A7%D9

- مسارات الهجرة غير النظامية في المتوسط تغرق المغرب بـ"الحراكين "
https://www.hespress.com/societe/416688.html

- لماذا يغير المهاجرون مسار هجرتهم إلى أوروبا؟ - مهاجر نيوز InfoMigrants -

- https://www.infomigrants.net/ar/post/7586/%D9%84%D9%85%D8%A7%D8%B0%D8%A7-%

- الهجرة غير الشرعية. جغرافيا سماسرة الموت 2018/7/2: متاح:
https://www.hafryat.com/ar/blog/%D8%A7%D9%84%D9%87%D8%AC%D8%B1%D8%A9-%D

- سليم شنة، مسارات الهجرة في الجزائر المعاصرة: أفارقة جنوب الصحراء
https://journals.openedition.org/insaniyat/15663

- الهجرة غير الشرعية. جغرافيا سماسرة الموت 2018/7/2: مرجع سبق ذكره، متاح:
https://www.hafryat.com/ar/blog/%D8%A7%D9%84%D9%87%D8%AC%D8%B1%D8%A9-%D

- تجارة الموت في المتوسط ومسؤولية أوروبا، متاح:16
http://tanwair.com/2015/06/%D8%AA%D8%AC%D8%A7%D8%B1%D8%A9-%D8%A7%D9

- أزمة المهاجرين: جنّة أوروبا تتحوّل إلى جحيم – ميم | مجلة المرأة العربية
https://meemmagazine.net/2017/09/28/%D8%A3%D8%B2%D9%85%D8%A9-%D8%A7%D9

- الهجرة غير الشرعية من غرب أفريقيا إلى أوروبا... - شبكة رؤية الإخبارية
http://www.roayahnews.com/articles/2019/07/04/10347/%D8%A7%D9%84%D9%87%D8%A

- مفوضية الأمم المتحدة السامية لحقوق الإنسان| تقرير الأمم المتحدة يحث على جنيف/تونس (13 ديسمبر 2013)
https://www.ohchr.org/AR/NewsEvents/Pages/DisplayNews.aspx?NewsID=21023&LangID=A

- شهادة مهاجر بمخيمات ليبيا يثني المهاجرين عن متابعة مغامرتهم إلى أوروبا 2017/10/10
https://www.infomigrants.net/ar/post/5461/%D8%AC%D8%AD%D9%8A%D9%85-%D9%85

- ما أسباب تزايد عبور المهاجرين بالقوارب إلى أوروبا؟ 29، مايو 2014
https://www.thenewhumanitarian.org/ar/thlyl/2014/05/29/m-sbb-tzyd-bwr-lmhjryn-blqwrb-l-wrw

- اليأس والبؤس يغمران أكبر مخيم للمهاجرين بالدار البيضاء 2019 /3/29 MSN.com -
  https://www.msn.com/ar-

- eg/news/NorthAfrica/%D8%A7%D9%84%D9%8A%D8%A3%D8
  %

- عواقب "إغلاق" أكبر مركز لاستقبال المهاجرين في صقلية | سياسة. DW - ..
  https://www.dw.com/ar/%D8%B9%D9%88%D8%A7%D9%82%D
  8%A8-%D8%A5%D8%BA

- ضحايا الهجرة غير الشرعية ..وفيات خارج السجلات ـ الحرة
  https://www.alhurra.com/a/%D8%B6%D8%AD%D8%A7%D9%8A
  %D8%A7-%D8%A7%D9%84%D

- ما أسباب تزايد عبور المهاجرين بالقوارب إلى أوروبا؟ 29، مايو 2014
  https://www.thenewhumanitarian.org/ar/thlyl/2014/05/29/m-sbb-
  tzyd-bwr-lmhjryn-blqwrb-l-wrw

- المهاجرين واللاجئين من جنوب الصحراء غير قانونية المغرب: الحملة الصارمة المتواصلة
  ضد آلاف https://www.amnesty.org/ar/latest/news/2018/09/morocco-
  relentless-crackdown-on-thousan

- الهجرة -من السنغال: أكذوبة «تجار العبيد الجدد» – إضاءات
  https://www.ida2at.com/migration-from-senegal-the-lie-of-new-
  slave-traders/

- مسارات الهجرة غير النظامية في المتوسط تغرق المغرب بـ"الحراكين "26 يناير2018
  https://www.hespress.com/societe/416688.html

- إسبانيا: أرض الميعاد الجديدة للشباب المغربي
  https://orientxxi.info/magazine/article2763

- أزمة المهاجرين :جنّة أوروبا تتحوّل إلى جحيم – ميم | مجلة المرأة العربية
  https://meemmagazine.net/2017/09/28/%D8%A3%D8%B2%D9%
  85%D8%A9-%D8%A7%D9

- هل يسجل 2017 رقما قياسيا في عدد ضحايا الهجرة عبر المتوسط؟https://al-
  ain.com/article/migrants-mediterranean-are-victims

- المرصد الأورومتوسطي لحقوق الإنسان- 2018 عام خذلان أوروبا للمهاجرين. ..
  https://euromedmonitor.org/ar/article/2698/-2018-
  %D8%B9%D8%A7%D9%85-%D8%AE%D8%B

- تجارة الموت في المتوسط ومسؤولية أوروبا
  http://tanwair.com/2015/06/%D8%AA%D8%AC%D8%A7%D8%B
  1%D8%A9-%D8%A7%D9

- ضحايا الهجرة غير الشرعية ..وفيات خارج السجلات ـ الحرة

المصادر والمراجع ـــــــــ

- https://www.alhurra.com/a/%D8%B6%D8%AD%D8%A7%D9%8A%D8%A7-%D8%A7%D9%84%D

- سياسة كيف يُستغلّ المهاجرون غير الشرعيين أثناء العمل بأوروبا؟11/7/2018 -https://arabic.euronews.com/2018/05/22/illegal-immigrants-abused-in-european-working-mark

- أريد فقط العودة ..''مهاجر سري يروي رحلة العذاب من ليبيا أغسطس 2014 CNN Arabic

- https://arabic.cnn.com/world/2016/08/18/libya-germany-suffering-journey

- جدل الهجرة يشتعل مجددًا بعد غرق مركب أمام سواحل ليبيا | نون بوست http://www.noonpost.com/content/6332

- عواقب الهجرة غير الشرعية إلى أوروبا - أخبار الآن 30 ديسمبر 2018صحيفة The Sunday Mirror

- تجارة الموت في المتوسط ومسؤولية أوروبا http://tanwair.com/2015/06/%D8%AA%D8%AC%D8%A7%D8%B1%D8%A9-%D8%A7%D9

- الهجرة عبر ليبيا.. ''مُجازفة نهايتها الموت'' | قناة 218ديسمبر 2018 https://www.218tv.net/%D8%A7%D9%84%D9%87%D8%AC%D8%B1%D8%A9-

- جهاد أبو مصطفى: الهجرة غير الشرعية من غزّة إلى أوروبا: الشباب... - فلسطين تشرين 2016 http://palestine.assafir.com/Article.aspx?ArticleID=3637

- أزمة المهاجرين سبتمبر 28, 2017: جنّة أوروبا تتحوّل إلى جحيم - ميم | مجلة المرأة العربية https://meemmagazine.net/2017/09/28/%D8%A3%D8%B2%D9%85%D8%A9-%D8%A7%D9

- د. يوسف يونس يكتب - الارهاب وتهديدات الامن الاوروبي | مركز الناطور.. .. http://natourcenter.com/%D8%AF-%D9%8A%D9%88%D8%B3%D9%81-%D9%8A%D9%8

- تعرف على آخر احصائيات المهاجرين في أوروبا https://arabic.euronews.com/2018/07/09/the-last-figures-of-the-migration-enforcement-in-the- MD

- تعرف على الـ12 بندا لتنظيم قوانين دخول المهاجرين إلى أوروبا - اليوم https://www.youm7.com/story/2018/6/29/%D8%AA%D8%B9%D8%B1%D9%81-%D8%B9

- جدل الهجرة يشتعل مجددًا بعد غرق مركب أمام سواحل ليبيا | نون بوست http://www.noonpost.com/content/6332

- اجراءات خلصت مصر من الهجرة غير الشرعية
https://arabic.sputniknews.com/arab_world/201802211030244934
-%D8%A5%D8%AC%D8%B1 Top of Form

- إيطاليا تلغي عقوبة الهجرة غير الشرعية والبحرية تنقذ المئات
https://www.dw.com/ar/%D8%A5%D9%8A%D8%B7%D8%A7%D
9%84%D9%8A%D8%A7-%

- الهجرة غير الشرعية.. جغرافيا سماسرة الموت
https://www.hafryat.com/ar/blog/%D8%A7%D9%84%D9%87%D8
%AC%D8%B1%D8%A9-%D

- إسبانيا: أرض الميعاد الجديدة للشباب المغرب 18 نوفمبر 2018
https://orientxxi.info/magazine/article2763

- مسارات الهجرة غير النظامية في المتوسط تغرق المغرب بـ"الحراكين(26 يناير2018 "
https://www.hespress.com/societe/416688.html

- المرصد الأورومتوسطي لحقوق الإنسان- 2018 عام خذلان أوروبا للمهاجرين2019-01-
08... https://euromedmonitor.org/ar/article/2698/-2018-
%D8%B9%D8%A7%D9%85-%D8%AE%D8%B

- المهاجرون في أوروبا أكتوبر, ٢٠١٨ :تحديات الاندماج وعائق الهوية – مركز المسبار
للدراسات
https://www.almesbar.net/%D8%A7%D9%84%D9%85%D9%87%
D8%A7%D8%AC%D8%B

- الهجرة الى أوروبا موضحة في ثلاث خرائط -عرب فيد ArabFeed 2016-7-22
http://www.arabfeed.com/2016/07/22/%D8%A7%D9%84%D9%8
7%D8%AC%D8%B1%D8%A9-%D8%A7

- Government sends 116 migrants who jumped fence back to
Morocco, elpais, 23 AGO 2018, Available on:
https://elpais.com/elpais/2018/08/23/inenglish/1535032545_7350
13.html

- bring people to Europe', <http://frontex.europa.eu/feature-
stories/profiting-from-misery-howsmugglers-

- International Organization for Migration, 'Libya',
<www.iom.int/countries/libya>.

- International Organization for Migration, 'Libya',
www.iom.int/countries/libya>.

- International Organization migration (IOM).
https://www.iom.int/key-migration-terms

* * *